ALEXANDRE DUMAS ILLUSTRÉ

EL SALTEADOR

PRIX : 2 FRANCS

PARIS

DUFOUR, MULAT ET BOULANGER, ÉDITEURS

(se reservant le droit de reproduction et de traduction à l'étranger)

21, QUAI MALAQUAIS

1857

EL SALTEADOR

—

I

LA SIERRA NEVADA

Au milieu des chaînes de montagnes qui sillonnent l'Espagne en tous sens, de Bilbao à Gibraltar, et d'Alicante au cap Finistère, la plus poétique sans contredit et par son aspect pittoresque et par ses souvenirs historiques, est la sierra Nevada, laquelle fait suite à la sierra de Guaro, séparée qu'elle en est seulement par la charmante vallée où prend une de ses sources le petit fleuve d'Orgiva; qui va se jeter à la mer entre Almunecar et Motril.

Là, de nos jours encore, tout est arabe : mœurs, costumes, noms de villes, monuments, paysages; et cela quoique les Maures aient abandonné depuis deux

siècles'et demi le royaume des Almohades. C'est que cette terre que leur avait livrée la trahison du comte Julien, était la terre de prédilection des fils du prophète. Située entre l'Afrique et l'Europe, l'Andalousie est, pour ainsi dire, un sol intermédiaire qui participe des beautés de l'une et des richesses de l'autre, sans en ressentir ni les tristesses ni les rigidités; c'est la végétation luxuriante de la Métidja, arrosée par les fraîches eaux des Pyrénées; on n'y connaît ni l'ardent soleil de Tunis, ni le rude climat de la Russie. Salut à l'Andalousie! la sœur de la Sicile, la rivale des Iles Fortunées.

Vivez, aimez, mourez aussi joyeusement que si vous étiez à Naples, vous qui avez le bonheur d'habiter Séville, Grenade ou Malaga.

Aussi, j'ai vu à Tunis des Maures qui me montraient la clé de leur maison de Grenade. Ils la tenaient de leurs pères et comptaient la léguer à leurs enfants. Et si jamais leurs enfants rentrent dans la ville d'Aben-el-Hamar, ils retrouveront et la rue et la maison qu'ils habitaient, sans que les deux cent quarante-quatre ans écoulés, de 1610 à 1854, y aient apporté grand changement, si ce n'est de réduire à quatre-vingt mille âmes cette riche population de cinq cent mille habitants; si bien que la clé héréditaire ouvrira, selon toute probabilité, la porte d'une maison ou vide, ou dont leurs indolents successeurs n'auront pas même pris la peine de faire changer la serrure.

En effet, rien d'espagnol n'a germé sur ce sol dont la végétation naturelle est le palmier, le cactus et l'aloès; rien, pas même le palais que le pieux Charles-Quint avait commencé de faire bâtir pour ne pas habiter la demeure des émirs et des califes, et qui, dominé par l'Alhambra, n'a jamais, sous l'œil moqueur de son rival, pu s'élancer au delà d'un étage.

C'est en embrassant toutes ces merveilles d'un art et d'une civilisation auxquels n'atteindront jamais ses habitants actuels, que le royaume de Grenade, dernier débris et dernière forme de l'empire arabe en Espagne, s'allongeait sur les bords de la Méditerranée, de Tarifa à Almazarron, c'est-à-dire sur une longueur de cent vingt-cinq lieues à peu près, et s'enfonçait dans l'intérieur des terres, de Motril à Jaën, c'est-à-dire dans une profondeur de trente-cinq à quarante.

La sierra de Guaro et la sierra Nevada le coupaient dans les deux tiers de son étendue. Du sommet de Mulhahacen, son pic le plus élevé, le regard pouvait à la fois atteindre sa double limite : au midi, la Méditerranée, vaste nappe bleue, étendue d'Almunecar à Alger; au nord, la vega de Grenade, immense tapis vert, déroulé de Huelma à la venta de Cardenas; puis à l'est et à l'ouest, le prolongement indéfini de la chaîne immense aux cimes neigeuses, dont chaque crête semble la vague subitement gelée d'un océan soulevé contre le ciel. Enfin, sur un plan inférieur, à droite et à gauche de cette mer de glace, un double océan de montagnes dégénérant peu à peu en collines couvertes d'abord de lichens poudreux, puis de bruyères rougeâtres, puis de sapins sombres, puis de chênes verts, puis de liéges jaunissants, puis d'arbres de toute espèce mêlant leurs teintes différentes, en laissant néanmoins des intervalles où s'étendent, comme des tapis, des clairières d'arbousiers, de lentisques et de myrtes.

Aujourd'hui, trois routes partant, la première de Motril, la seconde de Velez-Malaga, et la troisième de Malaga, coupent la sierra neigeuse et conduisent des bords de la mer à Grenade, passant l'une par Joëna, l'autre par Alcaacin, l'autre par Colmenar.

Mais à l'époque où commence cette histoire, c'est-à-dire vers les premiers jours de juin de l'année 1519, ces routes n'existaient pas encore, ou plutôt n'étaient représentées que par des sentiers à peine tracés où se posaient seuls, avec une insolente sécurité, les pieds des arrieros et de leurs mules. Ces sentiers, rarement ouverts au milieu de terrains plats, se prolongeaient à travers les gorges et les sommets, avec des alternatives de montées et de descentes qui semblaient faites exprès pour mettre à l'épreuve la patience des voyageurs. De temps en temps leur spirale étroite contournait quelque rocher à pic, rouge et chaud comme un gigantesque pylône égyptien, et alors le voyageur se trouvait littéralement suspendu, lui et son insoucieuse monture, au-dessus de l'abîme dans lequel plongeait son regard effaré. Plus le sentier s'escarpait, plus le rocher devenait brûlant, et plus le pied de l'homme ou de la mule risquait de manquer sur ce granit que le pas des caravanes, en brisant ses aspérités, avait fini par rendre poli et glissant comme du marbre.

Il est vrai qu'une fois ce nid d'aigle, qu'on appelle Ahlama, franchi, le chemin se faisait plus facile, et par une pente assez douce, en supposant que l'on vînt de Malaga et qu'on allât à Grenade, descendait dans la vallée de Joëna; mais alors, à un péril en quelque sorte physique, succédait un danger qui, pour demeurer invisible jusqu'à l'instant où il menaçait de se produire, n'en était pas moins présent à l'imagination : du moment où les deux côtés du chemin devenaient praticables et offraient un refuge dans leurs épais maquis, ces deux côtés du chemin se hérissaient de croix chargées d'inscriptions sinistres.

Ces croix étaient celles qui décoraient les tombes des voyageurs assassinés par les nombreux bandits qui, dans ces temps de troubles civils, peuplaient particulièrement les sierras de Cordoue et de Grenade, c'est-à-dire la sierra Morena et la sierra Nevada.

Au reste, les inscriptions qui chargeaient ces croix ne laissaient aucun doute sur le genre de mort de ceux qui reposaient à leur ombre. En traversant les mêmes sierras trois siècles après les voyageurs que nous allons, dans quelques instants, faire apparaître aux yeux de nos lecteurs, nous avons vu des croix pareilles à celles que nous décrivons, et nous avons copié sur leurs lugubres traverses ces inscriptions assez peu rassurantes pour ceux qui les lisent :

ICI
été assassiné un voyageur.
Priez Dieu pour son âme!

ICI
Ont été assassinés le fils et le père;
Ils reposent dans le même tombeau.
Dieu leur fasse miséricorde !

Mais, d'habitude, l'inscription la plus commune est celle-ci :

A qui mataron un hombre.

Ce qui signifie tout simplement : « Ici, ils ont tué un homme. »

Cette espèce de haie mortuaire s'étendait pendant l'espace d'une lieue et demie ou deux lieues, c'est-à-dire pendant toute la largeur de la vallée ; puis on traversait un petit ruisseau qui, côtoyant le village de Cacin, va se jeter dans le Xenil, et l'on rentrait dans la seconde partie de la sierra.

Cette seconde partie, il faut l'avouer, était moins âpre et moins difficile à franchir que la première : le sentier se perdait dans une immense forêt de pins, mais il avait laissé derrière lui les défilés étroits et les rochers à pic. On sentait qu'on était arrivé dans des régions plus tempérées ; et après avoir cheminé une lieue et demie dans les sinuosités d'une montagne ombreuse, on arrivait à découvrir une espèce de paradis, vers lequel on descendait par une pente inclinée sur un tapis de gazon tout bariolé de genêts aux fleurs jaunes et embaumées, et d'arbousiers aux baies rouges comme des fraises, mais dont la saveur un peu grasse rappelle plutôt le goût de la banane que celui du beau fruit auquel il ressemble.

En arrivant à ce point de son voyage, le pèlerin pouvait pousser un soupir de satisfaction ; car il semblait que, parvenu là, il fût délivré désormais du double danger auquel il venait d'échapper : celui de se briser en roulant dans quelque précipice, ou d'être assassiné par quelque bandit de mauvaise humeur. En effet, on voyait à gauche du chemin, à la distance d'un quart de lieue à peu près, s'élever et blanchir, comme si ses murailles étaient de craie, une petite bâtisse tenant à la fois de l'auberge et de la forteresse. Elle avait une terrasse avec un parapet découpé en créneaux, et une porte de chêne avec des traverses et des clous de fer. Au-dessus de cette porte était peint le buste d'un homme au visage basané, à la barbe noire, à la tête coiffée d'un turban, et tenant en main un sceptre. Cette inscription était gravée au-dessous de la peinture : « AL REY MORO. »

Quoique rien n'indiquât que ce roi more, sous l'invocation duquel l'auberge florissait, fût le dernier souverain qui eût régné à Grenade, il était néanmoins évident, pour tout homme n'étant pas complétement étranger au bel art de la peinture, que l'artiste avait eu l'intention de représenter le fils de Zoraya, Aboulabd-Allah, surnommé al Zaquir, dont Florian a fait, sous le nom de Boabdil, un des personnages principaux de son poëme de *Gonzalve de Cordoue.*

Notre hâte à faire comme les voyageurs, c'est-à-dire à mettre notre cheval au galop pour arriver à l'auberge, nous a fait négliger de jeter un coup d'œil en passant sur un personnage qui, pour paraître au premier abord d'humble condition, n'en mérite cependant pas moins une description particulière : il est vrai que ce personnage était à la fois perdu, sous l'ombrage d'un vieux chêne et dans les sinuosités du terrain.

C'était une jeune fille de seize à dix-huit ans, qui par certains points paraissait appartenir à quelque tribu mauresque, quoique, par d'autres, elle semblât avoir le droit de réclamer sa place dans la grande famille européenne : croisement probable des deux races, elle formait un chaînon intermédiaire qui réunissait, par un singulier mélange, à l'ardente et magique séduction de la femme du Midi, la douce et suave beauté de la vierge du Nord. Ses cheveux, qui à force d'être noirs atteignaient le reflet bleuâtre de l'aile du corbeau, encadraient en retombant sur le cou un visage d'un ovale parfait et d'une suprême dignité. De grands yeux bleus comme des pervenches, ombragés par des cils et des sourcils de la couleur des cheveux, un teint mat et blanc comme le lait, des lèvres fraîches comme des cerises, des dents à faire honte à des perles, un cou dont chaque ondulation avait la grâce et la souplesse de celui du cygne, des bras un peu longs, mais d'une forme parfaite, une taille flexible comme celle du roseau qui se mire dans le lac, ou du palmier qui se balance dans l'oasis, des

EL SALTEADOR.   TYP. J. CLAYE.

GINESTA.

pieds dont la nudité permettait d'admirer la petitesse et l'élégance, tel était l'ensemble physique du personnage sur lequel nous nous permettons d'attirer l'attention du lecteur.

Quant au costume, d'une sauvage fantaisie, il se composait d'une couronne de jasmin de Virginie arraché au treillage de la petite maison que nous avons déjà décrite, et dont les feuilles d'un vert sombre et les fleurs de pourpre s'harmoniaient admirablement avec le noir de jais de sa chevelure. Son cou était orné d'une chaîne composée d'anneaux plats de la largeur d'un philippe d'or, enchevêtrés les uns dans les autres, et lançant de fauves reflets qui semblaient des jets de flamme. Sa robe, bizarrement coupée, était faite d'une de ces étoffes de soie rayées d'une bande mate et d'une bande de couleur, comme on en tissait alors à Grenade, et comme on en fabrique encore à Alger, à Tunis et à Smyrne; la taille était serrée par une ceinture sévillane à franges d'or, comme en porte de nos jours l'élégant majo, qui, sa guitare sous la mante, s'en va donner une sérénade à sa maîtresse. Si la ceinture et si la robe eussent été neuves, peut-être eussent-elles blessé la vue par les tons un peu trop accentués de ces vives nuances, amour des Arabes et des Espagnols; mais les froissements et les fatigues d'un long usage avaient fait de tout cela un charmant ensemble qui eût réjoui alors l'œil du Titien, et qui, plus tard, eût fait bondir de joie le cœur de Paul Véronèse.

Ce qu'il y avait surtout d'étrange dans cette jeune fille, quoique cette anomalie soit plus commune en Espagne que partout ailleurs, et à l'époque où nous la signalons qu'à toute autre époque; ce qu'il y avait surtout d'étrange dans cette jeune fille, disons-nous, c'était la richesse du costume comparée à l'humilité de l'occupation. Assise sur une grosse pierre, au pied d'une de ces croix funèbres dont nous avons parlé, à l'ombre d'un énorme chêne vert, les pieds trempant dans un ruisseau dont l'eau miroitante les recouvrait comme d'une gaze d'argent, elle filait à la quenouille et au fuseau.

Près d'elle bondissait, suspendue au rocher et broutant le cytise amer, comme dit Virgile, une chèvre, bête inquiète et aventureuse, propriété habituelle de celui qui n'a rien; et tout en tournant son fuseau de la main gauche, tout en tirant son fil de la main droite, et tout en regardant ses pieds qui faisaient bouillonner et murmurer le ruisseau, la jeune fille chantait à demi voix une espèce de refrain populaire qui, au lieu d'être l'expression de sa pensée, semblait ne servir que d'accompagnement à la voix qui murmurait au fond de son cœur et que nul n'entendait; puis de temps en temps, non pas pour la faire revenir, mais comme pour lui adresser un mot d'amitié, la chanteuse interrompait son chant et son travail, appelait sa chèvre du mot arabe par lequel on désigne son espèce, et chaque fois que la chèvre entendait le mot *maza*, elle secouait mutinement la tête, faisait tinter sa sonnette d'argent et se remettait à brouter. Voici les paroles que chantait la fileuse sur un air lent et monotone dont nous avons, depuis, entendu les notes principales dans les plaines de Tanger et dans les montagnes de la Kabylie. Au reste, c'était le romancero connu en Espagne sous le nom de la chanson du roi *don Fernand*.

> Grenade, ô mon adorée!
> A la ceinture dorée,
> Sois ma femme, et pour toujours
> Prends en dot, dans mes Castilles,

Trois couvents avec leurs grilles,
Trois forts avec leurs bastilles,
Trois villes avec leurs tours.

Fouille, dans ta jalousie,
Cet écrin d'Andalousie
Que le Seigneur m'accorda :
Dans ton humeur inconstante,
Si la Giralda te tente,
A Séville mécontente
Nous prendrons la Giralda.

Et ce que dira Séville,
Ce que dira la Castille,
Dans un siècle ou maintenant,
O Grenade ! peu m'importe!
Autant le vent en emporte,
Grenade, ouvre-moi ta porte,
Je suis le roi don Fernand!

En ce moment elle leva la tête pour appeler sa chèvre; mais à peine eut-elle prononcé le mot *maza*, que sa parole s'arrêta et que son regard demeura fixé sur l'extrémité de la route venant d'Ahlama. Un jeune homme apparaissait à l'horizon, descendant, au grand galop de son cheval andalous, la pente de la montagne, coupée, selon l'épaisseur ou la rareté des arbres, de larges bandes d'ombre et de soleil. La jeune fille le regarda un instant, se remit à son travail, et, tout en travaillant d'une façon plus distraite encore, comme si, ne regardant plus le chevalier elle l'écoutait venir, elle reprit le quatrième couplet de sa chanson, qui était la réponse de Grenade au roi *don Fernand :*

O roi don Fernand ! je t'aime;
Mais j'ai, fatal anathème,
Pour maître un More exigeant,
Qui me tient emprisonnée,
Pauvre esclave couronnée,
De chaînes d'or enchaînée
Dans sa tour aux clés d'argent!

II

EL CORREO D'AMOR.

Pendant que la fileuse chantait ce dernier couplet, le cavalier avait fait assez de chemin pour qu'en relevant la tête elle pût distinguer et son costume et ses traits.

C'était un beau jeune homme de vingt-cinq à vingt-six ans, coiffé d'un chapeau à larges bords, dont une plume couleur de feu suivait d'abord la courbe pour s'en éloigner ensuite en flottant. Sous l'ombre que le feutre projetait sur sa figure, qui alors n'était plus éclairée qu'en demi-teinte, on voyait briller deux beaux yeux noirs que l'on comprenait devoir s'allumer, avec une facilité grande, de la flamme de la colère ou du feu de l'amour. Son nez, droit et d'une forme parfaite, surmontait deux moustaches légèrement relevées, et qui laissaient voir entre la barbe du menton et celle des lèvres des dents magnifiques, blanches et aiguës comme celles du chacal. Il était couvert malgré la chaleur, et peut-être même à cause de la chaleur, d'un de ces manteaux cordouans qui, taillés comme un puncho américain et fendus au milieu d'une ouverture destinée à passer la tête, couvrent le cavalier depuis les épaules jusqu'à l'extrémité des boltes. Ce manteau de drap couleur de feu, comme la plume du chapeau, brodé d'or à ses extrémités et tout autour de l'ouverture du col, couvrait un costume qui, si l'on en jugeait par le peu qui paraissait au jour, c'est-à-dire par le bout de ses manches et par les rubans de sa trousse, devait être d'une suprême élégance.

Quant à son cheval, qu'il maniait en cavalier consommé, c'était une charmante bête de cinq ou six ans, au col arrondi, à la crinière flottante, à la croupe vigoureuse, à la queue balayant la terre, et au pelage de cette couleur précieuse que la dernière reine de Castille, Isabelle, venait de mettre à la mode; au reste, c'était merveille qu'avec cette ardeur qui les animait tous deux, cheval et cavalier eussent pu passer par ces rigides sentiers dont nous avons tenté la description, et n'eussent point roulé dix fois l'un et l'autre dans les précipices d'Alcacin ou d'Ahlama.

Un proverbe espagnol dit qu'il y a un Dieu pour les ivrognes et une déesse pour les amoureux. Notre cavalier n'avait pas l'air d'un ivrogne; mais, il faut le dire, il ressemblait comme deux gouttes d'eau à un amoureux. Ce qui rendait cette ressemblance incontestable, c'est que sans la regarder, et probablement même sans la voir, tant ses yeux étaient fixés en arrière et tant son cœur était tiré hors de lui, le cavalier passa devant notre jeune fille, en face de laquelle, bien certainement, le roi don Carlos lui-même, si sage et si retenu qu'il fût, malgré ses dix-neuf ans, eût risqué une halte tant elle était belle, quand, levant la tête pour regarder le dédaigneux voyageur, elle murmura:

— Pauvre garçon! c'est dommage.

Pourquoi la fileuse plaignait-elle le voyageur? A quel danger présent ou futur faisait-elle allusion? C'est ce que nous allons probablement savoir en accompagnant jusqu'à la venta du roi More l'élégant caballero.

Pour arriver jusqu'à cette venta, qu'il paraissait si pressé d'atteindre, il devait franchir encore deux ou trois mouvements de terrain pareils, à peu de chose près, à celui au fond duquel se tenait la jeune fille lorsqu'il était passé sans la voir ou plutôt sans la regarder. Au fond de chacun de ces petits vallons, où le chemin seul était percé dans une largeur de huit ou dix pieds à peine et qui coupait d'épais maquis de myrtes de lentisques et d'arbousiers, se dressaient deux ou trois croix, indiquant que le voisinage de la venta n'avait aucunement préservé les voyageurs de cette destinée si commune, qu'il semblait que ceux qui passaient encore par les mêmes chemins où tant d'autres avaient péri, dussent avoir le cœur cuirassé de cet acier triple, dont parle Horace à propos du premier navigateur. En s'approchant de ces endroits de sinistre aspect, le cavalier se contentait de reconnaître que son épée battait toujours à son côté, et que ses pistolets étaient toujours pendus au crochet de sa selle; puis, lorsqu'il s'en était assuré à l'aide d'une main plutôt machinale qu'inquiète, il franchissait du même pas de son cheval, et du même visage tranquille, le mauvais passage, *el malo sito*, comme on dit là-bas.

Arrivé au point culminant du chemin, il se dressait de nouveau sur ses étriers pour mieux voir la venta; puis en l'apercevant il piquait d'un double coup d'éperon sa monture, laquelle, comme si le désir de servir son cavalier la rendait infatigable, se plongeait dans la petite vallée, pareille à la barque obéissante qui redescend dans la profondeur des vagues après en avoir surmonté la crête.

Ce peu d'attention que le voyageur donnait à la route qu'il parcourait, et ce grand désir qu'il paraissait avoir d'arriver à la venta, produisirent probablement deux effets. Le premier, c'est qu'il ne remarqua point, embusqués qu'ils étaient dans le maquis aux deux côtés du chemin, étagés sur un espace d'un quart de lieue, à peu près comme des chasseurs en battue, une dizaine d'hommes couchés à terre, et entretenant allumée avec un soin minutieux la mèche d'une escopette couchée à terre comme eux et près d'eux. Au bruit des pas du cheval ces hommes invisibles levaient la tête, s'appuyaient sur le bras et sur leur genou gauche, prenaient de la main droite l'escopette fumante, et machinalement, en se redressant sur un genou, en portaient la crosse à leur épaule. Le second, c'est que voyant la rapidité avec laquelle cheval et cavalier passaient, les hommes embusqués se faisaient cette réflexion, que le cavalier ayant sans doute quelque chose à faire à la venta, allait y descendre, et qu'il était inutile, par conséquent, de faire éclater sur la grande route un bruit dénonciateur qui pouvait écarter quelque caravane considérable, où les attendait un butin plus copieux que celui que l'on peut faire sur un seul voyageur, si riche et si élégant qu'il soit.

C'est qu'en effet ces hommes couchés n'étaient autres que les pourvoyeurs des tombes, sur lesquelles, en bons chrétiens, ils dressaient des croix, après y avoir couché les voyageurs assez imprudents pour essayer, au risque de leur vie, de défendre leurs bourses quand les dignes salteadores les saluaient, l'escopette au poing, de cette phrase sacramentelle qui est à peu près la même dans toutes les langues et chez toutes les nations : *La bourse ou la vie !*

C'était probablement à ce danger, qui ne lui était pas inconnu, que la jeune fileuse faisait allusion, quand, regardant passer le beau voyageur, elle avait laissé échapper ces mots accompagnés d'un soupir : C'est dommage !

Mais, on l'a vu, ces hommes embusqués soit pour une cause, soit pour une autre, n'avaient point donné signe de présence : seulement, de même que ces chasseurs en battue, auxquels nous les avons comparés, se lèvent de leur poste quand le gibier est passé, de même quelques-uns d'entre eux, avançant la tête d'abord, puis le corps tout entier, sortirent du bois derrière le voyageur, et s'acheminèrent vers la venta, dans la cour de laquelle le cheval et le cavalier s'élancèrent rapidement.

Un mozuelo se tenait dans cette cour, prêt à prendre la bride du cheval.

— Une mesure d'orge à mon cheval, un verre de xérès à moi, un dîner le meilleur possible à ceux qui me suivent !

Comme le voyageur achevait ces mots, l'hostalero parut à sa fenêtre, et les hommes du maquis à la porte.

Les uns et les autres échangèrent un coup d'œil d'intelligence qui signifiait, de la part des hommes du maquis : Nous avons donc bien fait de ne pas l'arrêter ?

Et de la part de l'hôte : Parfaitement bien fait.

Puis comme le cavalier, tout occupé de secouer la poussière qui couvrait son manteau et ses bottes, n'avait rien vu de ce double regard :

— Entrez, mon gentilhomme, dit l'hostalero. Quoique située dans la montagne, la posada du roi More n'est pas dénuée, Dieu merci. Nous avons toute sorte de gibier, excepté du lièvre, qui est un animal immonde, dans le garde-manger. Nous avons une olla podrida sur le feu, un gaspacho qui trempe depuis hier; et, si vous voulez attendre, un de nos amis, grand chasseur de ces sortes d'animaux, est à la poursuite d'un ours descendu de la montagne pour manger mon orge, bientôt nous aurons de la venaison fraîche à vous offrir. — Nous n'avons pas le temps d'attendre le retour de ton chasseur, si séduisante que soit la proposition. — Alors je ferai de mon mieux, mon gentilhomme. — Oui, et quoique je sois convaincu que la senora dont je me suis fait le courrier soit une véritable déesse qui ne vit qu'en respirant le parfum des fleurs et en buvant la rosée du matin, prépare toujours ce que tu as de meilleur, et dis-moi dans quelle chambre tu comptes la recevoir.

L'hostalero ouvrit une porte et montra au cavalier une grande chambre passée à la chaux, avec des rideaux blancs aux fenêtres et des tables de chêne.

— C'est là, dit-il. — Bien, répondit le voyageur, verse-moi un verre de xérès, vois si mon cheval a sa mesure d'orge, et fais-moi cueillir dans ton jardin un bouquet de tes plus belles fleurs. — Cela va être fait, répondit l'hostalero. Combien de couverts? — Deux, un pour le père, un pour la fille; les domestiques mangeront dans la cuisine après avoir servi les maîtres; ne leur épargne pas le val de Penas. — Soyez tranquille, mon cavalier, quand on parle comme vous, on est sûr d'être promptement et bien servi.

Et l'hostalero, pour donner sans doute la preuve de ce qu'il avançait, sortit en criant :

— Holà! Gil, deux couverts; Pérèz, le cheval a-t-il son orge? Amapola, courez au jardin et coupez tout ce que vous trouverez de fleurs. — Très-bien! murmura le cavalier avec un sourire de satisfaction. A mon tour, maintenant.

Détachant alors de la chaîne qui pendait à son cou une petite boule d'or de la grosseur d'un œuf de pigeon, toute ciselée à jour, il l'ouvrit, la posa sur la table, alla chercher dans la première salle un charbon ardent, le mit dans la boîte d'or, et sur le charbon égrena une pincée d'une poudre dont la fumée se répandit aussitôt dans la chambre, exhalant ce parfum doux et pénétrant qui caresse l'odorat dès qu'on entre dans la chambre d'une femme arabe.

En ce moment l'hostalero rentra, tenant d'une main une assiette supportant un verre plein de xérès et de l'autre une bouteille nouvellement entamée; derrière lui venait Gil avec une nappe, des serviettes et une pile d'assiettes; enfin, derrière Gil parut Amapola, perdue dans une brassée de ces fleurs aux couleurs ardentes qui n'ont pas d'équivalent en France, et qui sont si communes en Andalousie que je n'ai pas même pu en savoir les noms.

— Faites un bouquet des plus belles fleurs, la fille, dit le cavalier, et donnez-moi les autres.

Amapola fit un choix des plus belles fleurs, et quand le bouquet fut massé :

— Est-ce cela? demanda-t-elle. — Parfaitement, dit le voyageur; liez-le maintenant.

La jeune fille chercha des yeux un fil, un cordon, une ficelle. Mais le voyageur tira de sa poche un ruban d'or et de pourpre dont il paraissait avoir fait provision pour cet usage, et dont il coupa une certaine mesure avec son poignard; puis il donna le ruban à Amapola, qui lia le bouquet, et, d'après l'ordre du jeune homme, le posa sur une des deux assiettes dont Gil venait d'orner

la table principale. Alors lui-même se mit à effeuiller les autres fleurs de manière à faire de la porte de la cour à la table un chemin tout jonché, comme
ceux que l'on prépare au Saint-Sacrement le jour de la Fête-Dieu; après quoi,
appelant l'hostalero :

— Mon ami, lui dit-il, voilà un philippe d'or pour le dérangement que je
t'ai causé.

L'hôte s'inclina.

— Maintenant, continua le jeune cavalier, si don Inigo Velasco de Haro te
demande qui a commandé son dîner, tu lui diras que c'est un homme dont tu
ignores le nom. Si dona Flor te demande qui a fait cette jonchée, qui a préparé ce bouquet, qui a brûlé ces parfums, tu lui répondras que c'est son courrier d'amour, don Ramiro d'Avila.

Et, s'élançant légèrement sur son beau cheval dont le mozuelo tenait la bride,
il bondit d'un seul élan hors de la cour de la venta, et continua son chemin au
galop dans la direction de Grenade.

III

DON INIGO VELASCO DE HARO.

Placée où elle était, c'est-à-dire au fond d'un de ces plis de terrain que nous
avons indiqués, la belle fille à la chèvre n'avait pu ni voir entrer le jeune cavalier dans la venta, ni l'en voir sortir; mais elle avait paru écouter avec attention si quelque bruit indicateur de ce qui se passait n'arriverait pas jusqu'à
elle, et plusieurs fois, levant ses beaux yeux interrogateurs vers le ciel, elle
avait semblé étonnée que le passage du beau et riche gentilhomme n'eût été
suivi d'aucun événement extraordinaire.

C'est qu'elle ignorait tout naturellement, n'ayant point quitté sa place et
n'ayant point entendu le dialogue du voyageur avec l'hostalero, à quelle circonstance, toute égoïste de la part des familiers de la venta, le courrier d'amour
de la belle dona Flor devait d'être sorti sain et sauf de leurs mains. Au reste,
au moment même où, après avoir fait toutes les dispositions pour que la venta
du roi More fût digne de recevoir don Inigo Velasco et sa fille, don Ramiro
d'Avila s'élançait hors de la cour et reprenait le chemin de Grenade, l'avant-
garde de la caravane annoncée par l'élégant maréchal des logis commençait à
se faire visible aux yeux de la bohémienne. Cette caravane se divisait en trois
corps bien distincts. Le premier, celui qui servait d'avant-garde et qui, ainsi que
nous l'avons dit, commençait à paraître sur le versant occidental de la petite
montagne, se composait d'un seul homme appartenant à la maison domestique
de don Inigo Velasco; seulement, comme les campieri de Sicile, qui, domestiques dans les temps de paix, deviennent soldats aux heures du danger, celui-
là, revêtu d'un costume moitié livrée, moitié militaire, portait une longue rondache à son côté, et tenait droite comme une lance, et la crosse appuyée à son
genou, une arquebuse dont la mèche tout allumée ne laissait pas de doute sur
l'intention que la caravane avait de se défendre, au cas où elle serait attaquée.
Le corps d'armée, qui venait à une trentaine de pas environ de l'avant-garde, se

composait d'un vieillard de soixante à soixante-cinq ans et d'une jeune fille de seize à dix-huit. Enfin après eux, et marchant à la même distance que l'homme chargé d'éclairer la route, venait l'arrière-garde, composée de deux serviteurs portant rondache au côté et arquebuse fumante au genou. En tout, deux maîtres et trois domestiques.

Comme les domestiques sont destinés à remplir une médiocre place dans cette histoire, tandis qu'au contraire les deux maîtres doivent y jouer des rôles principaux, qu'on nous permette de négliger MM. Nunez, Camacho et Torribio, pour nous occuper spécialement de don Inigo Velasco de Haro et de dona Flor, sa fille.

Don Inigo Velasco était, comme nous l'avons dit, un vieillard de soixante à soixante-cinq ans, quoique le mot vieillard devienne impropre à l'endroit d'un homme vieux d'âge peut-être, mais à coup sûr jeune de corps. En effet, sa barbe à peine grisonnante, ses cheveux qu'il portait longs à la mode de Philippe le Beau et de Ferdinand le Catholique, à peine mouchetés de la neige d'hiver, indiquaient tout au plus un homme de cinquante à cinquante-cinq ans; et cependant il était frappé de ce malheur, commun à tous ceux qui ont eu une jeunesse illustre, de ne pouvoir cacher leur âge, ayant plus d'une fois, et à des époques différentes, imprimé profondément sa trace dans l'histoire de son pays. A trente ans, don Inigo Velasco, héritier d'un des noms les plus illustres et d'une des familles les plus riches de la Castille, poussé au désir des aventures par l'amour que lui avait inspiré une jeune fille qu'il ne pouvait épouser, attendu que le père de dona Mercédès de Mendo, c'était le nom de cette reine de beauté, était ennemi du sien, leurs pères, à eux, s'étant juré une haine éternelle; à trente ans, disons-nous, don Inigo Velasco, qui avait eu pour précepteur le père Marchena, c'est-à-dire un des premiers prêtres qui, au risque de se trouver en opposition avec les Saintes-Écritures, avaient reconnu, sur la démonstration de Christophe Colomb, que la terre pourrait bien être ronde; don Inigo Velasco avait, par désespoir plutôt que par conviction, adopté les théories et secondé les prétentions du navigateur génois.

On sait ce qu'eut à souffrir à la cour des rois catholiques ce pauvre homme de génie, que les moins malveillants des conseillers d'Isabelle et de Ferdinand traitaient de visionnaire et de fou, lorsque, après avoir inutilement exposé à Gênes, sa patrie, le projet qu'il avait conçu de retrouver, en marchant vers l'ouest, l'empire du Cathay, indiqué par son prédécesseur Marco Polo; quand, après avoir été repoussé par Jean II, qui envoya secrètement et traîtreusement un pilote tenter cette expédition, que tout haut on traitait d'insensée, il se présenta au roi d'Aragon Ferdinand et à la reine de Castille Isabelle, offrant de doter l'Espagne, non pas d'une ville, non pas d'une province, non pas d'un royaume, mais d'un monde!

Huit ans s'écoulèrent en démarches et en instances inutiles. Par bonheur pour l'illustre Génois, plus d'une fois déjà nous avons philosophé sur ce texte si riche des petites causes et des grands effets, par bonheur pour l'illustre Génois, disons-nous, la Providence permit qu'au moment où Christophe Colomb voulait entreprendre son voyage, qu'au moment où tombait avec son dernier rempart l'empire des califes en Espagne, le neveu d'une des plus tendres amies de la reine fût amoureux à en perdre la raison d'une jeune fille qu'il n'avait aucun espoir d'épouser.

Nous demandons humblement pardon à l'amour de le mettre au nombre des petites causes; mais, petite ou grande, la cause produisit un effet immense. Nous avons dit la cause : disons l'effet. Ce neveu, on sait déjà son nom, c'était don Inigo Velasco, comte de Haro. Cette tante, c'était Béatrix, marquise de Moya. Or, la reine Isabelle n'avait pas de plus tendre amie, de confidente plus intime que la marquise de Moya : nous inscrivons le fait pour mémoire ; tout à l'heure nous allons y revenir. Quant à Velasco, il avait résolu d'en finir avec la vie, et, s'il n'avait pas été tué dix fois, c'est que, comme devant tous les cœurs résolus, la mort avait reculé devant lui. Dans les guerres que les rois catholiques poursuivaient contre les Maures, il avait constamment combattu au premier rang : il était à l'assaut des forteresses d'Ilosa et de Moclin, ces deux bastilles si importantes de la ville reine qu'on les appelait les deux yeux de Grenade ; il était au siége de Velez quand le zagal Abd-Allah essaya de faire lever le siége de cette ville et fut repoussé avec une perte terrible ; il était à la prise de Gibalfaro, lorsque la ville d'Ibrahim fut emportée et mise au pillage ; il était, enfin, sous les murs de la capitale de Boabdil, quand, après avoir, selon l'expression espagnole, mangé la grenade grain à grain, c'est-à-dire conquis le royaume ville à ville, les rois catholiques entourèrent la cité qu'ils bloquaient d'une ville nouvelle, avec maisons, églises, remparts, et qu'ils nommèrent Santa-Fé, en signe de leur espérance et du vœu qu'ils avaient fait de ne point abandonner le blocus de Grenade que Grenade ne fût rendue. Grenade se rendit le 25 novembre 1491, de l'an 897 de l'hégyre, le vingt-deuxième jour de la lune de moharram. Pour Colomb, qui depuis huit ans attendait, c'était le moment de revenir à la charge ; le roi Ferdinand et la reine Isabelle venaient d'achever l'œuvre commencée par Pélage il y avait sept siècles.

Ils venaient d'en finir avec les infidèles d'Espagne.

Colomb proposait son expédition en lui donnant pour but principal la conversion des infidèles d'un monde nouveau. Pour arriver à ce but, il ne demandait que deux caravelles, cent hommes d'équipage, et trois mille couronnes. Enfin, à côté du but religieux, il proposait, comme résultat matériel, des placers d'or inépuisables, des mines de diamants sans prix. Qui pouvait donc empêcher l'avare Ferdinand et la pieuse Isabelle de tenter une entreprise qui, au point de vue temporel et spirituel, présentait, une fois admise l'existence de ce monde inconnu, toutes les apparences d'une heureuse spéculation.

Ce qui l'empêchait, nous allons le dire. Christophe Colomb, élevant d'avance la récompense à la hauteur du service, demandait le rang d'amiral des flottes espagnoles, le titre de vice-roi de tous les pays qu'il découvrirait, le dixième des bénéfices que rapporterait l'expédition, et le maintien dans sa postérité mâle des titres qui lui seraient accordés. Ces prétentions paraissaient d'autant plus exagérées, que Christophe Colomb, quoiqu'il prétendît descendre d'une des plus illustres familles de Plaisance, quoiqu'il écrivît à la reine Isabelle que, si elle le nommait amiral, il ne serait pas le premier amiral de sa famille ; que Christophe Colomb, disons-nous, n'avait pu produire des preuves de sa noblesse, et que le bruit se répandait à la cour qu'il était tout simplement le fils d'un modeste tisserand de Cogorco ou de Nervi.

Ces prétentions, en conséquence, avaient soulevé l'indignation de l'archevêque de Grenade, Ferdinand de Talavera, chargé par Leurs Majestés Catholiques d'examiner le projet du *pilote génois*, comme on appelait généralement Christophe Colomb à la cour.

C'était surtout ce dixième dans les bénéfices, représentant juste l'impôt que l'Église prélevait sous le nom de *dizme*, qui blessait les susceptibilités religieuses de don Ferdinand de Talavera.

Or, le pauvre Christophe Colomb jouait de malheur, car ses trois autres prétentions, celle d'être élevé au rang d'amiral, celle de prendre le titre de vice-roi, enfin celle d'avoir l'hérédité de ce titre, comme dans une famille royale ou princière, avaient, de leur côté, blessé l'orgueil de Ferdinand et d'Isabelle, les souverains, à cette époque, n'étant point encore habitués à traiter de pair avec un simple particulier, et Colomb, tout pauvre et tout obscur qu'il était, parlant avec autant de fierté que s'il portait déjà sur la tête la double couronne d'or de Guacanagarie et de Montezuma, .

Il en était résulté qu'après une discussion vive dans le conseil, où Christophe Colomb comptait deux partisans seulement, don Luys de Saint-Angel, receveur des revenus ecclésiastiques d'Aragon, et don Alonzo de Quintatilla, directeur des finances de Castille, la proposition avait été définitivement rejetée, à la grande satisfaction du roi Ferdinand, l'homme du doute et de la matière, et à la grande tristesse de la reine Isabelle, la femme de la poésie et de la foi.

Quant aux ennemis de Colomb, et ils étaient nombreux à la cour, ils regardaient la sentence comme définitive, et croyaient bien être débarrassés à tout jamais de ce ridicule rêveur qui faisait, près des services qu'il promettait de rendre, paraître mesquins tous les services déjà rendus. Mais ils avaient compté sans don Iñigo Velasco, comte de Haro, et sans sa tante Béatrix, marquise de Moya.

En effet, le lendemain du jour où le refus de Leurs Majestés Catholiques avait été transmis à Colomb par l'archevêque don Ferdinand de Talavera, refus qu'avaient essayé d'atténuer don Luys de Saint-Angel et don Alonzo de Quintatilla, mais qui n'en avait pas moins laissé sans espoir le pauvre navigateur, doña Béatrix entra dans l'oratoire de la reine, et d'une voix sensiblement émue lui demanda audience pour son neveu.

Isabelle, étonnée de l'aspect presque embarrassé de son amie, la regarda un instant; puis, avec ce ton de douceur qui lui était habituel quand elle parlait à ses familiers:

— Que dis-tu donc là, ma fille? demanda-t-elle.

Ma fille était un nom d'amitié que la reine de Castille donnait habituellement, mais sans le prodiguer néanmoins, à ses amies particulières.

— Je dis à Votre Altesse que mon neveu don Inigo Velasco a l'honneur de solliciter d'elle une audience de départ. — Don Inigo Velasco, reprit Isabelle, cherchant évidemment à fixer ses souvenirs sur celui dont il était question, n'est-ce point ce jeune capitaine qui s'est si fort distingué pendant cette dernière guerre aux assauts d'Ilosa et de Moclin, au siége de Velez, à la prise de Gibalfaro, et dans mainte autre occasion? — C'est cela! s'écria dona Béatrix toute joyeuse, et surtout toute fière que le nom de son neveu eût éveillé de pareils souvenirs dans le cœur de la reine. Oui, oui, Altesse, c'est bien lui. — Et tu dis qu'il part? demanda Isabelle. — Oui, Altesse. — Pour un long voyage? — J'en ai peur. — Quitterait-il l'Espagne? — Je le crois. — Ah! ah! — Il donne comme excuse qu'il n'a plus rien à y faire pour le service de Votre Majesté. — Et où va-t-il? — J'espère que sur ce point, dit dona Béatrix, la reine daignera permettre qu'il lui réponde lui-même. — C'est bien, ma fille, dis-lui qu'il peut entrer.

Et tandis que la marquise de Moya, se chargeant d'être l'introductrice de son neveu, s'avançait vers la porte, la reine Isabelle s'assit, et, plutôt pour avoir une contenance que pour travailler réellement, elle prit une bannière qu'elle était en train de broder en l'honneur de la Vierge, à l'intercession de laquelle elle attribuait l'heureuse reddition de Grenade, laquelle avait eu lieu, on le sait, par capitulation, et sans qu'il y eût de sang versé.

Un instant après la porte se rouvrit, le jeune homme entra, conduit par dona Béatrix, et, à quelques pas d'Isabelle, s'arrêta respectueusement, tenant son chapeau à la main.

IV

ISABELLE ET FERDINAND.

Don Inigo Velasco, que nous venons de montrer à nos lecteurs comme un magnifique vieillard de soixante à soixante-cinq ans, était, à l'époque de la prise de Grenade, un beau jeune homme de trente à trente-deux ans, avec de grands yeux et de longs cheveux noirs; son visage pâle était profondément empreint de cette teinte mélancolique qui indique la présence d'un amour malheureux, et qui, par conséquent, est toujours une puissante recommandation près d'une femme, cette femme fût-elle reine.

Une blessure à peine guérie alors, mais dont la cicatrice s'était perdue depuis dans les premières rides de la vieillesse, sillonnait son front d'une ligne rougeâtre et attestait qu'il avait attaqué de près et en face les Maures, dont le cimeterre avait laissé cette trace sanglante sur son front.

La reine, quoiqu'elle eût souvent entendu parler de lui à la fois comme un beau cavalier d'amour et comme un beau capitaine de guerre, mais qui le voyait pour la première fois, regarda don Inigo avec ce double intérêt qui s'attachait d'abord au neveu de sa meilleure amie, et ensuite à un cavalier qui venait de combattre si vaillamment pour la cause de son Dieu et de ses rois.

— Vous êtes don Inigo Velasco? demanda Isabelle après un moment d'attention, pendant lequel le plus profond silence avait régné dans l'oratoire où se tenaient cependant près d'elle ou loin d'elle, assis ou debout, selon la familiarité dont elles étaient honorées ou le rang qu'elles occupaient, une douzaine de personnes. — Oui, Altesse, répondit don Inigo. — Je vous croyais *rico hombre?* — Je le suis en effet, Altesse. — Pourquoi ne vous couvrez-vous pas devant nous, alors? — Parce que le respect que j'ai pour la femme m'interdit le droit que veut bien me rappeler la reine.

Isabelle sourit, et le tutoyant, comme c'était alors et comme c'est encore aujourd'hui l'habitude des rois et des reines de Castille à l'égard de ceux qu'on appelle de nos jours *grands d'Espagne*, et que l'on appelait alors *ricos hombres :*

— Eh bien! don Inigo, demanda-t-elle, tu veux donc voyager, mon enfant?
— Oui, Altesse, répondit le jeune homme. — Et pourquoi cela?

Le jeune homme garda le silence.

— il me semble pourtant, continua Isabelle, qu'il y a nombre de places à ma cour qui iraient bien à un jeune homme de ton âge et à un vainqueur de ton mérite. — Votre Altesse se trompe sur mon âge, répondit don Inigo en secouant tristement la tête, je suis vieux, Madame. — Toi? fit la reine étonnée. — Oui, Madame; car on est vieux, quelqu'âge que l'on ait, le jour où l'on a perdu toute illusion; et quant à ce titre de vainqueur que vous me faites la grâce de me donner, comme à un Cid, je l'aurai bientôt perdu, puisque grâce à la reddition de Grenade et à la chute du dernier roi more, Aboul-abd-Allah, vous n'avez plus d'ennemis à vaincre dans votre royaume.

Le jeune homme prononça ces paroles d'un ton si profondément triste, que la reine le regarda avec étonnement, et que dona Béatrix, qui sans doute était au courant des chagrins d'amour de son neveu, essuya une larme qui roula silencieuse de sa paupière sur sa joue.

— Et où veux-tu aller? demanda la reine. — Je veux aller en France, Altesse.

Isabelle fronça légèrement le sourcil.

— Le roi Charles VIII, demanda-t-elle cessant de le tutoyer, vous a-t-il donc engagé à ses noces avec l'héritière de Bretagne, ou vous a-t-il offert de prendre du service dans l'armée qu'il lève, dit-on, pour conquérir l'Italie? — Je ne connais point le roi Charles VIII, Madame, répondit don Inigo, et quelque offre qu'il me fît pour servir dans ses armées, je refuserais son offre; car ce serait bien certainement servir contre ma bien-aimée souveraine. — Et que vas-tu faire en France, si tu n'y vas pas chercher un maître qui te convienne mieux que nous, j'espère? — J'y accompagne un ami que vous avez chassé. — Qui cela? — Christophe Colomb, Madame.

Il se fit un instant de silence, pendant lequel on entendit le léger cri que faisait en s'entr'ouvrant la porte du cabinet du roi.

— Nous n'avons point, à Dieu ne plaise, chassé votre ami, don Inigo, reprit Isabelle avec une mélancolie dont, à son tour, elle n'était pas maîtresse; seulement nos conseils ont déclaré que les conditions imposées par le Génois étaient tellement exorbitantes, qu'il nous était impossible de les accepter sans manquer à ce que nous nous devons à nous-même et à nos deux couronnes. Si votre ami, don Christoval, avait consenti à faire quelque concession, la bonne volonté du roi Ferdinand et l'intérêt que je lui portais moi-même eussent rendu facile l'exécution d'un projet dont il doit à lui-même la mauvaise réussite.

Isabelle se tut, attendant la réponse de don Inigo, mais don Inigo ne répondit pas.

— D'ailleurs, continua-t-elle, outre que la théorie du Génois sur la circonférence de la terre s'accorde mal avec le texte des Saintes-Écritures, vous savez que les plus savants hommes du royaume traitent Christophe Colomb de visionnaire. — Ce n'est point d'un visionnaire, Altesse, répondit le neveu de Béatrix, de renoncer à ses espérances plutôt qu'à sa dignité. Colomb traite pour un empire dix fois grand, à ce qu'il prétend, comme l'Espagne, et ses prétentions s'élève à la hauteur du sujet : je comprends cela. — Mon neveu! murmura dona Béatrix. — Aurais-je, sans le vouloir, manqué de respect à la reine? demanda don Inigo; j'en serais aux plus profonds regrets. — Non, mon enfant, non, dit vivement Isabelle.

Puis, après avoir réfléchi un instant :

— Tu crois donc, demanda-t-elle à don Inigo, qu'il y a quelque chose de sérieux, de possible, de réel, au fond des rêveries de ce pilote? — Je suis trop ignorant pour répondre à Votre Altesse au nom de la science, Madame, dit don

Inigo; mais je lui répondrai au nom de la foi : la conviction de Colomb m'a convaincu moi-même, et, de même que Votre Altesse avait fait vœu de ne pas quitter Santa-Fé qu'elle n'eût pris Grenade, j'ai fait vœu, moi, de ne pas quitter Colomb qu'il n'ait mis le pied sur la terre de ce monde inconnu dont il voulait faire don à Votre Altesse, et que Votre Altesse a refusé. — Mais, dit Isabelle en essayant de plaisanter, quoique la parole du jeune homme lui en ôtât sinon l'envie, du moins le pouvoir, mais puisque tu as une foi si grande dans la science du Génois, et qu'il n'a besoin que de deux caravelles, de cent matelots et de trois mille couronnes pour accomplir son entreprise, pourquoi, sur ta propre fortune, qui est triple de ce que demande ton ami, n'as-tu pas fait bâtir les deux caravelles, engagé les cent matelots, et avancé les trois mille couronnes? Colomb, alors, ne devant plus rien à personne, eût pu être roi et te nommer vice-roi de son royaume imaginaire? — Je le lui ai offert, Altesse, répondit gravement don Inigo, non pas dans l'espoir d'une si haute récompense, je ne suis pas ambitieux, mais Colomb a refusé mon offre. — Colomb a refusé la réalisation d'un projet qu'il poursuit depuis vingt ans, quand cette réalisation s'est offerte à lui? s'écria Isabelle. Ah ! par exemple, tu ne me feras point accroire cela, mon enfant. — C'est cependant la vérité, Altesse, répondit don Inigo en s'inclinant avec respect. — Et quel motif a-t-il donné à son refus? — Il a dit qu'il fallait le nom et le patronage d'un grand roi pour consacrer une pareille entreprise, et que, puisqu'il ne pouvait la faire sous la protection des pavillons portugais ou espagnols, il allait voir si Charles VIII ne consentirait pas à l'abriter sous les trois fleurs de lis de France. — Le Génois est parti pour la France? Le Génois est allé porter son projet à Charles VIII? Êtes-vous bien sûr de cela, senor don Inigo? demanda Ferdinand d'Aragon, entrant tout à coup et se mêlant à la conversation qu'il écoutait déjà depuis quelques instants.

A cette entrée inattendue chacun se retourna, jetant un léger cri, ou tout au moins laissant échapper un geste de surprise. Seul, don Inigo, comme s'il eût entendu le bruit de la porte et deviné qui la poussait, ne manifesta que du respect, s'inclinant devant le roi comme il avait fait devant la reine : seulement, comme pour constater le droit qu'il avait de rester couvert devant le roi d'Aragon, il replaça sur sa tête son chapeau, que d'ailleurs il ôta presque aussitôt en se retournant du côté d'Isabelle, dont il paraissait attendre son congé comme de son unique souveraine. Celle-ci, au reste, tressaillit de joie en voyant avec quelle ardeur Ferdinand, si calme d'ordinaire, accueillait cette nouvelle humiliante pour l'Espagne, que Colomb était allé demander protection à un autre souverain; et comme don Inigo ne répondait point à l'interrogation du roi Ferdinand :

— Entends-tu ce que demande le roi d'Aragon? dit-elle au jeune homme. Il te demande s'il est bien vrai que le Génois soit parti pour la France, et si bien réellement il est allé offrir ses services au roi Charles VIII? — J'ai quitté ce matin Christophe Colomb à la porte de Bara, Madame; il suivait la route des côtes dans l'espoir de s'embarquer pour la Provence, à Alicante, à Valence ou à Barcelonne. — Et alors? dit Ferdinand. — Alors, sire, reprit don Inigo, je suis venu demander à la reine la permission de suivre ce grand homme, de m'embarquer avec lui, et de partager sa fortune bonne ou mauvaise. — Ainsi, tu comptes le rejoindre? — Aussitôt que j'en aurai reçu permission de ma gracieuse souveraine, répondit don Inigo. — Sans doute il s'éloigne accablé du peu de succès qu'ont eu près de nous ses sollicitations? — Il s'éloigne la tête haute et le visage serein, Altesse; car si le regret et le désappointement pèsent sur son cœur, son cœur présente une base assez large pour supporter ce double fardeau.

Ferdinand demeura un instant muet devant cette fière réponse; puis, passant sa main sur son front devenu soucieux :

— Je crains, murmura-t-il en laissant échapper un soupir, que mes conseillers n'aient été bien prompts dans leur refus à l'égard de cet homme; qu'en dites-vous ? Madame.

Mais, dès les premiers mots que le roi avait prononcés, Isabelle s'était levée, et allant à lui :

— Oh! Monseigneur, lui dit-elle les mains jointes, je m'étais soumise à la décision du conseil, parce que je croyais cette décision émanée de vous; mais si je m'étais trompée, s'il vous restait encore quelque sympathie pour l'homme qui inspire de pareils dévouements, qui soulève un semblable enthousiasme, il ne faudrait prendre conseil que de vous, de votre génie, de votre grandeur. — Croyez-vous, don Inigo, demanda Ferdinand d'une voix dont chaque mot tomba comme une goutte d'eau glacée sur le cœur d'Isabelle, croyez-vous que Colomb, en supposant même qu'il rencontre la terre du Cathay et le royaume de Cipango, trouve dans ce nouveau monde assez d'épices, d'aromates, de pierres précieuses et d'or pour couvrir les frais énormes que nécessite une pareille expédition ?

Isabelle sentit la sueur perler à son front; elle éprouvait ce qu'éprouvent les cœurs poétiques, quand une personne qui a droit à leur amour ou à leur respect oublie pour un instant de parler un langage en harmonie avec leur rang élevé et leur haute position. Elle n'eut pas le courage de répondre; don Inigo répondit pour elle.

— Votre Altesse appelle des frais énormes ceux qu'entraîneront le service de deux caravelles avec cent hommes d'équipage? Quant aux trois mille couronnes, c'est une somme que plus d'une fois ont dépensée dans une nuit de jeu ou de folie quelques-uns des gentilshommes qui sont au service de Votre Altesse. — Puis, d'ailleurs, se hâta de dire Isabelle, s'il ne s'agit que de l'argent nécessaire à l'expédition, je le trouverai, moi. — Vous, et où cela? demanda Ferdinand.

— Mais, je l'espère, dans les coffres du trésorier de Castille, répondit Isabelle, et s'ils ne contenaient pas même cette faible somme, je serais toute disposée à engager ou à vendre mes propres bijoux, plutôt que de voir Colomb porter à un autre roi et à une autre nation un projet qui, s'il réussit, fera du royaume qui aura protégé Colomb le royaume le plus riche et le plus puissant du monde.

Ferdinand fit entendre un murmure qui n'était ni approbateur ni improbateur; la marquise de Moya jeta un cri d'admiration; don Inigo fléchit un genou devant la reine.

— Que faites-vous là, don Inigo? demanda la reine en souriant. — J'adore ma souveraine comme elle mérite d'être adorée, dit le jeune homme, et j'attends qu'elle me donne l'ordre de partir, pour arrêter dans sa route et ramener Christophe Colomb à Santa-Fé.

Isabelle jeta un regard de prière sur le roi d'Aragon. Mais le froid et habile politique n'était pas homme à se laisser entraîner d'une façon irréfléchie à tous

ces mouvements d'enthousiasme qu'il permettait à peine aux jeunes hommes et aux femmes, et qui, selon lui, devaient être constamment tenus à respectueuse distance de l'esprit des ministres et du cœur des rois.

—Dites à ce jeune homme de se relever, Madame, fit-il, et venez causer avec moi de cette importante affaire.

Isabelle alla au roi, s'appuya à son bras, et, sans sortir de l'oratoire, tous deux se retirèrent dans l'embrasure d'une fenêtre dont les vitraux coloriés représentaient le triomphe de la Vierge.

Le jeune homme, étendant les deux mains vers l'image de la madone: O sainte mère de Dieu, dit-il, fais descendre dans le cœur de ce roi la divine lumière qui couronne ton front.

Sans doute la prière de don Inigo fut exaucée, car peu à peu, sous les instantes prières d'Isabelle, on vit se fondre la glace du masque de Ferdinand. Un signe de tête indiqua son adhésion, et élevant la voix :

— Allons, dit-il, qu'il soit fait selon le désir de notre chère Isabelle.

Toutes les poitrines qui étaient serrées par l'attente se dilatèrent dans un soupir de satisfaction.

— Montez à cheval, jeune homme, continua don Fernand, et allez dire à cet entêté Génois, qu'il faut bien que les rois cèdent, puisqu'il ne veut pas céder. — Ainsi, Madame? demanda don Inigo, voulant avoir non-seulement l'approbation du roi, mais celle de la reine. —Nous consentons à tout, dit Isabelle, et votre ami Colomb peut revenir sans crainte de rencontrer de nouvelles difficultés. — Oh! est-ce bien vrai, Madame, et ai-je bien entendu? s'écria don Inigo. — Voici ma main, dit Isabelle.

Le jeune homme se précipita sur cette main royale, qu'il effleura respectueusement de ses lèvres, puis il s'élança hors de la chambre en criant :

— Mon cheval! mon cheval!

Cinq minutes après, on entendait retentir le pavé de la cour sous le galop pressé du cheval de don Inigo, galop dont le bruit se perdit bientôt dans l'éloignement.

V

DONA FLOR.

Don Inigo avait rejoint Colomb à dix-huit lieues de Santa-Fé, et l'avait ramené à la cour des rois catholiques.

Celui-ci y était rentré plein d'hésitation et de doute; mais bientôt la bonne nouvelle que lui avait portée don Inigo, et à laquelle il se refusait de croire, lui avait été confirmée par la bouche des deux souverains. Puis il avait reçu tous les ordres nécessaires, et était parti pour le port de Palos de Moguer, village situé à l'embouchure du Tinto, près de la ville d'Huelva.

Ce qui avait fait choisir ce port par Ferdinand, ce n'était pas, comme on eût pu le croire, parce que, donnant dans l'Atlantique, il abrégeait d'autant le chemin, mais parce qu'à la suite d'une condamnation judiciaire que le village de Palos avait encourue, ce village devait fournir à la couronne deux caravelles tout armées. Ferdinand n'avait donc d'autres frais à faire que ceux des trois mille couronnes.

Cependant, soyons juste et disons que, vers le commencement de juin, Colomb fut avisé que sur la demande d'Isabelle, sa protectrice déclarée, un troisième navire lui était accordé. Il est vrai que don Fernand venait d'apprendre que, sur les instances de Barthélemy Colomb, frère du célèbre navigateur, Henri VII lui faisait offrir tous les avantages qui venaient de lui être accordés en Espagne.

Quant à don Inigo, après avoir accompagné son ami à Palos, il était revenu à Cordoue sur une lettre qu'il avait reçue par un courrier extraordinaire, faisant promettre à Colomb qu'il ne quitterait pas l'Espagne sans lui, et qu'il lui ferait savoir à Cordoue le jour précis de son départ.

Colomb devait trop à ce fidèle ami pour ne point souscrire à cette demande. Dans le courant du mois de juillet 1492, il fit prévenir don Inigo qu'il mettrait à la voile le 3 août suivant.

Le 2 août, le jeune homme arriva, plus sombre, mais plus résolu que jamais. Don Inigo accompagna donc Colomb à travers tous les dangers de cette première navigation. Il était sur le pont le dernier jour accordé à l'illustre amiral, c'est-à-dire dans la nuit du 11 au 12 octobre, quand le matelot en vigie à bord de *la Pinta* cria : Terre ! Il descendit le deuxième dans l'île de San-Salvador au milieu des habitants étonnés, qui regardaient en silence ces étrangers arrivant d'un monde inconnu ; le premier était Colomb, qui s'était réservé cet honneur de planter lui-même l'étendard de Castille sur cette terre qu'il avait découverte. Il le suivit à Cuba, à Saint-Domingue, revint en Espagne avec lui au mois de mars 1493, repartit avec lui au mois de septembre de la même année, sans que les instances de sa tante, ni de la reine Isabelle, ni du roi Ferdinand pussent le retenir à la cour ; aborda avec lui aux Petites-Antilles, c'est-à-dire à Dominique, à la Guadeloupe, à Saint-Christophe, aux îles Sous-le-Vent. Il combattit avec lui, et contre les Caciques et contre les propres compagnons de Colomb révoltés ; reparut une seconde fois avec Colomb, quand les accusations de ses ennemis le forcèrent de quitter la vice-royauté pour venir se justifier devant ceux qu'il venait de faire les plus riches princes du monde. Enfin, le 30 mai 1498, il repartit avec Colomb, toujours pour un troisième voyage, mais cette fois il ne revint même pas en Espagne. De l'autre côté de la mer, il apprit la disgrâce de Colomb et de son frère Barthélemy, leur prison et enfin leur mort.

En Espagne, en échange, ceux qui se souvenaient encore qu'il existait de par le monde un certain don Inigo Velasco, apprirent, vers l'an 1504 ou 1505, qu'il avait pénétré dans l'intérieur des terres, et avait été reçu à la cour d'un Cacique dont il avait épousé la fille, et que ce Cacique lui avait donné pour dot tout l'or qui avait pu tenir la chambre nuptiale ; puis que son beau-père était mort, que lui, don Inigo, avait refusé la couronne que les habitants du pays avaient voulu lui offrir ; puis, enfin, que sa femme était morte à son tour, lui laissant une fille si belle, qu'il n'avait trouvé d'autre nom à lui donner que celui de doña Flor.

Or, trois ans avant l'époque à laquelle nous sommes arrivés, le bruit s'était tout à coup répandu, au moment même où ce roi Ferdinand qui avait récompensé Colomb du don qu'il en avait reçu par la prison et la misère venait de mourir, que don Inigo Velasco avait débarqué à Malaga avec sa fille sur un bâtiment qui avait pour lest des lingots d'or. Mais la reine Isabelle était morte, doña Béatrix était morte, personne ne s'intéressait sans doute plus à don Inigo comme il ne s'intéressait plus à personne. Un seul de ses amis, nommé don Ruiz de Torrillas, vint le voir à Malaga. Ils avaient autrefois, il y avait vingt-cinq ou vingt-six ans, servi ensemble contre les Maures, pris ensemble cette même ville de Malaga où ils se trouvaient aujourd'hui. Cet ami habitait Grenade; il l'invita à venir se fixer dans la même ville que lui : mais toutes ses instances furent inutiles.

Cependant, lorsqu'après la mort de Ferdinand le cardinal don Ximènes, archevêque de Tolède, fut nommé régent, cette double réputation de richesse et de probité qui avait accompagné don Inigo dans ses voyages et en était revenue avec lui, fit qu'il reçut du cardinal, âgé alors de quatre-vingts ans, l'invitation d'aller le rejoindre à Tolède, afin de l'aider dans les affaires d'État, et surtout dans la question des relations à établir par le nouveau roi don Carlos entre l'Espagne et les Indes occidentales.

Il s'agissait du bien du pays, don Inigo n'avait point hésité; il avait quitté Malaga avec sa fille, était venu à Tolède, et là, pour toutes les affaires d'outre-mer, avait partagé le gouvernement du royaume avec le cardinal Ximènes et Adrien d'Utrecht, ancien précepteur de don Carlos, que celui-ci avait envoyé pour le précéder en Espagne.

Cette régence avait, de son triumvirat, gouverné l'Espagne pendant un an à peu près, puis tout à coup on avait entendu dire que le roi don Carlos venait de débarquer à Villa-Viciosa, petit port des Asturies, et s'acheminait vers le couvent de Tordesillas, où, depuis la mort de Philippe le Beau, son père, mort qui avait eu lieu le vendredi 25 septembre 1506, résidait sa mère Jeanne, connue dans les légendes castillanes sous le nom de *Jeanne la Folle*.

A cette nouvelle rien n'avait pu retenir don Inigo Velasco à Tolède, et s'appuyant sur ce que l'arrivée en Espagne du roi don Carlos rendait désormais un conseil de régence inutile, il avait, malgré leurs efforts pour le retenir, pris congé de ses deux collègues et était revenu avec sa fille dans son paradis de Malaga.

Là, il se croyait bien tranquille et bien caché à tous les yeux, quand tout à coup, vers le commencement de juin 1519, un messager du roi don Carlos s'était présenté devant lui, lui avait annoncé que le roi don Carlos voulait visiter les villes du midi de l'Espagne, Cordoue, Séville, Grenade, et l'invitait à venir l'attendre dans cette dernière ville.

Le messager lui avait remis un parchemin scellé du sceau royal qui n'était autre que sa nomination au poste de haut justicier. Cette nomination, lui écrivait don Carlos de sa propre main, était un hommage rendu par le cardinal Ximènes à son lit de mort et par Adrien d'Utrecht, non-seulement aux lumières de don Inigo Velasco, mais à cette haute et sévère probité que personne ne contestait en Espagne.

Tout en regrettant de toute son âme son paradis de Malaga, don Inigo Velasco avait fait ses préparatifs de départ; puis, le jour venu, il était parti, conduisant avec lui dona Flor, précédé, sans qu'il s'en doutât, de don Ramiro d'Avila, adorateur passionné de la belle jeune fille, et qui espérait, grâce à quelques regards échangés à travers les grilles d'une jalousie, ne pas lui être tout à fait indifférent.

Il était en outre accompagné de trois serviteurs, échelonnés, comme nous avons dit, de manière à ce que l'un lui servit d'éclaireur et les deux autres

d'arrière-garde. Au reste, si l'on en croit les bruits du pays, cette escorte, et
même une escorte plus considérable, n'eût pas été inutile. On disait la route in-
festée de bandits à qui un nouveau chef, d'une témérité inconnue même parmi
ces hommes téméraires, avait donné depuis un an une audace telle, que plus d'une
fois ce chef, accompagné de dix, douze ou quinze hommes, avait fait des ex-
cursions, d'un côté, des montagnes jusqu'aux portes de Malaga, et de l'autre,
jusqu'à celles de Grenade. D'où venait ce chef ? on l'ignorait. Quel était-il ? nul
ne pouvait le dire : son nom de famille, comme son nom de baptême, était inconnu ; il n'avait pas même songé, comme font ces sortes de gens, à prendre
un nom de guerre : on l'appelait tout simplement EL SALTEADOR, c'est-à-dire le
Bandit.

Tous les récits que l'on faisait de ce mystérieux coureur de grands chemins
n'avaient point été, comme on le voit, sans influence sur les précautions prises
par don Inigo, et quand la petite caravane apparut aux yeux de la jeune bohémienne, elle avait tout l'aspect de voyageurs qui craignent une attaque et
qui sont disposés à la défense.

Maintenant, peut-être se demandera-t-on comment, avec les méchants bruits
qui couraient sur le passage à travers la montagne ; comment, avec l'amour
qu'il portait à sa chère dona Flor, don Inigo avait pris cette route plutôt que de
faire un détour, et comment, l'ayant prise, il ne s'était pas muni d'une escorte
plus nombreuse ?

A ceci nous répondrons qu'à deux époques assez rapprochées de celle où nous
sommes, don Inigo et sa fille avaient traversé les mêmes montagnes sans qu'il
leur fût arrivé aucun accident ; puis, c'est encore une vérité incontestable que
l'homme s'habitue aux dangers, et, à force d'en avoir couru, se familiarise
avec eux.

Or, combien de dangers de toute espèce avait, dans le cours de sa vie aventureuse, affronté don Inigo : dangers de guerre contre les Maures, dangers de
naufrages dans les traversées, dangers de révolte à bord, dangers d'assassinat
au milieu des sauvages d'un monde inconnu. Qu'était-ce donc, comparés à tous
ces dangers, que ceux que l'on risquait en pleine Espagne, dans cet espace de
vingt lieues à peine qui sépare Malaga de Grenade ? Aussi, de ce danger, don
Inigo haussait-il les épaules.

C'était cependant bien imprudent de se hasarder dans de semblables défilés
avec un trésor de jeunesse et de beauté pareil à celui qui marchait à la droite
du grand justicier.

La réputation de merveilleuse splendeur qui avait précédé dona Flor, du nouveau monde dans l'ancien, n'avait rien d'exagéré. Dona Flor, à l'âge de seize
ans, c'était l'âge qu'elle venait d'atteindre, eût laissé en arrière les comparai-
sons les plus exagérées qu'eussent pu faire sur elle les poëtes espagnols et même
les poëtes arabes ; c'était tout à la fois l'éclat de la fleur et le velouté du fruit, la
grâce de la mortelle et la dignité de la déesse. De même que chez la jeune bohémienne qui la regardait s'approcher avec une naïve admiration, on sentait
le mélange de la race arabe et de la race espagnole ; de même, dans dona Flor,
on pouvait retrouver le type non moins sensible, non-seulement de deux races
magnifiques, mais encore de ce qu'il y avait de plus pur et de plus distingué
dans ces deux races. L'enfant du Mexique et de l'Espagne avait ce teint mat, ces
bras ravissants, ces mains charmantes, ces pieds miraculeux des Andalouses,

ayec ces sombres cils, ces yeux de velours, ces cheveux traînant derrière elle, et cette taille flexible des Indiennes, filles du soleil.

Quant au costume, il semblait taillé exprès pour faire valoir les formes splendides et le ravissant visage de la belle voyageuse. C'était une robe de soie d'un bleu céleste irisé de rose et d'argent, et boutonnée du haut en bas avec des perles dont chacune était digne de parer la couronne d'une comtesse; cette robe dessinait le torse et le haut des bras comme faisaient les costumes espagnols du commencement du XVIᵉ siècle, seulement, arrivées aux coudes, les manches s'élargissaient et tombaient de chaque côté du corps pendantes et ouvertes, laissant à nu, sous des flots de dentelle de Murcie, des mains et des avant-bras qui, ayant bravé impunément le soleil du Mexique, pouvaient braver celui d'Espagne, mais qui du moins n'en avaient rien à craindre pour le moment, cachés qu'ils étaient dans une large cape de laine blanche et moelleuse comme notre cachemire moderne, et qui tenait par la coupe de sa partie inférieure du manteau mexicain, et par le capuchon, sous lequel resplendissait dans une chaude demi-teinte le visage de la jeune fille, du burnous arabe.

Don Inigo et dona Flor, au pas de leurs mules qui secouaient la tête sous leurs panaches de laine écarlate, marchaient d'un trot pressé, mais non inquiet, dona Flor paraissant aussi habituée que son père aux voyages à travers les montagnes et à la vie aventureuse de l'époque. Mais sans doute le domestique qui leur servait d'éclaireur était-il moins rassuré que ses maîtres, car en apercevant la jeune bohémienne il s'arrêta pour l'interroger, et ceux-ci arrivèrent comme le prudent serviteur s'informait s'il y avait sécurité pour son maître et pour la jeune fille à s'arrêter à la petite venta qui venait de disparaître à leurs yeux, enfoncés qu'ils étaient dans un pli de terrain, mais qu'ils avaient aperçue à l'horizon en descendant la montagne qu'ils venaient de laisser derrière eux.

Lorsque don Inigo et dona Flor arrivèrent, l'hésitation du digne serviteur s'augmentait, au lieu de se calmer, des réponses ambiguës et presque railleuses de la jeune bohémienne, qui était restée assise et filant pour parler au domestique, mais qui, voyant les maîtres s'arrêter à leur tour, se leva, déposa sa quenouille et son fuseau, enjamba le petit ruisseau comme eût pu faire une gazelle ou une bergeronnette, et vint se poser sur le revers du chemin, tandis que sa chèvre, en bête curieuse, descendait en quatre ou cinq bonds de la colline où elle broutait des feuilles de ronces, et venait regarder le cavalier et la cavalière de ses grands yeux intelligents.

— Voyez donc la belle enfant, mon père, dit dona Flor en arrêtant le vieillard et en regardant la jeune fille avec la même admiration qu'elle excitait elle-même.

Don Inigo fit de la tête un signe approbatif.

— Voulez-vous que nous lui parlions? fit dona Flor. — Fais à ta volonté, ma fille, dit le vieillard. — Comment te nommes-tu, ma jolie fille? demanda dona Flor. — Les chrétiens m'appellent Ginesta, et les morisques Aïsé; car j'ai deux noms, un devant Mahomet, un devant Jésus-Christ.

Et en prononçant le nom de notre Sauveur, la jeune fille se signa, ce qui prouvait qu'elle était chrétienne.

— Nous qui sommes bons catholiques, dit en souriant dona Flor, nous t'appellerons Ginesta. — Appelez-moi comme vous voudrez, dit la bohémienne, et sortant de votre belle bouche, prononcé par votre douce voix, mon nom me semblera toujours beau. — Eh bien! Flor, dit don Inigo, qui t'eût promis que tu trouverais la nymphe Flatterie dans ce désert, eût été par toi traité de menteur, n'est-ce-pas? tu vois que cependant celui-là aurait dit la vérité. — Je ne flatte pas, j'admire, dit la bohémienne.

Dona Flor sourit et rougit à la fois; et pour changer une conversation qui, par sa naïveté laudative, devenait embarrassante :

— Que répondais-tu à Nunez, ma belle enfant? demanda dona Flor. — Informez-vous d'abord de la question qu'il me faisait. — Eh bien! quelle question te faisait-il? — Il s'inquiétait de la route, me demandant si la route était sûre, me demandant si la venta était bonne. — Et toi, tu lui répondais? — Je lui répondais en lui chantant la chanson du voyageur. — Quelle est cette chanson? — Écoutez.

Et comme chante un oiseau, c'est-à-dire sans effort et sur un air qui semblait une simple modulation ajoutée à la voix ordinaire, la bohémienne chanta ce couplet d'une chanson andalouse.

> Si le ciel est pur,
> Prends garde!
> Si le sentier sûr,
> Regarde;
> Et que la vierge aux yeux d'azur,
> Te garde.
> Adieu, voyageur, adieu,
> Allez en paix avec Dieu!

— Voilà ce que tu disais à Nunez, la belle enfant? reprit dona Flor; mais à nous, que nous dis-tu? — A vous, belle senora, répondit la bohémienne, à vous, je dirai la vérité, car vous êtes la première fille de la ville qui me parliez doucement et sans mépris.

Alors elle s'approcha de deux pas encore, et posant sa main droite sur le cou de la mule et l'index de sa main gauche sur ses lèvres.

— N'allez pas plus loin, dit-elle. — Comment! que nous n'allions pas plus loin? — Retournez en arrière. — Jeune fille, te moques-tu de nous? dit le vieillard. — Dieu m'est témoin que je vous donne le conseil que je donnerais à mon père et à ma sœur. — Veux-tu retourner à Ahlama avec deux de nos serviteurs, mon enfant? demanda don Inigo. — Et vous, mon père? répondit dona Flor. — Moi, je continuerai ma route avec le troisième; le roi sera demain à Grenade; il m'a donné l'ordre d'y être aujourd'hui, je ne ferai pas attendre le roi. — Et moi, j'irai où vous irez; où vous passerez, je passerai, mon père. — C'est bien; marche devant, Nunez.

Et tirant de sa poche une bourse, don Inigo la tendit vers la jeune fille.

Mais celle-ci faisant un geste de reine :

— Il n'y a pas de bourse assez riche pour payer le conseil que je t'avais donné, senor voyageur, dit-elle; garde donc ta bourse, elle sera la bienvenue où tu vas.

Mais alors dona Flor détacha l'agrafe de sa robe, et faisant signe à la jeune fille de s'approcher davantage encore :

— Et cela, dit-elle, l'accepteras-tu? — Venant de qui? demanda gravement la bohémienne. — Venant d'une amie. — Oh! oui.

Et elle s'approcha présentant à dona Flor son cou et son front.

Dona Flor attacha l'agrafe au cou de la bohémienne, et vivement, tandis que son père, trop bon chrétien pour tolérer une pareille familiarité de la part de sa fille à l'égard d'une demi-infidèle, donnait un dernier ordre à Nunez, vivement dona Flor effleura de ses lèvres le front de la belle enfant. Nunez était déjà à trente pas.

— Allons! dit don Inigo. — Me voici, mon père, répondit dona Flor.

Et elle reprit sa place à la droite du vieillard, qui continua son chemin en faisant un signe d'adieu à la petite bohémienne, en criant à ses trois hommes, aussi bien à celui qui marchait devant qu'aux deux qui marchaient derrière :

— Attention, vous autres!

Quant à la bohémienne, elle resta debout où elle était, la tête penchée et cependant suivant des yeux la belle jeune fille qui l'avait appelée son amie, en murmurant à demi voix le refrain de sa chanson :

> Adieu, voyageur, adieu,
> Allez en paix avec Dieu!

Elle les suivit ainsi des yeux avec une inquiétude visible et croissante jusqu'à ce qu'ils eussent disparu, maître et laquais, derrière la petite éminence qui bornait l'horizon. Alors ne pouvant plus les voir, elle se pencha, écoutant.

Cinq minutes s'écoulèrent ainsi pendant lesquelles les lèvres de la bohémienne répétaient machinalement :

> Adieu, voyageur, adieu,
> Allez en paix avec Dieu!

Tout à coup on entendit la détonation de plusieurs arquebuses; des cris de menace et de douleur éclatèrent; puis, tout sanglant d'une blessure à l'épaule, un des deux serviteurs de l'arrière-garde reparut au sommet du monticule, couché sur son cheval, dans le ventre duquel il enfonçait les éperons, et passa comme un éclair devant la jeune fille, en criant : à l'aide! au secours! à l'assassin!

La bohémienne resta un instant comme incertaine ; mais bientôt, paraissant prendre une suprême résolution, elle courut à sa quenouille, attacha à l'une de ses extrémités sa ceinture en façon de bannière; puis, s'élançant dans la montagne qu'elle gravit si rapidement que sa chèvre avait peine à la suivre, elle bondit d'élans en élans jusqu'à l'extrémité d'un rocher qui dominait toute la vallée, et là, secouant son écharpe aux vives couleurs, elle appela trois fois de toute la force de sa poitrine :

— Fernand! Fernand! Fernand!

VI

L'INTÉRIEUR DE LA VENTA DU ROI MORE.

Dussions-nous courir avec autant de vitesse vers le lieu où s'était passée la scène dont nous avons entendu le bruit que le serviteur de don Inigo mettait de rapidité à s'en éloigner; dussions-nous bondir jusqu'au sommet du petit monticule qui domine la route en élans aussi pressés que le faisaient la bohémienne et sa chèvre pour atteindre l'extrémité du rocher d'où Ginesta agitait sa ceinture, nous arriverions encore trop tard pour assister à la catastrophe qui venait d'ensanglanter l'étroit sentier qui conduisait à la venta.

Tout ce que nous pourrions voir, c'est le cadavre de Nunez et de son cheval barrant le chemin, tandis que Torribio, gravement blessé, rampe pour gagner une croix funèbre, contre laquelle il s'adosse presque mourant. Quant à don Inigo et à sa fille, ils ont disparu dans la venta, dont la porte s'est refermée sur eux et sur la troupe des bandits qui les emmène prisonniers.

Mais nous qui, en qualité de romancier, avons le pouvoir ou, comme Méphistophélès, de rendre les murailles transparentes, ou, comme Asmodée, de soulever les toits, nous ne permettrons pas qu'il se passe dans notre domaine quelque chose qui reste caché aux yeux de nos lecteurs, et, touchant de notre plume la porte de la venta, qui s'ouvrira comme devant la baguette d'un enchanteur, nous leur dirons :

— Regardez!

Le pavé de la venta offrait au premier coup d'œil les traces de la lutte qui, commencée au dehors, s'était continuée à l'intérieur. Une trace de sang que l'on pouvait suivre de plus de deux cents pas franchissait le seuil et allait aboutir à un angle du mur où un bandit, blessé par l'arquebuse d'un des hommes de don Inigo, recevait les soins d'Amapola, cette même camérière que nous avons vue apportant des fleurs dans la salle préparée pour les voyageurs, et du mozuelo que nous avons vu tenant la bride du cheval de don Ramiro d'Avila.

La toque de velours de don Inigo et un morceau du manteau blanc de dona Flor, gisant sur les escaliers qui conduisaient de la cour à la cuisine, indiquaient que c'était là que la lutte s'était renouvelée, que c'était de ce côté qu'on avait entraîné les deux voyageurs, et par conséquent qu'il les fallait chercher.

A partir de la porte d'entrée, qui s'ouvrait sur ces deux degrés, commençait la jonchée de fleurs épandues par le courrier de la belle dona Flor; mais cette jonchée était foulée aux pieds, souillée par le froissement des sandales, par la poussière tombée des manteaux, et par quelques gouttes de sang qui, çà et là, brillaient soit sur une rose, soit sur un lis, soit sur une anémone, comme des rubis liquides et tremblants.

La porte qui séparait la cuisine de la chambre où, par les soins de don Ramiro, le couvert des deux voyageurs était préparé et où l'on pouvait encore respirer avec l'air l'odeur des parfums brûlés il n'y avait qu'un instant, cette porte était ouverte et encombrée par les serviteurs de l'auberge, bandits déguisés et prêts à prêter main forte aux bandits de la route, et par son ouverture se répandaient au dehors, comme des torrents de colère, des cris, des menaces, des plaintes, des imprécations. C'était là, en effet, que se continuait et qu'allait, selon toute probabilité, se dénouer la scène terrible à laquelle songeait d'avance avec terreur la petite bohémienne du chemin, lorsqu'elle avait donné aux deux voyageurs le conseil de retourner en arrière.

En effet, si l'on pouvait repousser cette barricade vivante qui fermait la porte et se frayer un passage jusque dans la salle, voici le spectacle qui frapperait les yeux.

Don Inigo, renversé sur le plancher de la venta, essayant encore de se défendre un tronçon d'épée inutile, mais de la lame de laquelle, avant qu'elle fût brisée, il avait frappé deux bandits : c'étaient les gouttes de sang de ces hommes qui tachaient les fleurs de la jonchée. Trois hommes avaient peine à le contenir, et cependant l'un d'eux appuyait son genou sur sa poitrine et lui tenait son couteau catalan sous la gorge; les deux autres le fouillaient, moins encore pour le voler peut-être que pour lui enlever les armes cachées qu'il pouvait avoir.

A deux pas de lui, adossée à la muraille où elle avait cherché un appui, était debout dona Flor, avec ses cheveux détachés et épars, la coiffe de son manteau déchirée, les boutons précieux de sa robe arrachés.

Il était évident que tout en accomplissant sur la belle voyageuse ces profanations, on avait, par un motif facile à concevoir, eu cependant pour elle plus de ménagements que pour le vieillard. Dona Flor, nous l'avons dit, était d'une beauté splendide, et le chef de la troupe, le héros de cette histoire, el Salteador, enfin, passait pour un homme d'une galanterie plus terrible peut-être en pareille circonstance que ne le serait la plus impitoyable cruauté.

Au reste, la jeune fille était superbe, la tête appuyée à la muraille blanche, avec ses yeux magnifiques qui, sous le couvert de leurs longues paupières de velours, lançaient les éclairs de la colère et de l'indignation bien plus qu'ils ne laissaient échapper les timides lueurs de la prière et de la crainte. Ses bras inertes retombaient près d'elle, nus et blancs, car en arrachant les précieuses agrafes des manches on avait déchiré ces manches, et semblaient deux bas-reliefs sculptés par un habile statuaire à même la muraille. Pas un mot, pas une plainte, pas un gémissement n'étaient sortis de sa bouche depuis le moment où elle avait été arrêtée; les plaintes et les gémissements que l'on entendait étaient ceux des deux bandits blessés par l'épée de don Inigo. Sans doute la belle et pure jeune fille ne croyait-elle encore courir qu'un danger de mort, et en face de ce danger trouvait-elle indigne d'une noble Espagnole de se plaindre, de gémir et de prier.

Sûrs qu'elle ne pouvait leur échapper et lui ayant pris à peu près tout ce qu'elle avait de précieux, les bandits faisaient cercle autour de la belle voyageuse et la contemplaient avec des regards et des rires qui lui eussent fait baisser les yeux, si ces yeux, dilatés dans toute leur grandeur et perdus dans l'espace, n'eussent pas, à travers le plafond, les murs et le firmament, cherché le Dieu invisible que, noble et chrétienne, elle daignait seul appeler à son secours.

Peut-être bien aussi dona Flor pensait-elle à ce beau cavalier qu'elle voyait depuis un an rôder sous la croisée de sa chambre dès que venait le soir, et qui pendant la nuit inondait, à travers les barreaux de sa fenêtre, son balcon des plus belles fleurs de l'Andalousie. Mais si elle se taisait, nous l'avons dit, un grand bruit de cris, d'injures, de violences, se faisait autour d'elle, et surtout autour de son père.

— Misérables! criait le vieillard, tuez-moi, égorgez-moi; mais, je vous en préviens, j'ai rencontré à une lieue en avant d'Ahlama une troupe de soldats dont je connais le chef : il sait que je suis parti; il sait que je vais à Grenade par l'ordre du roi don Carlos, et quand il apprendra que je n'y suis pas arrivé, il se doutera que j'ai été assassiné; alors, ce n'est pas à un homme de soixante ans et à une jeune fille de quinze que vous aurez affaire, c'est à toute une compagnie, et nous verrons, brigands, nous verrons, bandits, si vous êtes aussi braves devant les soldats du roi, et deux contre deux, que vous l'êtes ici, vingt contre un! — Bon! répondit un bandit; viennent les soldats du roi, nous les connaissons, nous les avons vu passer hier; nous avons une bonne forteresse minée, avec des souterrains qui ont une issue dans les montagnes. — Et puis, interrompait un autre, qui te dit donc que nous voulons t'assassiner? Si tu crois cela, tu te trompes; nous n'assassinons que les pauvres diables dont il n'y a rien à tirer; mais les nobles seigneurs qui, comme toi, peuvent payer rançon, nous en avons grand soin, au contraire, et la preuve, c'est que tu as eu beau espadonner avec ton épée et blesser deux des nôtres, on ne t'a pas fait la moindre égratignure, ingrat!

Alors une voix sonore comme celle d'un ange se mêla aux voix rauques et menaçantes. C'était la voix de la jeune fille, qui parlait pour la première fois.

— Soit, dit-elle; s'il ne s'agit que de payer une rançon, senores, on la payera. Fixez-la pareille à celle d'un prince, et elle ne vous fera pas faute. — Par saint Jacques! nous y comptons bien, la belle enfant; voilà pourquoi, entendez-vous, nous voudrions que le digne seigneur, votre père, se calmât un peu; les affaires sont les affaires, que diable! on les termine en discutant, mais on les embrouille en se battant. Et voyez, voilà encore votre père qui les embrouille.

Et en effet, don Inigo venait de tenter un nouvel effort de défense, et du tronçon de son épée qu'on n'avait pu arracher à sa main qui le serrait comme un étau de fer, il avait blessé au visage un des bandits qui le tenait terrassé.

— Corps du Christ! cria celui qui tenait le couteau sous la gorge du vieillard; encore une nouvelle tentative, et ce sera avec Dieu et non avec nous qu'il faudra discuter votre rançon, mon gentilhomme. — Mon père! cria la jeune fille épouvantée en faisant un pas en avant. — Oui, tenez, dit un des bandits, écoutez la belle demoiselle, elle parle d'or, et sa bouche est comme celle de cette princesse arabe qui ne s'ouvrait que pour laisser tomber une perle ou un diamant à chaque mot qu'elle disait. Tenez-vous tranquille, mon brave homme; engagez votre parole de ne pas chercher à vous sauver; donnez un sauf-conduit à notre digne ami l'hostalero, afin qu'il aille à Malaga sans avoir rien à craindre de l'autorité; là, votre intendant lui remettra mille, deux mille, trois mille couronnes, à votre générosité, nous ne taxons pas les voyageurs, et au retour de l'hostalero et à l'arrivée de l'argent vous serez libres: bien entendu que s'il ne revient pas, vous répondez de lui dent pour dent, œil pour œil, corps pour corps. — Mon père, mon père! écoutez ce que vous disent ces hommes, insista la jeune fille, et ne compromettez pas votre précieuse existence pour quelques sacs d'argent. — Entendez-vous, entendez-vous, senor prince; car vous devez être prince, sinon vice-roi, sinon roi, sinon empereur, pour que cette belle personne parle avec tant de détachement et de facilité des richesses de ce monde, entendez-vous?

— Et..., demanda le vieillard, consentant pour la première fois à descendre à la discussion avec des ennemis que jusque-là il s'était contenté d'insulter ou de frapper, et pendant que votre digne complice l'hostalero ira trouver mon intendant avec une lettre de moi, que ferez-vous de nous dans ce coupe-gorge?

— Coupe-gorge? Oh! dis-donc, senor Calabazas, entends-tu comment on traite la venta du roi More? Un coupe-gorge! Arrive ici, et démontre son erreur à ce digne hidalgo. — Ce que nous ferons de toi, répondit un autre bandit sans donner le temps à don Calabazas de défendre l'honneur de sa venta, ce que nous ferons de toi ? c'est bien simple, et nous allons te le dire. D'abord, nous te demanderons ta parole de gentilhomme de ne pas fuir. — Un gentilhomme ne donne pas sa parole à des bandits. — Mon père, un gentilhomme donne sa parole à Dieu, dit dona Flor. — Mais écoute donc, une fois pour toutes, ce que dit cette belle enfant, car la sagesse du ciel parle par sa bouche. — Eh bien ! une fois que je vous aurai donné ma parole, en supposant que je vous la donne, que ferez-vous ? — Nous ne te perdons pas de vue, d'abord. — Comment ! s'écria don Inigo, sur ma parole vous ne me laisserez pas continuer mon chemin ? — Oh ! reprit le bandit, nous n'en sommes plus au temps où les Juifs de Burgos prêtaient mille marcs d'or au Cid sur un coffre plein de terre, et au lieu de faire comme ces dignes Israélites, de ne regarder dans le coffre qu'après avoir compté les mille marcs, nous y regardons auparavant. — Misérables ! murmura don Inigo. — Mon père ! continua dona Flor essayant toujours de calmer le vieillard, mon père, au nom du ciel ! — Eh bien ! tout en me gardant à vue, que ferez-vous ? — Nous t'attacherons avec une chaîne solide à cet anneau de fer.

Et ce disant, le bandit montrait un anneau scellé dans la muraille, et qui paraissait au reste avoir été placé là pour semblable circonstance et à pareille intention.

— Vous m'attacherez comme un esclave more, moi ! fit le vieillard.

Et à cette menace, qui soulevait en lui tous les flots de son orgueil, il tenta et accomplit un mouvement à la fois si violent et si rapide, qu'il fit rouler à trois pas de lui le bandit qui lui avait mis le genou sur la poitrine, et se releva menaçant sur un genou. Mais de même qu'un rocher repousse la vague pour être presqu'aussitôt recouvert par elle, à l'instant même cinq ou six bandits se ruèrent sur don Inigo par un effort qui lui eût brisé le bras, si son bras n'eût point cédé, lui arrachèrent la poignée de l'épée et les six pouces de fer qu'elle conservait encore, tandis que l'homme au couteau, honteux d'avoir ainsi roulé sous l'effort du vieillard, revenait sur lui l'arme levée et jurant Dieu que la dernière minute du prisonnier était venue.

A l'éclair qui jaillit de la lame du couteau, dona Flor jeta un cri terrible et se précipita vers son père. Mais deux bandits arrêtèrent, l'un dona Flor, l'autre la main de leur compagnon.

— Vicente ! Vicente ! cria le bandit qui arrêtait la main de son camarade au risque de voir le couteau menaçant se tourner contre lui, que diable vas-tu faire ? — Mais tuer cet enragé, donc ! — Tu te trompes, tu ne vas pas le tuer. — Comment, je ne vais pas le tuer ? Ah ! par saint Jacques, c'est ce que nous allons voir. — Tu ne vas pas le tuer, te dis-je ; tu vas faire un trou à un sac d'or, et, par ce trou, sa rançon s'en ira. Vicente ! tu as un détestable caractère, je te l'ai toujours dit ! Laisse-moi causer avec ce digne seigneur, et tu vas voir que je lui ferai entendre raison, moi.

Le bandit que son camarade avait désigné sous le nom de Vicente, comprit sans doute la justesse de ces paroles, car il se retira en grommelant, mais enfin il se retira.

Quand nous disons qu'il se retira, cela ne veut pas dire qu'il sortit de la chambre, mais fit seulement deux ou trois pas en arrière, comme fait le jaguar blessé, tout en se tenant prêt à sauter de nouveau sur sa proie.

Le bandit qui s'était posé en négociateur reprit la place de Vicente.

— Voyons, dit-il, soyons raisonnable, senor caballero, on ne vous attachera pas à l'anneau de fer, on se contentera de vous mettre dans la cave aux vins fins, dont la porte est aussi solide que celle des cachots de Grenade, avec une sentinelle derrière cette porte. — Comment, misérable! c'est ainsi que vous comptez traiter un homme de mon rang! — Mon père! je serai avec vous, mon père; je ne vous quitterai pas! s'écria dona Flor; et d'ailleurs deux ou trois jours sont bientôt passés... — Ah! ma belle enfant, dit un des bandits, nous ne pouvons pas vous promettre cela. — Quoi? que ne pouvez-vous pas me promettre? — Que vous resterez avec votre père. — Mon Dieu! que voulez-vous donc faire de moi? s'écria la jeune fille. — Ce que nous voulons faire de vous? reprit le négociateur. Ah! nous ne sommes point des grands seigneurs, pour vous dire cela. Les jeunes filles de votre âge, de votre beauté et de votre condition sont le butin particulier du chef. — Oh! mon Dieu! murmura dona Flor, tandis que le vieillard poussait un rugissement de colère.—Oh! ne vous effrayez pas, dit le bandit en riant, notre chef est jeune, notre chef est beau, notre chef est même, à ce que l'on assure, de bonne famille. Ainsi, quelque chose qu'il arrive, vous aurez une consolation, brave homme : c'est de vous dire, fussiez-vous noble comme le roi, qu'il n'y a pas eu de mésalliance.

A ces paroles seulement, dona Flor comprit toute l'horreur du sort auquel elle pouvait être réservée; elle poussa un cri, et, par un mouvement rapide comme la pensée, prit à sa jarretière un petit poignard affilé comme une aiguille, et dont la lame brilla aussitôt sur sa poitrine. Les bandits virent le mouvement, reculèrent d'un pas, et dona Flor se retrouva de nouveau isolée, debout contre la muraille, calme, mais résolue et pareille à la statue de la Fermeté.

— Mon père, demanda-t-elle, qu'ordonnez-vous?

Et l'œil de la chaste enfant, en même temps que sa voix, indiquaient qu'au premier mot du vieillard la lame aiguë allait disparaître tout entière dans son cœur. Don Inigo ne répondit pas; mais cette situation extrême lui ayant rendu pour un moment ses forces de jeune homme, il écarta, d'un mouvement aussi violent qu'inattendu, les deux brigands qui pesaient sur lui, et d'un seul bond il se retrouva debout, les bras ouverts, et criant : Ici, ma fille, viens ici!

Dona Flor s'élança sur la poitrine de son père,. lui glissant le poignard entre ses mains, et lui disant à demi voix :

— Mon père, mon père! souvenez-vous de ce Romain dont vous m'avez raconté l'histoire, et que l'on appelait Virginius!

Elle achevait à peine ces paroles qu'un bandit, qui avait étendu la main vers elle, roulait aux pieds de don Inigo, frappé au cœur par ce frêle poignard, qui semblait plutôt un jouet qu'une défense. A l'instant même, un immense cri de colère retentit dans la venta. Dix couteaux s'ouvrirent, dix poignards jaillirent de leurs gaînes, dix épées sortirent de leurs fourreaux et menacèrent à la fois les deux prisonniers qui, voyant que le moment était venu pour eux de mourir, échangèrent un dernier baiser, murmurèrent une dernière prière, et, levant ensemble les bras au ciel, crièrent ensemble :

— Frappez! — A mort! à mort! hurlèrent les bandits en se ruant les armes levées sur le vieillard et la jeune fille.

Mais tout à coup le bruit d'une fenêtre brisée par un violent coup de poing retentit. Un jeune homme, sans autre arme qu'un poignard basque à la ceinture, s'élança légèrement dans la chambre, et, d'une voix évidemment habituée au commandement, demanda :

— Holà ! mes maîtres, que se passe-t-il donc ici ?

A cette voix, qui cependant n'avait pas dépassé le diapason ordinaire de la parole humaine, les cris s'éteignirent, les couteaux se fermèrent, les poignards disparurent dans leurs gaînes, les épées rentrèrent dans le fourreau, et tout le monde s'écarta en silence, laissant au milieu d'un grand cercle, en face du nouveau venu, le père et la fille enlacés aux bras l'un de l'autre.

VII

EL SALTEADOR

Celui dont l'arrivée subite, arrivée évidemment aussi inattendue pour ceux qui menaçaient que pour ceux qui étaient menacés, celui dont l'arrivée subite venait de produire une si étrange réaction mérite bien, par la manière dont il entrait en scène et par le rôle qu'il est destiné à jouer dans le cours de cette histoire, que nous interrompions un instant le récit des événements auxquels il vient prendre part, pour mettre sous les yeux de nos lecteurs.

C'était un jeune homme de vingt-sept à vingt-huit ans, vêtu du costume de montagnard andalous, mais affectant dans ce costume une suprême élégance. Il se composait d'un chapeau de feutre gris à larges bords, orné de deux plumes d'aigle, d'un pourpoint de cuir brodé comme en portent encore aujourd'hui les chasseurs de Cordoue qui vont en excursion dans la sierra Morena, d'une ceinture algérienne, moirée de soie et d'or, de chausses de velours nacarat avec des boutons ciselés, de bottes de cuir pareil à celui de la veste, lacées sur les côtés, mais à la cheville et au jarret seulement, de sorte qu'elles laissaient voir le bas, en s'ouvrant sur toute la largeur du mollet.

Un simple poignard, comme en portent les chasseurs d'ours des Pyrénées, c'est-à-dire au manche de corne ciselé, orné de clous d'argent, à la lame large de deux doigts et longue de huit pouces, aiguë à sa pointe, tranchante des deux côtés, cachée dans un fourreau de cuir avec des ornements d'argent, était, nous l'avons dit, la seule arme du jeune chef; car il était incontestable que c'était un chef, celui-là dont la voix avait une influence si directe et si rapide sur les hommes de pillage et de sang qui venaient de s'écarter devant elle.

Le reste de son costume se composait d'une mante rayée en travers, comme en portent encore aujourd'hui les majos andalous, et dans laquelle il s'offrait drapé avec autant de majesté qu'un empereur dans sa pourpre.

Quant au physique du nouveau venu, le bandit qui, pour calmer les susceptibilités de don Inigo, avait avancé que le capitaine était non-seulement jeune, beau, élégant, mais encore avait si grand air qu'il passait généralement pour un hidalgo, le bandit n'avait rien avancé de trop, et était au contraire plutôt resté au-dessous du portrait qu'il ne l'avait flatté.

En apercevant le jeune homme, dona Flor jeta un cri d'étonnement qui ressemblait à un cri de joie, comme si l'arrivée du nouveau venu, au lieu d'être un renfort aux bandits, était un secours envoyé du ciel à son père et à elle. Quant à don Inigo, il comprit qu'à partir de ce moment il n'avait plus rien à faire avec le reste de la troupe, et que c'était de ce jeune homme que dépendait désormais son sort et celui de sa fille. Mais comme s'il eût été trop fier pour parler le premier, il se contenta de poser sur la poitrine de dona Flor la pointe du poignard tout sanglant, et attendit. Ce fut donc le Salteador qui prit le premier la parole.

— Je ne doute pas de votre courage, senor, dit-il, mais cependant c'est, il me semble, une grande présomption à vous, de croire que vous pouvez vous défendre avec cette aiguille contre une vingtaine d'hommes armés de poignards et d'épées. — Si j'avais la prétention de vivre, répondit don Inigo, ce serait en effet une folie; mais comme je n'ai que celle de tuer ma fille et de me tuer après elle, cela m'a paru et me paraît encore chose non-seulement possible, mais facile. — Et pourquoi voulez-vous tuer la senora et vous tuer après elle? — Parce que nous sommes menacés d'outrages auxquels nous préférons la mort. — La senora est-elle votre femme? — Elle est ma fille. — A quel prix mettez-vous votre vie et son honneur? — Ma vie, à mille couronnes; quant à son honneur, il n'a pas de prix. — Je vous fais don de la vie, senor, répondit le Salteador; et quant à l'honneur de la senora, il est aussi en sûreté ici que si elle était dans la chambre et sous la garde de sa mère.

Un murmure de mécontentement se fit entendre parmi les bandits.

— Sortez tous, dit le Salteador en étendant la main, et en demeurant la main étendue jusqu'à ce que le dernier bandit fut hors de la chambre.

Lorsque le dernier fut sorti, le Salteador alla fermer la porte, et revenant vers don Inigo et sa fille qui le suivaient des yeux avec un étonnement mêlé d'inquiétudes :

— Il faut leur pardonner, senor, dit-il, ce sont des êtres grossiers et non des gentilshommes comme nous.

Don Inigo et dona Flor regardèrent, avec moins d'inquiétude mais avec plus d'étonnement encore, ce bandit qui s'intitulait lui-même gentilhomme, et qui, par la noblesse de ses manières et la dignité de son maintien, bien plus encore que par ses paroles, prouvait qu'il ne mentait pas.

— Senor, dit la jeune fille, mon père est, je le comprends, sans voix pour vous remercier; permettez donc que ce soit moi qui vous présente nos actions de grâces en son nom et au mien. — Et votre père a raison, senora, car venant d'une si belle bouche, elles auront une valeur que ne sauraient leur donner les lèvres même d'un roi. Puis se retournant du côté du vieillard : je sais que vous êtes pressé de continuer votre chemin, senor, dit-il, où allez-vous? — Je vais à Grenade, où le roi m'a mandé. — Ah! oui, dit le Salteador avec un sourire moitié amer, moitié railleur. Oui, le bruit de son arrivée est parvenu jusqu'à nous : nous avons vu passer hier les soldats qui battent la montagne; il veut, a-t-il dit, qu'un enfant de douze ans puisse partir de Grenade et aller à Malaga avec un sac d'or dans chaque main, sans qu'il rencontre un seul homme sur son chemin qui lui dise autre chose que le salut habituel du voyageur : *Allez en paix avec Dieu!* — C'est sa volonté, en effet, dit don Inigo, et des ordres, je le sais, sont donnés en conséquence. — Et quel terme met le roi don Carlos à cette conquête de la montagne? — On prétend qu'il a donné quinze jours seulement au grand justicier. — Quel malheur que vous ne soyez point passé dans trois semaines, au lieu de passer aujourd'hui, senora, répondit le Salteador s'adressant à la jeune fille, vous n'eussiez rencontré, au lieu de ce tas de bandits qui vous a effrayée, que d'honnêtes gens qui vous eussent dit : *Allez en paix avec Dieu!* et qui, au besoin, vous eussent fait escorte. — Nous avons rencontré mieux que cela, senor, reprit la fille de don Inigo, puisque nous avons rencontré un gentilhomme qui nous a rendu la liberté. — Il ne faut pas m'en remercier, dit le Salteador; car j'obéis à une puissance plus grande que ma volonté, plus forte que mon tempérament. — A laquelle ?

Le bandit haussa les épaules.

— Je l'ignore, dit-il, je suis par malheur un homme de première impression. Il y a je ne sais quelle sympathie entre mon cœur et ma tête, ma tête et ma main, ma main et mon épée, qui me porte tantôt au bien, tantôt au mal, plus souvent au mal qu'au bien. Cette sympathie a pris, dès que je vous ai vue, la colère dans mon cœur et l'a jetée loin de moi, si loin, que, par ma foi de gentilhomme, je l'ai cherchée des yeux et ne l'ai plus même trouvée.

Don Inigo avait regardé le jeune homme tandis qu'il parlait, et, chose étrange, ce sentiment de sympathie que le Salteador exprimait de son mieux dans les paroles moitié railleuses, moitié douces et tendres qu'il venait de prononcer, ce sentiment s'expliquait par une sensation analogue qui pénétrait malgré lui dans son cœur.

De son côté, dona Flor s'était lentement rapprochée de son père, non point par crainte, mais au contraire parce que, éprouvant à la voix du jeune homme quelque chose d'étrange qui faisait passer comme un frisson caressant dans ses veines, elle venait, naïve enfant, chercher au bras de son père une protection contre ce sentiment inconnu qui s'emparait d'elle.

— Jeune homme, dit don Inigo, répondant aux dernières paroles du Salteador, ce que vous avez ressenti pour moi, je l'éprouve pour vous; c'est donc non point ma mauvaise chance, mais ma bonne fortune qui m'a fait passer ici aujourd'hui, et non pas dans trois semaines, car dans trois semaines peut-être eût-il été trop tard pour que je vous rendisse à mon tour un service, égal à celui que vous me rendez en ce moment.—A moi, un service! dit en souriant le bandit.

Et l'ensemble de ses traits, en se contractant légèrement, fit un mouvement qui signifiait : Tout-puissant sera celui qui me rendra le seul service que l'on puisse me rendre.

Comme s'il eût compris ce qui se passait dans le cœur du jeune homme, don Inigo continua :

— Le Seigneur miséricordieux a marqué à chacun sa place dans ce monde; il a donné aux royaumes, les rois; aux rois, les gentilshommes qui sont leur escorte naturelle; il a donné aux villes, les habitants qui les occupent, bourgeois, commerçants, peuple; il a donné aux mers les aventureux navigateurs qui vont au delà des océans retrouver des mondes perdus, ou découvrir des mondes ignorés; il a donné aux montagnes les hommes de rapine, et dans ces mêmes montagnes, il a placé les animaux de proie et de carnage, comme pour indiquer qu'il les assimilait les uns aux autres, en leur donnant la même demeure, et qu'il faisait de ces hommes le dernier échelon de la société. Le Salteador fit un mouvement. Laissez-moi dire, continua don Inigo.

Le jeune homme inclina la tête en signe d'assentiment.

— Eh bien! reprit le vieillard, il faut, pour que l'on rencontre les hommes

hors du cercle où Dieu les a parqués comme des troupeaux d'individus de la
même espèce, mais de valeurs différentes, il faut que quelque grand cataclysme
social ou quelque grande catastrophe de famille ait jeté violemment ces individus du cercle qui leur était propre dans celui qui n'était point fait pour eux :
c'est ainsi que nous, par exemple, qui étions nés pour être des gentilshommes
de la suite des rois, avons chacun de notre côté suivi une destinée différente ;
cette destinée a fait de moi un navigateur ; cette destinée a fait de vous...

Le vieillard s'arrêta.

— Achevez, reprit en souriant le jeune homme, vous ne m'apprendrez rien
que je ne sache, et, d'ailleurs, de vous je puis tout entendre. — Cette destinée a fait de vous un bandit. — Oui, mais vous savez que le même mot sert pour
banni et pour brigand. — Oui, je le sais, et croyez bien que je ne confonds pas
les deux choses.

Puis, donnant à ses paroles le ton de l'interrogation :

— Vous êtes un banni? demanda-t-il. — Et vous, senor, qui êtes-vous? — Je
suis don Inigo Velasco de Haro.

Le jeune homme, à ces mots, ôta son feutre et le jeta loin de lui.

— Excusez-moi, dit-il, j'étais resté couvert, et je ne suis pas grand d'Espagne. — Je ne suis pas le roi, répondit don Inigo en souriant. — Non, mais
vous êtes noble comme le roi. — Vous me connaissez donc? demanda don Inigo.
— J'ai entendu mille fois parler de vous à mon père. — Votre père me connaît
donc? — Il m'a plus d'une fois dit, du moins, qu'il avait cet honneur. — Le
nom de votre père? jeune homme. — Oh! oui, oui, murmura dona Flor, son
nom! son nom! — Hélas! senor, répondit le bandit avec une expression de
mélancolie profonde, ce n'est ni une joie ni un honneur pour mon père que
d'entendre sortir de la bouche d'un homme comme moi le nom d'un vieil Espagnol qui n'a pas une goutte de sang more dans les veines; n'exigez donc pas
que j'ajoute ce chagrin et ce déshonneur aux chagrins et au déshonneur qu'il
me doit déjà. — Il a raison, mon père, s'écria vivement la jeune fille.

Le vieillard regarda dona Flor, qui baissa les yeux en rougissant.

— Votre avis n'est-il pas le même que celui de cette belle senora? demanda
le Salteador. — Si fait, répondit don Inigo, gardez donc le secret de votre nom;
mais si vous n'avez pas un motif pareil de me cacher la cause de la vie étrange
que vous avez embrassée, si votre bannissement de la société, si votre retraite
dans ces montagnes a été, comme je le présume, la suite de quelque étourderie
de jeunesse, si vous avez, je ne dirai pas l'ombre d'un remords, mais l'appa-
rence d'un regret de la vie que vous menez, j'engage ici, devant Dieu, ma
parole de vous servir de protecteur et même de caution.

— Merci, senor, j'accepte votre parole, quoique je doute qu'il soit au pouvoir d'un homme, excepté de celui qui a reçu de Dieu le suprême pouvoir, de
me rendre dans le monde la place que j'y occupais, et cependant je n'ai aucune
chose honteuse à me reprocher. Un sang ardent, un cœur trop prompt à s'en-
flammer, m'a poussé à certaines fautes, ces fautes m'ont poussé à des crimes.
Aujourd'hui les fautes sont commises, les crimes sont accomplis, ce sont autant
d'abîmes qui se sont creusés derrière moi; de sorte que je ne puis revenir par
la route déjà parcourue, et qu'il faudrait que quelque pouvoir surhumain me
créât pour le retour une route différente de celle par laquelle je suis venu. Je
pense parfois à la possibilité d'un pareil miracle, je serais heureux de le voir

s'accomplir; doublement heureux de le voir s'accomplir par vous, et que ce fût
à la suite d'un ange que je revinsse, comme le jeune Tobie, à la maison paternelle. En attendant, j'espère, car l'espoir est le dernier ami des malheureux,
quoiqu'il soit aussi trompeur, plus trompeur souvent que les autres, j'espère,
mais je ne crois pas. Je me laisse vivre, en m'enfonçant chaque jour dans le
chemin plus aride et plus escarpé de la révolte contre la société et contre la loi.
Je monte, et parce que je monte je crois que je m'élève. J'ordonne, et parce que
j'ordonne, je crois que je suis roi. Seulement parfois, la nuit, dans mes heures
de solitude, dans mes moments de tristesse, il m'arrive de réfléchir et de comprendre alors que, si l'on monte pour atteindre le trône, on monte aussi pour
atteindre l'échafaud.

Dona Flor poussa un cri étouffé. Don Inigo tendit la main au Salteador. Mais
celui-ci, sans accepter l'honneur que lui faisait le vieux gentilhomme, s'inclina
en mettant une main sur sa poitrine, et en lui montrant de l'autre un fauteuil.

— Alors vous allez tout me dire, fit don Inigo en s'asseyant. — Tout, excepté le nom de mon père.

Le vieil hidalgo, à son tour, montra une chaise au jeune homme; mais, au
lieu de s'asseoir :

— C'est, non pas un récit, mais une confession que vous allez entendre, dit-
il; à un prêtre, je ferais cette confession à genoux; mais à un homme, cet
homme fût-il don Inigo, fût-il le roi, je la ferai debout.

La jeune fille alla s'appuyer au fauteuil de son père, et le Salteador, humble, mais debout, d'une voix triste, mais calme, commença le récit suivant.

VIII

LE RÉCIT.

— Tenez, senor, commença le Salteador, je crois pouvoir affirmer ceci : c'est
qu'il y a toujours dans les commencements d'un homme devenu coupable, si
coupable que soit devenu cet homme, une force indépendante de sa volonté
qui lui a fait faire les premiers pas hors du droit chemin. Pour faire dévier
l'homme, il faut une main puissante, et quelquefois ce n'est pas trop de la
main de fer de la destinée. Mais pour faire dévier l'enfant dont la vue est
faible, dont le pas est chancelant, il ne faut parfois qu'une haleine. Cette haleine souffla sur mon berceau. Cette haleine, ce fut l'indifférence, je dirai
presque la haine de mon père à mon égard. — Senor, murmura la jeune fille,
ne commencez pas par accuser, si vous voulez que Dieu vous pardonne. — Je
n'accuse pas, que le Seigneur m'en garde, mes fautes et mes crimes sont bien
à moi, et au jour du jugement dernier, je ne les rejetterai sur personne;
mais il faut que je dise ce qui est. Ma mère était autrefois une des plus belles
jeunes filles de Cordoue, et aujourd'hui, à quarante-trois ans, elle est encore
une des plus belles femmes de Grenade. J'ai toujours ignoré les causes qui
amenèrent son mariage avec mon père ; ce que je puis dire, et ce que j'ai toujours vu, c'est qu'ils vivaient plutôt en étrangers l'un vis-à-vis de l'autre,

qu'en mari et femme. Je naquis; j'ai souvent entendu dire à leurs amis communs qu'ils espéraient que ma naissance amènerait un rapprochement entre eux; il n'en fut rien : froid pour la mère, mon père fut froid pour l'enfant, et dès le jour où j'ouvris les yeux, je sentis que l'un de ces deux soutiens que Dieu a donné à l'homme pour entrer dans la vie m'était enlevé. Il est vrai que, comme pour me faire oublier cette erreur commise en quelque sorte dans ma vie par la destinée, ma mère m'enveloppa d'un amour si puissant et si tendre, qu'il pouvait me tenir lieu de celui qui me manquait, et à lui seul compter pour deux; mais si fort que m'aimât ma mère, elle m'aimait d'un amour de femme : il y a dans l'affection un peu moins tendre, mais plus robuste du père, quelque chose qui parle aux caprices de l'enfant et aux passions du jeune homme, comme Dieu parle à l'Océan, pour lui dire : tu ne t'élèveras pas plus haut, tu n'iras pas plus loin. Ces caprices pétris par la main d'un père, ces passions comprimées par la main d'un homme, prennent alors la forme que leur impose le moule de la société, tandis que tout déborde chez l'enfant élevé sous l'œil indulgent et conduit par la main vacillante de la femme. L'indulgence maternelle, sans limite comme l'amour, fit de moi ce cheval fougueux et emporté auquel, hélas! il n'a fallu qu'un élan de la ville à la montagne. Au reste, si mon caractère perdit à cette liberté sans frein, ma force y gagna. N'ayant point la main sévère d'un père pour fermer sur moi la porte de la maison, raillant d'avance la faible réprimande qui m'attendait au retour, j'étais toujours errant avec les montagnards de la sierra Morena : j'appris d'eux à attaquer le sanglier avec l'épieu, l'ours avec le poignard. A quinze ans, ces animaux, qui eussent été l'effroi d'un autre enfant du même âge, étaient pour moi des adversaires contre lesquels la lutte était plus ou moins longue, avec lesquels le combat était plus ou moins dangereux, mais qui étaient vaincus d'avance. Dès qu'une trace s'offrait à ma vue dans la montagne, l'animal était reconnu, suivi, relancé, attaqué. Plus d'une fois j'entrai en rampant comme la couleuvre dans quelque caverne, où, une fois entré, je n'avais plus pour guide et pour lumière que les yeux ardents de la bête féroce que j'y venais combattre. Oh! c'était alors, quoique nul que Dieu ne fût témoin de ce qui allait se passer dans les entrailles de la terre entre l'animal et moi, c'était alors que mon cœur battait d'orgueil et de joie! Comme ces héros d'Homère, qui attaquaient l'ennemi de leur parole avant de l'attaquer de leur épée, de leur javelot ou de leur lance, moi je raillais et je défiais le loup, le sanglier ou l'ours que j'étais venu chercher. Puis la lutte commençait entre l'homme et l'animal, lutte sombre et muette tant qu'elle durait, et qui se terminait par un rugissement d'agonie et un cri de triomphe. Alors, comme l'Hercule dompteur de monstres, auquel je me comparais, je venais au jour, tirant après moi le cadavre du vaincu, que j'insultais dans ma joie sauvage, glorifiant mon triomphe dans quelque chant que j'improvisais et où j'appelais les torrents qui descendaient bondissants de la montagne mes amis, les aigles qui planaient au-dessus de ma tête mes frères. Puis vint l'âge où à ces plaisirs succédèrent les passions, et où les passions suivirent leur cours avec le même emportement qu'avaient fait les plaisirs. Au jeu et à l'amour, ma mère essaya d'opposer, mais inutilement comme elle avait fait jusque-là, la faible digue de sa volonté. Alors, elle appela mon père à son secours. Il était trop tard : mal habitué d'obéir, je résistai même à la voix de mon père. D'ailleurs, cette voix qui me parlait au milieu de la

tempête m'était inconnue : j'avais crû, j'avais grandi dans une direction fâcheuse; l'arbrisseau eût plié, peut-être, l'arbre résista, inflexible, et continua de sentir circuler, sous son écorce rude et noueuse comme celle d'un
chêne, la sève ardente du mal. Oh! je ne vous dirai pas, ce serait trop long,
et d'ailleurs devant votre chaste fille le respect ferme ma bouche, je ne vous
dirai point par quelle série de querelles, d'orgies nocturnes, de folles amours,
j'en arrivai à être pour mon père une cause de ruine, pour ma mère une
source de douleurs. Non, je passe à travers les mille événements qui compo-
sent le tissu de ma vie, plus bariolée de querelles, de galanteries sous les bal-
cons, de rencontres aux angles des rues, que ne l'est de ses tranchantes couleurs ce manteau qui m'enveloppe; je passe, dis-je, à travers ces mille événements pour arriver à celui qui a définitivement disposé de ma vie. J'aimais...
je croyais aimer une femme, la sœur d'un de mes amis. J'eusse juré, j'eusse
soutenu au monde entier, pardon, senora, je ne vous avais pas vue, qu'elle
était la plus belle des femmes, quand une nuit, ou plutôt un matin, en rentrant chez moi, je trouvai à ma porte cet ami, le frère de celle que j'aimais,
en selle sur un cheval et tenant un second cheval en bride. J'eus le pressentiment qu'il avait pénétré le secret de mes amours.
— Que fais-tu là? lui demandai-je. — Tu le vois, je t'attends. — Me voilà.
— As-tu ton épée? — Elle ne me quitte jamais. — Monte sur ce cheval et
suis-moi. — Je ne suis pas, j'accompagne ou je précède. —Oh! tu ne me pré-
cèderas pas, dit-il, car je suis pressé d'arriver où je vais. Et il mit son cheval au
galop. J'en fis autant du mien, et côte à côte, ventre à terre, nous entrâmes dans
la montagne. Au bout de cinq cents pas, nous arrivâmes à une petite clairière
où l'herbe molle poussait sur une esplanade qui paraissait nivelée à la main.
— C'est ici, dit don Alvar. C'était le nom de mon ami. — Soit, répondis-je.
— Descendez de cheval, don Fernand, dit-il, et tirez votre épée, car vous vous
doutez bien que c'est pour combattre, n'est-ce pas, que je vous ai conduit ici?
— Je m'en suis douté tout d'abord, lui répondis-je; mais j'ignore ce qui peut
avoir changé notre amitié en haine. Frères hier, ennemis aujourd'hui. —Ennemis, parce que nous sommes frères, justement, dit don Alvar en tirant
son épée, frères par ma sœur!..... Allons, l'épée à la main, don Fernand.
— C'est, lui répondis-je, et vous le savez, une invitation que l'on ne m'a jamais
faite deux fois; mais de votre part cependant, j'attendrai que vous m'ayez dit la
raison qui vous a fait me conduire sur ce terrain. Voyons, je voudrais savoir ce
qui vous anime ainsi. Don Alvar, quel sujet de plainte avez-vous contre moi?
—J'en ai tant que je voulais les taire, car en me les rappelant, je renouvelle mon
injure, et je suis forcé de répéter le serment que j'ai fait, de laver cette injure
dans ton sang. Allons, l'épée hors du fourreau, Fernand.
Je ne me reconnaissais plus, tant j'étais calme devant cette colère insensible,
devant cette provocation.
— Je ne me battrai pas avec vous, lui dis-je, que je ne sache pourquoi je me
bats.
Il tira de sa poche une liasse de lettres.
— Connaissez-vous ces papiers? demanda-t-il.
Je frissonnai.
— Jetez-les à terre, lui dis-je, et je les ramasserai. — Tenez, ramassez-les,
et lisez.

Il jeta les lettres à terre. Je les ramassai et je les lus; elles étaient bien de moi. Il n'y avait pas moyen de nier... j'étais à la merci d'un frère offensé!

— Oh! malheur!.. m'écriai-je, malheur à l'homme assez fou pour confier les secrets de son cœur et l'honneur d'une femme au papier : c'est une flèche lancée dans les airs; on sait d'où elle part, on ne sait pas où elle va tomber, ni qui elle peut atteindre. — Avez-vous reconnu ces lettres, don Fernand? — Elles sont de ma main, don Alvar. — Alors tirez donc votre épée, afin que l'un de nous reste ici mort, près de l'honneur mort de ma sœur. — Je suis fâché que vous vous y soyez pris ainsi, don Alvar, et que vous ayez rendu impossible, par votre menace, la proposition que j'avais peut-être à vous faire. — Oh! lâche!... dit Alvar, qui, lorsqu'il voit le frère l'épée à la main, propose d'épouser la femme qu'il a déshonorée. — Vous savez que je ne suis pas un lâche, don Alvar; d'ailleurs, si vous ne le savez pas, je vous l'apprendrai au besoin. Écoutez-moi donc. — L'épée à la main!... Où le fer doit parler, la langue doit se taire! — J'aime votre sœur, don Alvar, votre sœur m'aime; pourquoi ne vous appellerais-je pas mon frère? — Parce que mon père m'a dit hier qu'il n'appellerait jamais son fils un homme perdu de vices, de dettes et de débauche. . .

Mon sang-froid commençait à m'abandonner devant tant d'injures.

— Votre père a dit cela, don Alvar? m'écriai-je les dents serrées par la colère. — Oui, et je le redis après lui; et j'ajoute : L'épée à la main !.. don Fernand. — Tu le veux? répondis-je en mettant la main à la garde de mon épée. — L'épée à la main!... l'épée à la main!... répéta don Alvar... ou ce n'est point de la pointe, c'est du plat de la mienne que je te frapperai.

J'avais résisté, convenez-en, senor don Inigo, car c'est la vérité même que je vous dis; j'avais résisté autant que pouvait le faire un gentilhomme. Je tirai mon épée. Cinq minutes après don Alvar était mort. Mort sans confession, et en me maudissant: c'est ce qui m'a porté malheur.

Le Salteador s'arrêta un instant, laissant tomber, tout pensif, sa tête sur sa poitrine. En ce moment la jeune bohémienne parut à la fenêtre par laquelle était entré le bandit; et, de cette voix pressée d'une personne qui apporte une nouvelle importante, elle prononça trois fois le nom de don Fernand. Ce ne fut qu'à la seconde fois que le Salteador parut entendre, ce ne fut qu'à la troisième fois qu'il se retourna. Mais quelque hâte qu'elle parût avoir d'annoncer la nouvelle qu'elle apportait, le Salteador lui fit signe de la main d'attendre, et elle attendit.

— Je revins à la ville, continua don Fernand, et ayant rencontré deux religieux sur ma route, je leur indiquai l'endroit où ils trouveraient le corps de don Alvar. C'était une chose toute simple qu'une rencontre entre deux jeunes gens et qu'une mort par l'épée; mais notre rencontre n'avait pas eu lieu dans les conditions ordinaires du duel. Le père de don Alvar, furieux de la perte de son fils unique, m'accusa d'assassinat. Hélas! je dois le dire, j'étais mal sauvegardé par ma renommée; l'accusation, toute infâme qu'elle fût, trouva créance chez les magistrats; l'alcade me décréta d'accusation, et trois alguazils se présentèrent chez moi pour m'arrêter. Je leur offris de me rendre à la prison, mais seul. Ils refusèrent. Je leur engageai ma parole de gentilhomme que je marcherais à cent pas derrière ou devant eux, à leur choix. Ils voulurent m'emmener de vive force. J'en tuai deux, je blessai le troisième; je sautai sur mon cheval, sans bride et sans selle, ne prenant qu'une seule et unique chose, la clé de la maison. Je n'avais pas vu ma mère, et je voulais revenir pour l'embrasser encore une fois. Deux heures après j'étais en sûreté dans la montagne. La montagne était pleine de bannis de toute espèce qui, tous exilés comme moi pour quelque démêlé avec la justice, n'avaient plus rien à attendre de la société, et qui tous brûlaient du désir de lui rendre le mal qu'elle leur avait fait. Il ne manquait à ces hommes qu'un chef pour organiser une puissance terrible; je me proposai pour être ce chef; ils acceptèrent : vous savez le reste.

— Et avez-vous revu votre mère? demanda dona Flor. — Merci, dit le Salteador, vous me regardez encore comme un homme.

La jeune fille baissa les yeux.

— Oui, dit-il, je l'ai revue, non pas une fois, mais dix fois, vingt fois : ma mère, c'est le seul lien qui me rattache au monde. Une fois par mois, sans jour fixé, car tout dépend de la surveillance éveillée autour de nous, une fois par mois, quand la nuit est venue, je quitte la montagne, et dans un costume de montagnard, enveloppé dans un grand manteau, je traverse la Vega, et sans être vu, ou si je suis vu sans être reconnu, du moins jusqu'ici, je rentre dans cette maison qui ne m'a jamais été si chère que depuis que j'en suis exilé; je monte l'escalier, j'ouvre la porte de la chambre de ma mère, je m'avance sans bruit, et je la réveille en l'embrassant au front. Alors je m'assieds sur son lit, et je passe la nuit comme au temps de ma jeunesse, les mains dans ses mains et la tête sur sa poitrine; puis, quand j'ai passé la nuit ainsi, en parlant des jours écoulés, du temps où j'étais innocent et heureux, elle m'embrasse à son tour au front, et il me semble que ce baiser me réconcilie avec la nature, avec les hommes, avec Dieu. — Oh! mon père! mon père! entendez-vous, dit dona Flor en essuyant deux larmes qui roulaient sur ses joues. — C'est bien, dit le vieillard, vous reverrez votre mère, non pas la nuit, non pas furtivement, mais à la lumière du jour et à la face de tous; j'y engage ma foi de gentilhomme. — Oh! murmura dona Flor en embrassant don Inigo, vous êtes bon, cent fois bon, mon père. — Don Fernand! répéta la petite bohémienne avec le ton de la plus vive inquiétude, ce que j'ai à vous dire est de la plus haute importance : écoutez-moi, par grâce, écoutez-moi.

Mais comme la première fois, seulement d'un geste plus impérieux, le Salteador lui ordonna d'attendre.

— Nous vous laissons, senor, dit don Inigo, et nous emportons le souvenir de votre courtoisie. — Alors, dit le Salteador entraîné par cette sympathie étrange qu'il éprouvait pour don Inigo, alors vous me pardonnez? — Non-seulement nous vous pardonnons, mais nous nous tenons pour vos obligés, et avec l'aide de Dieu je vous donnerai, moi particulièrement, je l'espère, une preuve de ma reconnaissance. — Et vous, senora, demanda le Salteador d'une voix timide, partagez-vous les sentiments du seigneur don Inigo? — Oh! oui, s'écria vivement dona Flor, et si je pouvais, moi aussi, vous donner une preuve...

Et elle regarda autour d'elle comme pour chercher par quel moyen visible, par quelle preuve palpable, elle pourrait affirmer sa reconnaissance au jeune homme. Le Salteador comprit son intention; il vit sur l'assiette le bouquet qui avait été cueilli par Amapola pour don Ramiro. Il prit le bouquet et le présenta à dona Flor. Celle-ci consulta son père du regard : don Inigo fit un signe de consentement. Elle prit une fleur dans le bouquet; c'était une anémone, fleur de tristesse.

—Mon père a promis de vous payer sa rançon, dit-elle, voici la mienne. Et elle présenta la fleur au Salteador.

Celui-ci prit la fleur, la posa respectueusement sur ses lèvres, puis la plaça sur sa poitrine et ferma son pourpoint par-dessus.

— Au revoir, dit don Inigo, et j'ose vous l'affirmer d'avance, à bientôt. — Faites dans votre bonté, senor, et que Dieu vous seconde dans sa miséricorde. Puis haussant la voix : vous êtes libres; sortez, dit-il, et quiconque ne s'écartera point de dix pas de votre chemin est un homme mort.

Don Inigo et sa fille sortirent. Sans quitter sa place, le Salteador les vit à travers la fenêtre de la salle donnant sur la cour remonter sur leurs mules et sortir de la venta. Alors le jeune homme tira l'anémone de sa poitrine et la baisa une seconde fois avec une expression à laquelle il n'y avait pas à se tromper. Alors il sentit une main qui se posait doucement sur son épaule. C'était celle de Ginesta, qui, légère comme un oiseau, avait escaladé sans bruit la fenêtre, et qui venait, don Inigo et dona Flòr partis, réclamer une attention que le Salteador n'avait pas voulu lui accorder en leur présence. Elle était pâle comme la mort.

— Que me veux-tu? demanda le Salteador. — Je veux te dire que les soldats du roi ne doivent pas être maintenant à un quart de lieue d'ici, et qu'avant dix minutes tu seras attaqué. — Tu es sûre de ce que tu m'annonces, Ginesta? demanda le Salteador en fronçant le sourcil.

En ce moment le bruit d'une fusillade éclata.

— Tiens, dit Ginesta, entends-tu? — Aux armes! s'écria le Salteador en s'élançant hors de l'appartement. Aux armes!

IX

LE CHÊNE DE DONA MERCÉDÈS.

Voilà ce qui était arrivé : don Inigo avait parlé d'un détachement des troupes du roi qu'il avait rencontré un peu en avant d'Alcala, et dont il connaissait le chef.

Les bandits en effet avaient, on se le rappelle, reconnu en riant que ce détachement avait passé la veille. Ce détachement, composé de quatre cents hommes à peu près, avait ordre de fouiller la montagne, et, à quelque prix que ce fût, de la nettoyer de la troupe de bandits qui l'infestait.

Il y avait une prime de cent philippes d'or pour chaque bandit mort ou vivant dont on justifierait à l'autorité, et une prime de mille philippes d'or pour le chef. Le roi don Carlos avait juré qu'il anéantirait le brigandage en Espagne, et le rejetterait de sierras en sierras jusqu'à ce qu'il le poussât dans la mer. Depuis deux ans et demi qu'il avait mis le pied en Espagne, il avait poursuivi ce dessein avec l'entêtement qui était un des caractères distinctifs de son génie; et il avait acculé les derniers bandits à la sierra Nevada, qui est elle-même acculée à la mer. Il touchait donc à la réalisation de sa volonté.

Le chef du détachement expédié la veille s'était contenté d'explorer la route; il n'avait rien trouvé d'extraordinaire sur cette route qu'une venta, à la porte de laquelle son détachement avait fait halte et s'était rafraîchi; mais là venta n'était habitée que par l'hostalero et par les commensaux ordinaires d'une auberge andalouse : l'hostalero avait la figure ouverte, accorte, ave-nante, plus que ne l'a d'habitude un aubergiste espagnol ; aucun signe ne désignait particulièrement la venta comme un lieu de rassemblement : le chef avait donné ordre de continuer le chemin, et le détachement avait passé outre.

Il avait été jusqu'à Ahlama sans rien découvrir de particulier, à l'exception de croix plus ou moins pressées aux bords des chemins; mais les croix sont choses si communes en Espagne que les soldats ne leur avaient accordé qu'une attention secondaire. A Ahlama, le commandant du détachement avait pris des informations, et il avait été averti de concentrer toute son attention sur la venta du *roi More,* qu'on lui indiquait à la fois comme centre des opérations et le repaire des bandits. Il en résulta que, sans perdre de temps, le chef de l'expédition était revenu sur ses pas et avait donné ordre à ses hommes de le suivre.

Il y avait six lieues d'Ahlama à la venta du roi More, et la moitié de cette distance était déjà franchie par le détachement, lorsque les soldats virent venir à eux, emporté par la course furieuse du désespoir, le serviteur de don Inigo, qui, blessé et tout sanglant, fuyait en appelant du secours. Il vint, tout effaré, donner dans les premiers rangs, et raconta ce qui venait d'arriver.

Comme l'avait dit don Inigo, le capitaine qui commandait le détachement était un gentilhomme de sa connaissance. A la nouvelle du danger que cou-rait l'illustre hidalgo et la belle dona Flor, sa fille, il avait ordonné au dé-tachement de se remettre en marche et de doubler le pas. Du haut du rocher où elle était restée, Ginesta avait aperçu de loin la tête de la colonne : se dou-tant de la cause qui ramenait le détachement, tremblant pour la sûreté du Salteador, elle avait pris sa course vers la venta, était entrée par la porte du jardin, la même qui avait donné passage à Fernand, était arrivée à la fenêtre qu'il avait brisée et franchie, et là, maintenue par le geste qui lui ordonnait d'attendre, elle avait entendu et vu ce qui s'était passé entre le jeune homme et les prisonniers, et surtout entre Fernand et dona Flor.

Nous avons vu comment, pâle, la mort dans le cœur, Ginesta avait à son tour franchi la fenêtre, et annoncé au Salteador la venue des troupes du roi. Le Salteador s'était élancé hors de la chambre, en criant: *Aux armes!* Il croyait trouver des compagnons dans la cuisine; la cuisine était vide. Il courut vers la cour; il n'y avait personne dans la cour. En deux bonds il fut à la porte de la venta. A la porte de la venta, il trouva une arquebuse jetée à terre, et près de l'arquebuse un de ces baudriers du seizième siècle auxquels pendaient des car-touches toutes préparées. Il ramassa l'arquebuse, passa le baudrier autour de son cou, et, se redressant de toute sa hauteur, chercha des yeux où étaient ses compagnons.

La fusillade, que l'on avait un instant entendue, s'était aussitôt éteinte, preuve que ceux sur lesquels elle était dirigée n'avaient opposé qu'une légère résistance. Tout à coup, au sommet du petit monticule, le Salteador vit appa-raître l'avant-garde des troupes royales. Il se retourna pour voir s'il était com-plétement abandonné. Ginesta était seule derrière lui, pâle, les mains jointes; elle le suppliait de fuir avec la pantomime éloquente de la terreur.

— Il le faut bien, murmura le Salteador, puisque les misérables m'ont abandonné. — Peut-être te rejoindront-ils dans la montagne, hasarda timide-ment Ginesta en tirant Fernand en arrière.

Cette possibilité parut rendre l'espérance à Fernand.

— En effet, dit-il, c'est possible.

En rentrant dans la cour, il ferma devant lui la porte massive à laquelle il mit sa barre de fer; puis, toujours suivi de Ginesta, il entra dans la cuisine, passa de la cuisine dans une espèce de petit office, leva une trappe qu'il laissa retomber derrière lui quand la petite bohémienne fut passée, ferma cette trappe au verrou, et, sans autre lumière que celle produite par la mèche de son arquebuse, il s'engagea dans l'escalier, et de l'escalier dans le souterrain qui y faisait suite. C'était le souterrain auquel les bandits avaient fait allusion quand ils avaient initié don Inigo à leurs moyens de défense et de fuite.

Au bout de cinq minutes le Salteador et la bohémienne étaient arrivés à l'autre extrémité du souterrain. Fernand souleva de ses épaules vigoureuses une seconde trappe dissimulée à l'extérieur par une roche plate et couverte de mousse. Les fugitifs étaient dans la montagne. Le Salteador respira à pleine poitrine.

— Ah! dit-il, on est libre ici. — Oui, répondit Ginesta, mais ne perdons pas de temps. — Où veux-tu aller? — Au chêne de dona Mercédès.

Fernand tressaillit.

— Allons, dit-il, peut-être la Vierge, sous l'invocation de laquelle il est, me portera-t-elle bonheur.

Tous deux, ou plutôt tous trois, car la chèvre avait suivi les deux fugitifs, s'enfoncèrent donc à l'instant même dans le maquis, ayant soin de ne prendre d'autre chemin que les passées des animaux sauvages, passées, du reste, si fréquentes et si bien frayées que c'étaient de véritables routes. Seulement dans ces routes il fallait, comme les animaux qui les fréquentaient, marcher la tête courbée jusqu'à terre; en certains endroits même, où les branches s'étaient rejointes, il fallait passer en rampant; mais plus les passages étaient difficiles, plus la forteresse naturelle dans laquelle s'engageaient le bandit et la bohémienne présentait de sécurité. On marcha ainsi trois quarts d'heure; mais il ne faudrait pas mesurer la distance parcourue au temps écoulé, la difficulté de la route retardait la marche, et, au bout de trois quarts d'heure, à peine les deux fugitifs avaient-ils fait une demi-lieue. Mais cette demi-lieue, il eût fallu à d'autres qu'à eux, c'est-à-dire à des hommes étrangers à la montagne ou moins familiers qu'eux avec les passées des cerfs, des ours et des sangliers, une journée pour la faire. Au reste, plus ils avançaient, plus le maquis devenait impénétrable, et cependant ni Fernand ni Ginesta ne donnaient la moindre marque d'hésitation. On voyait qu'ils marchaient tous deux vers un but connu, plus perdus au milieu de ces lentisques, de ces arbousiers et de ces myrthes gigantesques, que ne le sont les navigateurs errants sur les mers infinies, où ils ont au moins pour les guider la boussole et les constellations.

Enfin, après avoir percé une dernière enceinte de charmilles qu'on eût cru impénétrables, même à l'œil, ils se trouvèrent dans une petite clairière d'une vingtaine de pieds de diamètre, au milieu de laquelle s'élevait un chêne au tronc duquel était fixée, dans sa châsse de bois doré, une petite statuette de sainte Mercédès, patronne de la mère de Fernand. Fernand avait mis cet arbre, à l'ombre duquel il venait souvent rêver et dormir et qu'il appelait sa maison d'été, sous l'invocation de la patronne de sa mère, ou plutôt sous l'invocation de sa mère elle-même, pour laquelle il avait bien autrement de religion et de respect que pour la sainte dont elle portait le nom.

Les deux fugitifs étaient arrivés au terme de leur course, et il était évident qu'à moins d'être trahis ils étaient là, momentanénent du moins, en parfaite sûreté. Nous disons à moins d'être trahis, car les bandits connaissaient cette retraite de leur chef, quoiqu'ils n'y vinssent jamais sans être appelés : c'était une espèce d'asile où Fernand, dans ses moments de tristesse, venait redemander le monde évanoui du passé, et, couché dans son manteau, cherchant à travers les feuilles immobiles du chêne quelque lambeau de ce ciel qui s'étendait au-dessus de sa tête, bleu comme les ailes de l'espérance, évoquer les souvenirs souriants de son enfance, qui faisaient un si grand contraste avec ceux que, jeune homme, il amassait terribles et sanglants pour sa vieillesse. Quand il avait quelque ordre à donner, quelque renseignement à recevoir, il prenait dans le creux de l'arbre un cor d'argent admirablement travaillé par quelque ouvrier more, en tirait un son aigu et prolongé, s'il n'avait affaire qu'à un de ses compagons ; deux, s'il avait besoin de dix hommes; trois, s'il appelait à lui toute la troupe.

Son premier soin, en entrant dans la clairière, fut d'aller droit à la châsse de la sainte dont il baisa les pieds, puis il s'agenouilla, faisant une courte prière, tandis que, moitié païenne encore, Ginesta, debout, le regardait; puis se relevant il fit le tour d'une portion du tronc de l'arbre, tira du trou déjà indiqué par nous le cor d'argent, et l'approchant de ses lèvres, il en tira trois cris aussi aigus, aussi perçants, aussi prolongés que ceux qui allèrent, à cinq lieues du Val de Roncevaux, faire tressaillir Charlemagne au milieu de son armée, quand, s'arrêtant tout à coup, il dit : « Mes seigneurs, c'est mon neveu Roland qui m'appelle à son secours. » Mais les trois sons éclatèrent, s'éloignèrent et s'éteignirent vainement, personne ne vint. Il n'y avait point à supposer que les bandits n'eussent point entendu ; le cor de Fernand avait son écho à plus d'une lieue dans la montagne. Ou les bandits étaient pris, ou ils trahissaient leur chef, ou, reconnaissant toute résistance inutile vu le nombre des assaillants, ils avaient jugé plus prudent de rester disséminés et d'essayer de fuir chacun de son côté.

Fernand, pendant un quart d'heure à peu près, attendit debout et appuyé au tronc de l'arbre l'effet de son appel ; mais voyant que tout demeurait silencieux autour de lui, il jeta sa mante à terre et se coucha dessus. Ginesta vint s'asseoir près de lui. Fernand la regarda avec une tendresse infinie ; seule la petite bohémienne lui était restée fidèle. Ginesta sourit doucement. Il y avait dans ce sourire une promesse de dévouement éternel. Fernand étendit le bras, prit la tête de la jeune fille dans sa main et approcha de ses lèvres le front de la bohémienne. Au moment où les lèvres du Salteador et le front de Ginesta se rencontrèrent, la jeune fille poussa un cri dans lequel il y avait presqu'autant de douleur que de joie : c'était la première caresse qu'elle recevait de Fernand.

Elle demeura pendant quelques instants les yeux fermés, la tête renversée contre le tronc rugueux du chêne, la bouche ouverte, la poitrine sans respiration, comme si elle était évanouie. Le jeune homme la regarda d'abord avec étonnement, puis avec inquiétude, puis doucement :

— Ginesta! dit-il.

La bohémienne souleva sa tête comme un enfant que la voix de sa mère tire du sommeil, ouvrit lentement ses beaux yeux, puis regardant le Salteador.

— Oh! mon Dieu! murmura-t-elle. — Que t'est-il donc arrivé, mon enfant? demanda Fernand. — Je ne sais, répondit la jeune fille. Seulement j'ai cru que j'allais mourir.

Et se levant toute chancelante, elle s'éloigna lentement du chêne de dona Mercédès et disparut dans le maquis, tenant sa tête entre ses mains et presque prête à fondre en larmes, quoique jamais elle n'eût éprouvé un pareil sentiment de joie et de bonheur.

Le Salteador la suivit des yeux jusqu'à ce qu'elle eût disparu. Mais comme sa chèvre restait près de lui au lieu de suivre sa maîtresse, il jugea que la jeune fille n'était point allée bien loin. Alors il poussa un soupir, s'enveloppa de sa mante et se coucha à son tour, les yeux fermés et comme s'il voulait dormir. Au bout d'une heure à peu près de sommeil ou de rêverie, il s'entendit appeler d'une voix tendre quoique pressante. La bohémienne était debout près de lui dans la demi-obscurité du crépuscule, le bras étendu vers le couchant.

— Eh bien ! demanda Fernand, qu'y a-t-il ? — Regarde, Fernand, dit la bohémienne. — Oh ! dit le bandit en se levant vivement, le soleil est bien rouge ce soir à son coucher. Cela nous annonce du sang pour demain. — Tu te trompes, reprit Ginesta, ces lueurs ne sont pas celles du soleil qui se couche. — Qu'est-ce donc ? demanda le bandit, respirant une odeur de fumée et écoutant un pétillement lointain. — Ce sont les lueurs de l'incendie, répondit la bohémienne. Le feu est dans la montagne.

En ce moment un cerf tout effaré, suivi d'une biche et d'un faon, passa comme l'éclair, fuyant de l'occident à l'orient.

— Viens, Fernand, dit Ginesta ; l'instinct de ces animaux est plus sûr que la sagesse de l'homme, et en nous indiquant de quel côté il faut fuir, il nous apprend qu'il n'y a pas un instant à perdre.

C'était sans doute aussi l'avis de Fernand ; car, passant son cor en sautoir, s'enveloppant de son manteau, prenant son arquebuse à la main, il s'élança dans la direction que suivaient le cerf, la biche et le faon. Ginesta et sa chèvre marchaient devant lui.

X

LE FEU DANS LA MONTAGNE.

Le Salteador, la bohémienne et la chèvre firent à peu près cinq cents pas ainsi. Mais tout à coup la chèvre s'arrêta, se dressa sur ses deux pattes de derrière, flaira le vent et s'arrêta indécise.

— Eh bien ! maza, qu'y a-t-il ? demanda la jeune fille.

La chèvre secoua la tête comme si elle eût entendu, et béla comme si elle eût voulu répondre. Le Salteador écouta et respira l'air de la nuit, qui passait chargé de senteurs résineuses.

L'obscurité s'était faite aussi épaisse qu'elle peut le devenir en Espagne pendant une belle nuit d'été.

— Il me semble, dit le Salteador, que j'entends le même pétillement et que je sens la même odeur de fumée. Nous serions-nous trompés, et, au lieu de fuir l'incendie, irions-nous au-devant de lui ? — L'incendie était là, dit Ginesta en indiquant le couchant, et nous l'avons fui en ligne aussi droite qu'il est possible de le faire. — Tu es sûre ? — Voici l'étoile Aldebaran qui était et qui est encore à notre droite ; il faut que le feu ait pris à deux endroits de la montagne. — Ait pris ou ait été mis, murmura Fernand, qui commençait de soupçonner la vérité. — Attends, dit Ginesta, je vais te le dire.

Et la fille de la montagne, à qui la montagne, avec ses gorges, ses pics, ses maquis, ses vallées et ses cavernes, était aussi familière que l'est à un enfant le parc du château où il a été élevé, bondit en avant, atteignit la base d'un rocher presque à pic, monta le long des aspérités de granit, et surmonta bientôt la cime du roc comme une statue surmonte son piédestal. Il ne lui avait fallu que cinq secondes pour monter, il ne lui en fallut qu'une pour redescendre.

— Eh bien? demanda le Salteador. — Oui, dit-elle. — Le feu? — Le feu! Puis, indiquant le sud : par ici ; il nous faut passer dans l'intervalle avant que les deux extrémités de la flamme ne se rejoignent.

Plus on s'enfonçait vers le midi, plus la végétation devenait sauvage et épaisse : c'étaient les hauts ronciers où se tiennent d'ordinaire le sanglier, les loups et les chats sauvages ; il était rare que les faibles animaux, comme les daims et les chevreuils, se hasardassent sur le territoire de leurs terribles ennemis, et cependant on voyait passer, comme des éclairs fauves, des hordes effarouchées de ces animaux que l'incendie avait mis sur pied et qui fuyaient dans la direction qui leur promettait un passage.

— Par ici, par ici ! disait Ginesta ; ne crains rien, Fernand, voilà notre guide, et elle montra l'étoile aux triples couleurs sur laquelle elle dirigeait sa marche. Tant qu'elle sera autant à notre gauche qu'elle était tout à l'heure à notre droite, continua la bohémienne, nous serons dans le bon chemin.

Au bout de dix minutes de marche, l'étoile se voila.

— Oh! dit Fernand, nous allons avoir de l'orage! Ce serait beau de voir lutter ce feu et l'eau dans la montagne.

Mais Ginesta s'était arrêtée, et saisissant le poignet de Fernand :

— Ce n'est point un nuage qui voile l'étoile, dit-elle. — Qu'est-ce donc? — C'est la fumée. — Impossible, le vent vient du midi.

En ce moment, un loup hurlant et jetant la flamme par les yeux passa à quelques pas des deux jeunes gens, sans faire attention à la chèvre, et courant du midi au nord. De son côté, la chèvre ne fit point attention au loup, elle paraissait occupée d'un autre danger.

— Le feu ! le feu! s'écria Ginesta, nous arrivons trop tard, nous avons devant nous une muraille de feu. — Attends, dit Fernand, nous allons bien voir.

Et saisissant les premières branches d'un sapin, il commença de monter dans l'arbre. Mais à peine son pied avait-il quitté la terre, qu'un rugissement terrible se fit entendre au-dessus de sa tête. Ginesta tira le jeune homme à elle avec terreur, et lui montra à quinze pieds dans les branches de l'arbre une masse sombre qui se détachait sur l'azur du ciel.

— Oh ! dit Fernand, tu as beau rugir, vieil ours du Mulahacen, tu ne feras pas reculer l'incendie, et tu ne me ferais pas reculer plus que lui. Si j'avais le temps... — Au nord, au nord! cria Ginesta, c'est le seul passage qui reste ouvert.

En effet, tous les habitants de la montagne, cerfs, biches, chevreuils, daims, sangliers, chats-tigres, s'élançaient du seul côté où la flamme ne parût pas encore. Des bandes de pintades et de perdrix qui se levaient devant le feu, volant au hasard, se heurtant aux branches, tombaient étourdies aux pieds des fugitifs, tandis que les oiseaux de nuit, rois de l'obscurité, saluaient de cris rauques et

EL SALTEADOR.   TYP. J. CLAYE.

GINESTA SAUVANT EL SALTEADOR.

effarés, ce jour étrange qui semblait se lever de la terre au lieu de descendre du ciel.

— Viens, Fernand, viens, criait Ginesta, viens. — Où, de quel côté? demanda Fernand, commençant à s'effrayer véritablement, moins pour lui peut-être que pour la jeune fille qui, en s'attachant à lui, partageait un danger qu'elle eût pu fuir en restant dans la venta. — Par ici! par ici! voici l'étoile du nord devant nous; d'ailleurs, suivons la chèvre, son instinct nous guidera.

Et tous deux se mirent à courir dans la direction que leur indiquait non-seulement l'animal familier qui s'était fait le compagnon de leur fuite, mais encore les animaux sauvages qui passaient comme emportés par l'haleine brûlante du sirocco. Tout à coup la chèvre s'arrêta.

— Il est inutile de fuir plus longtemps, dit Fernand, nous sommes dans un cercle de feu.

Et Fernand s'assit sur un rocher comme jugeant inutile d'aller plus loin. La jeune fille fit encore cent pas en avant comme pour s'assurer si Fernand avait dit la vérité; puis, comme d'abord la chèvre était restée en arrière, comme ensuite l'animal s'était arrêté tout à fait, elle revint sur ses pas, et rejoignit Fernand qui, la tête dans ses mains, paraissait décidé à attendre, sans faire un pas de plus, le dénoûment de la terrible catastrophe. D'ailleurs, il n'y avait plus de doute à conserver; dans la circonférence d'une lieue à peu près, le ciel apparaissait tout sanglant à travers un nuage de fumée.

Un sifflement terrible se faisait entendre, se rapprochant rapidement et indiquant les progrès de l'incendie. La jeune fille resta un instant debout près du Salteador, le couvrant d'un regard plein d'amour.

Quelqu'un qui eût pu lire dans sa pensée, y eût vu peut-être la crainte que devait inspirer une situation si désespérée, mais aussi un secret désir d'envelopper le jeune homme de ses bras, et de mourir là, à cette place, avec lui, sans faire l'ombre d'un effort pour se sauver. Mais elle parut vaincre cette tentation, et poussant un soupir :

— Fernand, murmura-t-elle.

Le Salteador releva la tête.

— Pauvre Ginesta! dit-il, si jeune, si belle, si bonne, et c'est moi qui serai cause de ta mort. Ah! je suis véritablement maudit!—Regrettes-tu ta vie, Fernand, demanda l'enfant d'une voix qui signifiait : je ne la regrette pas, moi.

— Oh! oui, oui, s'écria le jeune homme; oh! oui, je l'avoue, je la regrette. — Pour qui? demanda Ginesta.

Le jeune homme, seulement alors peut-être, lut ce qui se passait dans le cœur de la jeune fille.

— Pour ma mère, répondit-il.

L'enfant poussa un cri de joie.

— Merci, Fernand, dit-elle, suis-moi. — Pourquoi faire te suivre? — Suis-moi, te dis-je. — Eh! ne vois-tu pas que nous sommes perdus, dit Fernand en haussant les épaules. — Nous sommes sauvés, Fernand, je réponds de tout, répondit la bohémienne.

Fernand se leva, doutant des paroles qu'il venait d'entendre.

— Viens, viens, dit-elle, et puisque tu ne regrettes que ta mère, je ne veux pas que ta mère te pleure.

Et saisissant le jeune homme par la main, elle l'entraîna dans une direction nouvelle. Le jeune homme la suivit machinalement et cependant avec cette ardeur instinctive que tout être créé met à la conservation de sa vie. On eût dit qu'en voyant suivre aux fugitifs cette direction nouvelle, la chèvre elle-même reprenait espoir et consentait de nouveau à leur servir de guide, tandis que les autres animaux effarés, se sentant pris dans un cercle de feu, ne suivaient plus aucune direction, courant au hasard et se croisant en tous sens.

Le sifflement de l'incendie se rapprochait de plus en plus, et l'atmosphère, que l'on respirait commençait à devenir brûlante. Tout à coup le sifflement de la flamme sembla augmenter de force et, à chaque pas que faisaient les fugitifs, dans la direction qu'ils suivaient, devenir plus intense. Fernand arrêta la jeune fille.

— Mais le feu est là ! l'entends-tu, l'entends-tu ? s'écria-t-il en étendant la main dans la direction d'où venait le bruit. — Se peut-il, Fernand, dit en riant la bohémienne, que tu sois encore si peu habitué aux rumeurs de la montagne, que tu prennes le mugissement d'une cataracte pour le sifflement d'un incendie ? — Oh ! dit Fernand en reprenant sa course, oui, c'est vrai, tu as raison ; nous pouvons échapper au feu en suivant le lit du torrent, et passer entre deux rideaux de flammes, comme les Israélites, par la protection du Seigneur, sont passés entre deux murailles d'eau. Mais crois-tu que le lit du torrent ne soit pas gardé ? — Viens toujours, insista la jeune fille ; ne t'ai-je pas dit que je répondais de tout ?

Et elle entraînait Fernand sur le plateau, d'où tombait, écharpe transparente jetée aux flancs de la montagne, le jour comme un arc-en-ciel, la nuit comme un rayon de lune, la puissante cascade qui, après avoir rebondi vingt-cinq pieds au-dessous de sa chute sur un rocher où elle brisait sa masse liquide avec un bruit pareil à celui du tonnerre, rejaillissait de nouveau en écume dans un abîme de trois ou quatre cents pieds au fond duquel, se creusant un lit, elle formait un torrent qui s'en allait grondant et furieux se jeter à trois lieues de là dans le Xenil, entre Armilla et Santa-Fé.

Au bout de quelques minutes de marche, les fugitifs eurent atteint le plateau d'où la cascade s'élançait dans le précipice. Ginesta voulait commencer à l'instant même la formidable descente, mais Fernand l'arrêta ; à peu près rassuré sur sa vie et sur celle de sa compagne, il ne pouvait, poëte avant tout, résister au désir de mesurer dans toute sa grandeur le péril auquel il allait échapper : il y a pour certains cœurs une volupté terrible dans ces sortes d'émotions.

C'est qu'aussi, il faut en convenir, le spectacle était magnifique. Le cercle de flamme s'était à la fois resserré vers le centre et agrandi à la circonférence. Un immense ruban de feu qui allait toujours s'élargissant enveloppait la montagne et se rapprochait avec rapidité des fugitifs.

De temps en temps, l'incendie gagnait le pied d'un grand pin, se tordait comme un serpent autour de sa tige, courait le long de ses branches, et l'illuminait comme un de ces ifs destinés aux illuminations des fêtes royales. Pendant un instant, la flamme brillait pétillante, puis tout à coup le géant de feu manquait par sa base et tombait au milieu du gigantesque foyer, faisant jaillir jusqu'au ciel comme une éruption d'étincelles.

Une autre fois, la flamme atteignait une ligne de lentisques résineux, et alors elle courait, rapide comme une traînée de poudre, perçant d'une lance de flamme le sombre et vert tapis qui ouatait les flancs de la montagne. Une autre

fois encore, un rocher tout chargé de liéges embrasés se détachait de quelque
sommet, dont la terre, desséchée par l'ardeur des flammes, n'avait plus la
force de le retenir, et roulait bondissant comme une cascade de feu jusqu'au
fond de quelque gorge, où il s'arrêtait, allumant à l'instant même autour de
lui un nouvel incendie.

Le jeune homme resta un instant en extase devant cette mer de lave qui ron-
geait rapidement de ses dents de feu l'île de verdure, du sommet de laquelle il
contemplait les progrès de l'ardente marée qui, avant une demi-heure, devait
l'avoir dévorée tout entière. De cette partie encore intacte sortaient des cris de
toute espèce, bramements de cerfs, hurlements de loups, miaulements de chats-
tigres, grognements de sangliers, glapissements de renards, et, s'il eût fait jour,
on eût certainement vu tous ces animaux, sans haine les uns pour les autres,
préoccupés seulement du danger qui les réunissait dans cet étroit espace,
sillonner d'une course insensée le maquis sur lequel s'étendait déjà une
vapeur chaude et flottante, précurseur de l'incendie.

Mais, comme si elle eût craint davantage pour Fernand que Fernand ne craignait pour elle, Ginesta, au bout d'un instant, tira le jeune homme de son verti-
gineux éblouissement, et le rappelant au sentiment de sa situation, lui donna
l'exemple de ce qu'il lui restait à accomplir, en lui faisant signe de la suivre, et
en se hasardant la première dans le précipice.

XI

LE NID DE LA COLOMBE.

Cette descente qui semblait familière à Ginesta, était dangereuse même pour
Fernand, et eût été impossible à tout autre. Une blanche vapeur roulant aux
flancs de la montagne, soutenue par le souffle du vent, n'eût pas été plus légère
et plus gracieuse que ne l'était la jeune bohémienne posant son pied sur les
aspérités à peine sensibles du rocher taillé presque à pic.

Par bonheur, de place en place, dans les gerçures du granit, poussaient des
touffes de myrtes, de lentisques et d'arbousiers, qui pouvaient à la rigueur
servir de points d'appui au pied de Fernand, tandis que ses doigts s'accrochaient
aux lianes qui rampaient le long de la muraille, comme de gigantesques mille-
pieds.

Il y avait des moments où la chèvre elle-même paraissait embarrassée et s'arrêtait hésitante; alors c'était Ginesta qui, sans qu'on pût deviner comment,
la précédait et lui montrait pour ainsi dire le chemin. De temps en temps elle
se tournait, encourageant Fernand du geste, car la voix était devenue inutile au
milieu du bruit que faisaient le mugissement de la cataracte, le sifflement des
flammes et les cris désespérés des animaux sauvages, de plus en plus resserrés
par le cercle de l'incendie.

Plus d'une fois la jeune fille s'arrêta tremblante en voyant Fernand suspendu sur l'abîme, au-dessus duquel on eût dit qu'elle était soutenue par des
ailes d'oiseau; plus d'une fois elle étendit les mains vers lui, plus d'une fois elle
remonta d'un pas ou deux, comme pour lui offrir l'appui de son bras. Mais lui,
honteux d'être devancé par une femme, qui semblait ne voir qu'un jeu là où il
y avait non pas une fois, mais vingt fois danger de mort; lui, rappelant toute sa

force, toute son intrépidité, tout son sang-froid, suivait la chèvre et la jeune
fille dans la fantastique descente.

Arrivée à vingt-cinq pieds environ, c'est-à-dire à la hauteur où la cascade
se brisait sur le rocher, la bohémienne cessa de descendre verticalement, cou-
pant la montagne en biais, et se rapprochant de la chute d'eau dont elle s'était
d'abord éloignée par précaution, la poussière d'eau qui s'échappait de la trombe
liquide rendant, par l'humidité qu'elle répandait, les pierres qui avoisinaient
la cataracte plus glissantes et par conséquent plus dangereuses. Au reste, l'incendie jetait une si vive lueur, qu'il éclairait le chemin escarpé presque aussi
splendidement que l'eût fait la lumière du soleil. Mais peut-être, au lieu de di-
minuer le danger, cette lumière le faisait-elle plus grand encore en le rendant
visible.

Fernand commençait à comprendre le projet de Ginesta ; bientôt, d'ailleurs,
il n'eut plus de doute sur ce projet. La chèvre, en deux ou trois bonds, atteignit
le rocher sur l'extrême saillie duquel se brisait la cataracte. La bohémienne y
arriva presque en même temps qu'elle, et se retourna aussitôt pour aider, s'il en
était besoin, Fernand à l'y rejoindre. Ainsi penchée vers le jeune homme auquel
elle tendit la main, encadrée d'un côté par l'échancrure du rocher sombre, de
l'autre par la courbe de la cataracte qui semblait, aux reflets de l'incendie,
l'arche de diamant d'un pont jeté de la terre au ciel, elle semblait le génie de la
montagne, la fée du torrent.

Ce ne fut point sans peine que Fernand franchit, si court qu'il fût, l'espace
qui le séparait d'elle. Le pied nu de la bohémienne avait saisi toutes les aspérités sur lesquelles glissait le soulier du montagnard. Au moment d'atteindre le
plateau de granit, le pied lui manqua, et c'en était fait du hardi montagnard
si, avec une frêle dont on eût cru cette frêle créature incapable, Ginesta ne
l'eût retenu par sa mante, et, le soutenant une seconde au-dessus de l'abîme,
ne lui eût donné le temps de retrouver son point d'appui. Ce point d'appui
trouvé, d'un seul élan il fut près de la jeune fille et de la chèvre.

Mais une fois sur le roc, une fois en sûreté, la force manqua à Fernand; ses
jambes fléchirent, son front se trempa de sueur, et il fût tombé sur le rocher,
s'il n'eût trouvé sous son bras, cherchant un appui, l'épaule frémissante de la bohémienne. Un instant il ferma les paupières pour laisser au démon du vertige
le temps de s'envoler loin de lui. Lorsqu'il les rouvrit, il recula ébloui du mer-
veilleux spectacle qu'il avait devant les yeux : à travers la nappe de la cataracte, limpide et transparente comme un cristal, il voyait l'incendie pareil à
une magique hallucination.

— Oh ! s'écria-t-il presque malgré lui, regarde donc, Ginesta. Que c'est
grand ! que c'est beau ! que c'est sublime !

Pareille à l'aigle qui plane autour de l'Etna, l'âme du poëte battait des ailes
au-dessus de cette montagne tout entière transformée en volcan.

Sentant que Fernand n'avait plus besoin d'elle, Ginesta se dégagea doucement de l'étreinte convulsive dont le jeune homme l'avait embrassée un instant,
et, le laissant tout entier à sa contemplation, elle s'enfonça dans les profondeurs
de la grotte, qui bientôt s'éclairèrent de la pâle lueur d'une lampe, faisant un
doux contraste avec les rayons de clarté sanglante qui jaillissaient de la montagne embrasée.

Fernand avait passé de la contemplation à la réflexion. Il n'y avait plus de

doute dans son esprit : l'incendie de la forêt n'était point un accident du hasard ;
c'était un plan combiné par les officiers du détachement envoyé à sa poursuite.
Les trois sons qu'il avait tirés du cor d'argent pour attirer ses compagnons
près de lui avaient indiqué aux soldats chargés de traquer les bandits vers quel
endroit de la montagne à peu près était leur chef. Deux ou ts soldats, plus peut-
être, étaient partis, chacun une torche allumée à la main ; ils avaient formé un
cercle immense, et chacun avait jeté sa torche dans quelque massif résineux,
dans quelque clairière pleine d'herbes sèches, et le feu s'était étendu avec une
rapidité qu'expliquaient et la combustibilité naturelle de la matière et la chaleur ardente des jours précédents. Un miracle seul avait pu sauver Fernand.
Ce miracle, c'était le dévouement de Ginesta qui l'avait fait. Il se retourna
dans un mouvement de reconnaissance, car seulement dans les quelques minutes qui venaient de s'écouler, il avait résumé tout ce qu'il devait à la jeune
fille.

C'est alors qu'il vit avec étonnement, éclairée de cette pâle lumière que nous
avons dit, une grotte dont lui, l'homme de la montagne, n'avait jamais même
soupçonné l'existence. Il s'approcha lentement, et à mesure qu'il s'approchait
son étonnement redoubla.

A travers une ouverture étroite qui donnait passage du rocher dans une grotte,
il voyait la jeune bohémienne soulevant une dalle du plancher de cette grotte, et
tirant d'une espèce de cachette une bague qu'elle mit à son doigt, un parchemin
qu'elle cacha dans sa poitrine.

Cette grotte était creusée dans la montagne ; certaines parties de ses parois étaient en granit, comme le rocher sur lequel Fernand marchait ; d'autres
parties étaient simplement en terre, ou plutôt composées de ce sable sec et
friable, que l'on trouve partout en Espagne quand on a enlevé la légère couche
d'humus végétal qui couvre le sol. Un lit de mousse, couvert de fraîche fougère, s'étendait dans un angle de la grotte ; au-dessus du lit, il y avait dans un
cadre de chêne une grossière peinture, qui devait remonter au XIIIᵉ siècle, et
qui représentait une de ces madones au visage noir, que les traditions catholiques se plaisent à dire être l'œuvre de saint Luc. En face du lit, dans deux cadres dorés, étaient deux autres peintures d'un goût plus avancé, mais peut-
être moins pur que la première ; elles étaient enfermées dans deux cadres
dorés, mais à la dorure desquels le temps avait porté quelques atteintes. Ces
peintures représentaient un homme et une femme, ayant chacun une couronne
sur la tête, et au-dessus de la couronne un titre, un nom et un surnom.

La femme, mise d'une façon étrange, du moins autant que permettait d'en
juger le peu qu'on voyait de son buste, coiffée d'une couronne fantastique,
comme celle de quelque reine d'Orient, avait le teint basané des filles du Midi.
A sa vue, toute personne qui eût connu Ginesta eût pensé à la jeune bohémienne, et, si la belle enfant se fût trouvée là, eût naturellement tourné la
tête de son côté ; car en comparant l'œuvre du peintre avec celle de Dieu, on
trouvait entre l'une et l'autre une ressemblance frappante, quoique l'on sentît
bien que Ginesta n'était point encore arrivée à l'âge où l'original du portrait
avait posé devant le peintre. Au-dessus de la couronne étaient écrits ces mots :
« LA REYNA TOPACIO LA HERMOSA. » Ce qui, en français, se traduit textuelle-
ment par ces mots : *La reine Topaze la Belle.*

L'homme, vêtu d'un habit magnifique, portait la couronne royale autour d'une toque de velours noir ; ses longs cheveux blonds, coupés carrément, tombaient de chaque côté de son visage, dont le teint blanc et rose, faisant opposition avec celui de la femme, que ses yeux bleus semblaient regarder amoureusement, dénonçait l'homme du Nord ; au reste, aussi remarquable dans son genre de beauté que la femme l'était dans le sien, l'un et l'autre méritaient l'épithète flatteuse attachée à leur nom, et qui, en variant de genre, demeurait la même pour tous deux. Au-dessus de la tête de l'homme on lisait ces cinq mots : « EL REY FELIPPO EL HERMOSO. » Ce qui voulait dire : *Le roi Philippe le Beau.*

Le jeune homme embrassa tous ces objets d'un coup d'œil, mais sa vue, après avoir erré un instant du lit de mousse à la madone, s'arrêta plus particulièrement sur les deux portraits.

La jeune fille l'avait senti s'approcher plutôt qu'elle ne l'avait entendu venir ; elle se retourna au moment où, comme nous l'avons dit, elle passait la bague à son doigt et cachait le parchemin dans sa poitrine. Alors, avec un sourire digne d'une princesse offrant l'hospitalité dans un palais :

— Entre, Fernand, dit-elle avec son langage imagé, et du nid de la colombe tu feras une aire d'aigle. — Mais, d'abord, demanda Fernand, la colombe veut-elle bien me dire quel est ce nid ? — Celui où je suis née, répondit Ginesta, où j'ai été nourrie, élevée, celui où je reviens rire ou pleurer toutes les fois que je suis heureuse ou que je souffre ; ne sais-tu pas que tout être créé a un amour infini pour son berceau ? — Oh ! je le sais, moi qui deux fois par mois risque ma vie pour aller passer une heure avec ma mère dans la chambre où je suis né.

Et le jeune homme entra dans la grotte.

— Puisque Ginesta a bien voulu répondre à ma première question, dit-il, peut-être voudra-t-elle bien encore répondre à la seconde. — Interroge, dit la bohémienne, et je répondrai. — Quels sont ces deux portraits ? — Je croyais Fernand un enfant des villes ; m'étais-je trompée ? — Pourquoi cela ? — Fernand ne sait-il plus lire ? — Si fait. — Qu'il lise alors.

Et démasquant les deux portraits et soulevant la lampe, elle éclaira les peintures de sa lumière tremblante.

— Eh bien ? dit-elle. — Eh bien ! je lis. — Que lis-tu ? — Je lis : *La reine Topaze la Belle.* — Après ? — Je ne connais pas de reine de ce nom-là. — Même parmi les Zingaris ? — C'est vrai, dit Fernand, je l'oubliais, les Bohémiens ont des rois. — Et des reines, dit Ginesta. — Mais d'où vient que ce portrait te ressemble ? demanda le Salteador. — Parce que c'est celui de ma mère, répondit la jeune fille avec orgueil.

Le jeune homme compara, en effet, les deux visages, et la ressemblance que nous avons signalée le frappa.

— Et le second portrait ? demanda-t-il. — Fais ce que tu as fait pour le premier, lis. — Eh bien ! je lis, et je vois : *Le roi Philippe le Beau.* — Ignorais-tu aussi qu'il y eût eu en Espagne un roi nommé Philippe le Beau ? — Non, car, enfant, je l'ai vu. — Moi aussi. — Bien enfant, alors ? — Oui, mais il y a des souvenirs qui entrent si profondément dans le cœur, qu'on les garde toute la vie à quelqu'âge qu'on les ait reçus. — C'est vrai, dit Fernand avec un soupir, je connais ces souvenirs-là. Mais pourquoi ces deux portraits en face l'un de l'autre ?

Ginesta sourit.

— N'est-ce pas un portrait de roi et un portrait de reine ? dit-elle. — Sans doute, mais...

Il s'arrêta, sentant qu'il allait blesser l'orgueil de la jeune fille. Mais elle, souriant toujours, continua :

— Mais l'un, allais-tu dire, était roi d'un royaume réel, tandis que l'autre était reine d'un royaume imaginaire. — J'avoue que c'était là ma pensée, ma chère Ginesta. — D'abord, qui te dit que le royaume d'Égypte soit un royaume imaginaire ? qui te dit que celle qui descend de la belle Nicosie, reine de Saba, ne soit pas aussi véritablement reine, qu'est roi celui qui descend de Maximilien, empereur d'Autriche ? — Mais enfin, demanda Fernand, qu'est donc Philippe le Beau ?

Ginesta l'interrompit.

— Philippe le Beau, dit-elle, c'est le père du roi don Carlos, qui, demain, doit être à Grenade. Je n'ai donc pas de temps à perdre, si je veux demander au roi don Carlos ce qu'il refusera peut-être à don Inigo. — Comment! s'écria Fernand, tu vas à Grenade? — A l'instant même. Attends-moi ici. — Tu es folle, Ginesta! — Dans cet enfoncement tu trouveras du pain et des dattes. Je serai de retour, sois tranquille, avant que tes provisions soient épuisées, et quant à l'eau, tu le vois, elle ne te manquera pas. — Ginesta, je ne souffrirai pas que pour moi... — Prends garde, Fernand, si tu ne me laisses point partir à l'instant même, peut-être le feu ne me permettra-t-il pas d'atteindre le lit du torrent. — Mais ceux qui me poursuivent, ceux qui ont fait à cette montagne, où ils savaient que j'étais réfugié, une ceinture de flammes, ceux-là ne permettront pas que tu passes; ils te maltraiteront, te tueront peut-être. — Que veux-tu qu'on dise à une jeune fille qui, surprise par l'incendie dans la montagne, se sauve avec sa chèvre, en suivant le lit d'un torrent? — Oui, en effet, tu as raison, Ginesta, s'écria Fernand, et si tu es prise, mieux vaut que ce soit loin que près de moi. — Fernand, dit la jeune fille d'une voix grave et profonde, si je n'étais pas sûre de te sauver, je resterais près de toi pour mourir avec toi; mais je suis sûre de te sauver, et je pars. Viens, *maza*.

Et sans attendre la réponse de Fernand, envoyant au jeune homme un dernier adieu de la main, Ginesta s'élança du rocher au flanc de la montagne, et, légère comme un flocon de neige, d'un pied aussi sûr que celui de l'animal grimpeur qui la précédait, elle descendit dans l'abîme dont elle semblait le génie. Fernand, penché sur le précipice, la suivit avec anxiété des yeux jusqu'à ce qu'elle eût atteint le lit du torrent, dans lequel il la vit s'engager, en sautant de pierres en pierres comme une bergeronnette, et où elle disparut bientôt entre les deux murailles de flammes qui s'élevaient de sa double rive.

XII

LE ROI DON CARLOS.

Laissons Fernand demeurer tranquillement entre le danger auquel il vient d'échapper et celui, peut-être plus grand, qui le menace, et prenant le même chemin que Ginesta, glissons comme elle sur la pente enflammée de la montagne jusqu'au torrent, dont elle a suivi le lit, et dans les détours duquel elle a disparu.

Le torrent, nous l'avons dit, parcourt un espace de trois ou quatre lieues et va, en prenant l'importance d'une petite rivière, se jeter dans le Xenil, entre Armilla et Santa-Fé ; seulement nous ne le suivrons pas jusque-là, et nous le quitterons où sans doute l'a quitté Ginesta, c'est-à-dire au moment où, une lieue à peu près en avant d'Armilla, il traverse sous une arche de pierre une route qui n'est autre que celle de Grenade à Malaga.

Arrivés là, nous n'avons plus à craindre de nous tromper ; la route qui a mérité le nom de route de Malaga à Casabermeja, qui est devenue sentier, et sentier à peine visible parfois pour traverser la sierra, s'élargit au bas du versant occidental et redevient route à partir de Gravia la Grande. Seulement, comme vous voyez, c'est grande fête à Grenade : ses mille tours sont pavoisées à la fois des drapeaux de Castille et d'Aragon, d'Espagne et d'Autriche ; ses soixante-dix mille maisons sont en fête et ses trois cent cinquante mille habitants, depuis vingt-sept ans qu'elle a passé des rois maures aux rois chrétiens elle en a perdu cinquante mille à peu près, et ses trois cent cinquante mille habitants sont échelonnés dans les rues qui conduisent de la porte de Jaën, par laquelle le roi don Carlos fait son entrée, à celle du palais de l'Alhambra, où on lui a préparé ses logements dans les appartements qu'un quart de siècle auparavant a quittés, avec tant de regret, le roi Boabdil. Aussi, sur la rampe ombreuse qui conduit par une pente doucement inclinée au sommet de la *Montagne du Soleil*, où s'élève la forteresse et où fleurit l'Alhambra, ce palais bâti par les génies de l'Orient, la foule est-elle si nombreuse qu'on a dû la contenir par une haie de hallebardiers, qui de temps en temps sont forcés, la persuasion devenant inutile, d'employer le manche de leurs piques pour faire reprendre aux curieux le rang qu'ils ont quitté.

A cette époque, la pente sur les deux côtés de laquelle roule encaissée dans un lit de cailloutis une eau fraîche et murmurante, d'autant plus abondante qu'il fait plus chaud, attendu que cette eau, la veille encore étendue comme un blanc manteau sur les épaules du Mulhahacen, vient de la fonte des neiges ; à cette époque, disons-nous, la pente est encore libre dans toute sa largeur, car ce sera plus tard seulement que don Luiz marquis de Mendoza, chef de la maison de Mondejar, élèvera, en l'honneur du césar aux cheveux blonds et à la barbe rousse, la fontaine écussonnée qui barre le chemin, lançant une gerbe gigantesque qui monte en poussière de diamants pour retomber en gouttes glacées après avoir tremblé un instant aux feuilles des jeunes hêtres qui forment, par l'entrelacement de leurs branches, un berceau impénétrable au jour.

C'est bien certainement une coquetterie des Grenadins qui leur a fait choisir pour la demeure du jeune roi, au milieu des vingt ou trente palais que renferme leur ville, le palais auquel on arrive par cette fraîche entrée : depuis la porte des Grenades, où commence la juridiction de l'Alhambra, jusqu'à celle du Jugement, par laquelle on entre dans l'enceinte de la forteresse, pas un rayon de soleil ne viendra éblouir ses yeux, et n'étaient le chant enroué des cigales et le cri métallique des grillons, il pourrait à soixante lieues de l'Afrique se croire sous les frais ombrages de sa Flandre bien-aimée.

Il est vrai que dans toutes les Flandres, il chercherait vainement une porte comme celle qu'a bâtie, vers 1348 de Notre-Seigneur, le roi Yusef-Abul-Hagiag,

et qui doit son nom de porte du Jugement à l'habitude qu'avaient les rois mores
de rendre la justice sur le seuil de leurs palais. Quand nous disons une porte,
c'est une tour qu'il faudrait dire, véritable tour carrée, haute et percée d'un
grand arc évidé en forme de cœur, au-dessus duquel le roi don Carlos pourra
voir, comme un exemple de l'instabilité des choses humaines, le double hiéro-
glyphe more représentant une clé et une main : s'il a près de lui son savant
précepteur Adrien d'Utrecht, celui-ci lui dira, que la clé est là pour rappeler
le verset du Coran, qui commence par ces mots : *il a ouvert*, et que la main
de son côté s'étend pour conjurer ce *mauvais œil* qui joue de si mauvais tours
aux Arabes et aux Napolitains. Mais si au lieu de s'adresser au cardinal Adrien,
le roi s'adresse au premier enfant, qu'à son teint olivâtre, à son grand œil de
velours, à sa prononciation gutturale, il reconnaîtra pour appartenir à cette race
moresque qu'il commencera de persécuter, et que son successeur Philippe III
finira par chasser entièrement d'Espagne, l'enfant lui répondra, en baissant
la tête et en rougissant de honte, que cette main et cette clé ont été gravées à
l'instigation d'un ancien prophète qui avait prédit que Grenade ne tomberait au
pouvoir des chrétiens que lorsque la main aurait pris la clé; et alors le pieux
roi don Carlos, en se signant, sourira de mépris pour ces prophètes menteurs,
auxquels le Dieu des chrétiens a donné, par l'éclatant triomphe de Ferdinand
d'Aragon et d'Isabelle de Castille, ses ancêtres paternels et maternels, un si
cruel démenti.

Une fois cette porte, qu'on dirait celle du firmament, tant vue d'en-bas elle
semble s'ouvrir directement sur le ciel, une fois cette porte franchie, le roi don
Carlos débouchera sur la vaste place de *las Algives*, pourra s'arrêter un instant,
et du haut de son cheval se pencher en dehors du parapet, pour voir, perdue
dans un abîme de végétation, la ville moresque qu'il vient habiter la dernière
pendant quelques jours seulement, et qui lui est complétement inconnue; alors il
aura au fond d'un précipice le Darro, qui traverse Grenade, et le Xénil, qui la
contourne, le Xénil charriant de l'argent, le Darro roulant de l'or; il pourra
suivre, dans la large plaine qui a conservé son nom arabe de la *Vega*, leur
double cours encombré de cactus, de pistachiers, de lauriers-roses, sous lesquels, de place en place, ils s'enfoncent pour reparaître plus loin minces, tor-
dus et brillants comme ces fils de soie que les premiers vents de l'automne
arrachent au fuseau de la mère du Seigneur.

C'est sur cette grande place, autour d'un puits aux margelles de marbre,
que se promènent les privilégiés en attendant l'entrée du roi qui aura lieu au
moment où deux heures de l'après-midi sonneront à la tour de *la Vela;* les uns
sont protégés par le titre de *ricos hombres*, que ce même roi don Carlos changera en celui de *grands d'Espagne*, comme il changera en celui de *majesté* le
titre moins pompeux d'altesse dont se sont jusque-là contentés les rois de Castille et d'Aragon ; les autres sont des *dons* et des *señores;* seulement les aïeux
de ces dons ont été amis du Cid Campeador, les ancêtres de ces senores ont été
les compagnons de Pélage, et le moindre d'entre eux, par la fortune bien
entendu, car tous se disent égaux par la naissance, et le moindre d'entre eux
se tient bien certainement pour aussi noble que ce petit prince d'Autriche qui,
à leurs yeux, n'est Espagnol, c'est-à-dire hidalgo, que par sa mère, Jeanne
la Folle, fille d'Isabelle la Catholique.

D'ailleurs, tous ces vieux Castillans ne se promettent pas grand'chose de bon de ce jeune roi dont la race germanique éclate dans ces cheveux blonds, dans cette barbe rousse et dans ce menton en relief, caractères particuliers des princes de la maison d'Autriche ; ils n'ont pas oublié que son aïeul Maximilien, s'inquiétant peu pour son petit-fils du trône d'Espagne, mais beaucoup de la couronne impériale, a fait venir sa mère enceinte de Valladolid à Gand, afin qu'elle accouchât dans cette ville d'un fils qui fût non-seulement infant de Castille, mais encore bourgeois flamand. On a eu beau leur dire que toutes sortes de présages heureux avaient accompagné la naissance de l'enfant prédestiné, qui avait eu lieu le dimanche 22 février de l'an 1500, jour de la Saint-Mathias ; que Rutillo Benincasa, le plus grand astrologue du siècle, avait prédit sur lui des choses merveilleuses à propos des dons qui lui avaient été faits par ses parrains et marraines, le prince de Chimay et la princesse Marguerite d'Autriche, le jour où, précédés de six cents écuyers, de deux cents chevaux, de quinze cents torches, marchant sur des tapis étendus depuis le château jusqu'à la cathédrale, ils présentèrent le nouveau-né au baptême sous le nom de Charles, et cela en mémoire de son aïeul maternel, Charles de Bourgogne dit le Téméraire. En effet, les deux parrains avaient donné ce jour-là à l'enfant, Marguerite d'Autriche un bassin de vermeil plein de pierres précieuses, et le prince de Chimay un casque d'or surmonté d'un phénix, ce qui avait fait dire à Rutillo Benincasa que celui qui avait reçu ces dons précieux serait un jour roi des pays où l'on recueille l'or et les diamants, et que, pareil à l'oiseau qu'il portait sur son casque, il serait le phénix des rois et des empereurs. Ils ont en conséquence secoué tous la tête au souvenir des malheurs qui ont accompagné sa jeunesse, et qui, dès son entrée dans le monde, ont semblé donner un démenti formel aux sublimes destinées qu'à leur avis la flatterie, et non la connaissance réelle de l'avenir, lui avaient promises.

Et au point de vue espagnol, ils avaient quelque droit de douter, car c'est l'année même de sa naissance, et dans les premiers mois de sa grossesse, que Jeanne a éprouvé les premiers symptômes de la maladie contre laquelle, sans pouvoir la vaincre, elle se débat depuis dix-neuf ans, et qui lui a laissé dans l'histoire le douloureux surnom de *Jeanne la Folle*. Car, six ans après la naissance de l'infant, à cette même date du 22, à ce même jour de dimanche, qui devaient lui être si prospères, son père Philippe le Beau, dont les folles amours ont fait perdre, à force de jalousie, la raison à la pauvre Jeanne, Philippe le Beau, en allant déjeuner dans un château voisin de Burgos, château qu'il avait donné à l'un de ses favoris nommé don Juan Manuel, Philippe le Beau, disons-nous, s'étant, au sortir de la table, mis à jouer à la paume, et fort échauffé à ce jeu, avait demandé un verre d'eau, qui lui avait été présenté par un homme étranger à la suite du roi et à la maison de don Manuel ; or, le roi avait bu ce verre d'eau, et presque aussitôt il s'était senti pris de douleurs d'entrailles, ce qui ne l'avait pas empêché de rentrer le soir à Burgos et de sortir le lendemain pour briser le mal ; mais, au lieu de briser le mal, c'était le mal qui l'avait brisé : de sorte que le mardi il s'était mis au lit ; que le mercredi il avait essayé inutilement de se lever ; que le jeudi il avait perdu la parole, et que le vendredi, à onze heures du matin, il avait rendu l'âme.

Il ne faut pas demander si des recherches acharnées avaient été faites pour retrouver cet homme inconnu qui avait présenté le verre d'eau au roi. L'homme n'avait point reparu, et tout ce que l'on avait dit à cette époque paraissait présenter bien plus le caractère de la fable que de la vérité. Ainsi, par exemple, un des bruits qui avaient couru disait que, parmi les nombreuses maîtresses que Philippe le Beau avait eues, se trouvait une bohémienne, nommée Topaze, que ses compagnons regardaient comme issue du sang de la reine de Saba, que cette bohémienne était fiancée à un prince de Zingaris; mais, étant deve- nue amoureuse de Philippe, lequel, ainsi que son surnom l'indiquait, était un des plus beaux gentilshommes, non-seulement de l'Espagne, mais du monde entier, elle avait méprisé l'amour du noble Zingaro, lequel s'était vengé en donnant au roi Philippe le verre d'eau glacée, à la suite duquel il était mort.

Quoi qu'il en fût, provoquée par un crime ou arrivée naturellement, cette mort avait porté un coup funeste à la pauvre Jeanne; déjà atteinte de plusieurs accès de folie, sa raison s'était égarée tout à fait; elle n'avait pas voulu croire à la mort de son époux: selon elle, et le plus possible, on la laissait dans cette erreur; selon elle, il n'était qu'endormi, et, dans cette croyance, elle habilla elle-même le cadavre de l'habit qui, à son avis, lui seyait le mieux, le revêtit d'un pourpoint de drap d'or, lui passa des chausses écarlates, l'enveloppa d'un sayon cramoisi doublé d'hermine, lui mit aux pieds des souliers de velours noir, sur la tête une toque ornée d'une couronne, fit étendre le corps sur un lit de parade, et, pendant vingt-quatre heures, ordonna que les portes du palais fussent ouvertes, afin que chacun pût, comme s'il était vivant, lui venir baiser la main. Enfin, on parvint à l'éloigner du corps, à embaumer le cadavre, à le mettre dans un cercueil de plomb; puis, croyant toujours suivre son époux en- dormi, Jeanne accompagna le cercueil jusqu'à Tordesillas, dans le royaume de Léon, où il fut déposé dans le couvent de Sainte-Claire.

Et ainsi fut réalisée la prédiction d'une sorcière, qui, voyant arriver de Flandre en Espagne le fils de Maximilien avait dit, en hochant la tête : « Roi Philippe le Beau, tu feras, c'est moi qui te le dis, plus de chemin en Castille mort que vivant. » Mais en renonçant point à l'espoir qu'il se soulèverait un jour de son lit funèbre, Jeanne ne voulut point qu'il fût déposé dans un caveau, mais le fit placer au milieu du chœur sur une estrade où quatre hallebardiers mon- taient la garde nuit et jour, et où quatre cordeliers assis aux quatre coins du catafalque disaient incessamment des prières.

C'est là qu'en abordant en Espagne, deux ans avant l'époque où nous sommes arrivés, le roi don Carlos, qui avait traversé la mer océane avec trente-six bâtiments, et qui, parti de Flessingue, venait de débarquer à Villa-Viciosa; c'est là, disons-nous, que le roi don Carlos avait retrouvé et sa mère folle et son père trépassé. Alors, fils pieux, il avait fait ouvrir le cercueil fermé depuis onze ans, s'était incliné sur le cadavre vêtu d'une robe rouge et parfaitement con- servé, l'avait gravement et froidement embrassé au front, et, après avoir juré à sa mère qu'il ne se regarderait jamais comme roi d'Espagne tant qu'elle serait vivante, avait continué son chemin pour Valladolid où il s'était fait couronner.

A propos de ce couronnement, il y avait eu des fêtes et des tournois ma- gnifiques où le roi avait joûté en personne. Mais dans la mêlée qui avait suivi les joûtes, huit seigneurs ayant été blessés, dont deux mortellement, le roi avait fait serment de ne jamais plus autoriser aucun tournoi. D'ailleurs, l'oc- casion se présentait d'un combat réel au lieu d'une joûte factice, Saragosse avait déclaré qu'elle voulait pour roi un prince espagnol, et qu'elle n'ouvrait pas ses portes à un archiduc flamand.

Don Carlos reçut la nouvelle sans donner la moindre marque d'émotion. Son œil bleu se voila un instant sous sa paupière tremblotante; puis, de sa voix habituelle, il donna ordre de marcher sur Saragosse. Le jeune roi en fit briser les portes à coups de canon, et entra dans la ville l'épée nue, traînant derrière lui, et mèche allumée, ces canons qui, dès leur apparition, méritèrent leur titre de *dernière raison des rois*.

Ce fut de là qu'il donna contre le brigandage ces ordres terribles qui, pareils aux éclairs du Jupiter olympien, sillonnèrent l'Espagne en tous sens. Il est bien entendu que, par le mot brigandage, celui qui devait être un jour Charles-Quint entendait surtout rébellion : aussi, le sombre jeune homme, le Tibère de dix-neuf ans, n'admettait-il aucune excuse sur la non exécution de ses ordres.

Il en était là de cette lutte de tous les jours, qui durait depuis deux ans, moitié fêtes, moitié combats, quand, le 9 de février, un courrier arriva à Saragosse. Il avait mis, à cause des glaces et du dégel, vingt-huit jours à venir de Flandre, et annonçait la nouvelle que l'empereur Maximilien était mort le 12 janvier 1519.

L'empereur Maximilien, petit par lui-même, avait grandi par ses contemporains. François Ier et Alexandre VI le forcèrent d'être de leur taille.

Le pape Jules II disait de lui : « Les cardinaux et les électeurs se sont trompés : les cardinaux m'ont fait pape, et les électeurs ont fait Maximilien empereur; c'était moi qu'il fallait faire empereur, et Maximilien pape. »

Cette mort jetait le jeune roi dans la plus grande anxiété. S'il eût assisté l'empereur à son lit de mort, si ces deux politiques, et des deux c'était l'enfant qui était le maître, si ces deux politiques eussent, le jeune homme soutenant le vieillard, fait quelques pas côte à côte sur ce pont qui conduit de la terre au ciel, et, dans une halte à moitié chemin de la mort, arrêté les plans à suivre par celui qui retournait vers la vie, certes, l'élection de Charles n'eût point été douteuse; mais il n'était rien de tout cela. Aucune précaution n'avait été prise, tant cette mort était subite et inattendue, et don Carlos, privé de l'appui du cardinal don Ximénès, qui venait de mourir entouré de ses Flamands, avides et pillards, qui avaient, depuis trois ans, trouvé moyen de faire suer à la pauvre Espagne onze cent mille ducats, don Carlos avait produit une trop mauvaise impression sur cette Espagne, qu'il devait enrichir dans l'avenir, mais qu'il ruinait dans le présent, pour abandonner aux progrès qu'il pouvait faire le mécontentement qui naissait sous ses pas. En allant en Allemagne, il n'étai pas sûr d'être nommé empereur; en quittant l'Espagne, il était sûr de n'être plus roi. Et cependant, plusieurs lui conseillaient de s'embarquer aussitôt et de quitter l'Espagne; mais ce ne fut point l'avis de son conseiller Adrien d'Utrecht : tout le débat était entre François Ier de France et lui.

Mais si don Carlos ne partit pas, ses plus zélés partirent chargés de ses pouvoirs royaux. Un courrier fut envoyé secrètement au pape Léon X. Quelles étaient les instructions de ce messager secret? Peut-être le saurons-nous plus tard. En attendant, et pour que le courrier qui lui apporterait à lui les nouvelles de l'élection n'eût pas besoin de mettre vingt-huit jours à le rejoindre, don Carlos annonça qu'il allait faire un voyage dans les provinces du midi, visiter Séville, Cordoue et Grenade. Le courrier n'aurait qu'à enjamber la Suisse, franchir l'Italie, s'embarquer à Gênes, et débarquer à Valence ou à Malaga.

Douze jours après l'élection, don Carlos en saurait le résultat. Puis on lui avait dit que la sierra Morena et la sierra Nevada étaient infestées de bandits. Il voulait savoir si c'étaient des bandits ou des rebelles. De là l'ordre donné de nettoyer la sierra, ordre qui avait été exécuté à l'endroit du Salteador par ce moyen expéditif de mettre le feu à la montagne.

XIII

DON RUIZ DE TORRILLAS

Or, tandis que la montagne brûlait, on attendait le roi don Carlos à Grenade. L'entrée devait avoir lieu, comme nous l'avons dit, à deux heures de l'après-midi; il s'en fallait de quelques minutes seulement que la tour de la Vela donnât le signal; et en attendant que le petit-fils d'Isabelle et de Ferdinand parût dans l'encadrement de la porte moresque, pareil à une statue équestre, les seigneurs des premières familles de l'Andalousie se promenaient sur la place de las Algives.

Au milieu de tous ces nobles gentilshommes, allant ou venant, isolés, marchant deux à deux, causant tout haut et en groupes, ou tout bas et à l'écart, un surtout était remarquable par sa haute mine, mais en même temps par sa profonde tristesse. Il était assis sur la margelle de marbre qui entourait le puits creusé au milieu de la cour. Sa tête appuyée sur la paume de sa main, et renversée de côté de manière à ce que son regard mélancolique pût se noyer dans l'azur du ciel, était couverte d'un de ces feutres à grands bords, auxquels les chapeaux modernes, tout en changeant de forme, ont emprunté le nom de sombrero; ses cheveux tombaient sur ses épaules en boucles blanches; sa barbe grisonnante était coupée carrément, et son cou était orné de cette décoration, faite en forme de croix, qu'Isabelle et Ferdinand avaient, après la prise de Grenade, distribuée de leurs propres mains à ceux qui avaient vaillamment aidé à l'expulsion des Maures.

Quoique son air préoccupé éloignât du sombre rêveur l'indiscrète curiosité ou la bavarde insouciance, un homme du même âge à peu près que celui que nous venons d'essayer de peindre le regardait avec attention depuis un instant, comme pour s'assurer qu'il ne se trompait pas sur son identité. Un mouvement que fit le vieillard en levant son chapeau et en secouant la tête comme pour en faire tomber cet excédant de tristesse qui fait, si forts qu'ils soient, plier les fronts mortels, ne laissa plus aucun doute à celui qui l'examinait. En conséquence, il s'approcha et mettant le chapeau à la main :

— Comme depuis ma première enfance, dit-il, je suis votre ami, il me semble que ce serait mal fait de ma part si, en voyant votre tristesse, je ne vous tendais la main, et je ne vous disais : don Ruiz de Torrillas, à quoi puis-je vous être bon, à quoi puis-je vous servir, quel ordre avez-vous à me donner?

Aux premiers mots prononcés par son ami, don Ruiz de Torrillas releva la tête, et reconnaissant celui qui lui parlait, lui tendit la main.

— Je vous suis obligé, don Lopéz d'Avila, dit-il. Oui, en effet, nous sommes de vieux amis, et vous me prouvez, par l'offre que vous venez de me faire, que vous êtes un ami fidèle. Habitez-vous toujours Malaga? — Toujours;

et vous savez que, de loin comme de près, à Malaga comme à Grenade, vous pouvez disposer de moi.

Don Ruiz s'inclina.

— Y avait-il longtemps, quand vous quittâtes Malaga, que vous n'aviez vu mon vieil ami et le vôtre, je crois, don Inigo? — Je le voyais tous les jours. J'ai entendu dire par mon fils, don Ramiro, que don Inigo et sa fille étaient arrivés hier ici, après avoir couru de grands dangers dans les montages, où ils avaient été arrêtés par le Salteador.

Don Ruiz pâlit et ferma les yeux.

— Mais enfin, dit-il après un instant pendant lequel, par une grande force de volonté, il avait rappelé sa force prête à s'évanouir; mais enfin, ils lui ont échappé? — C'est-à-dire que ce bandit, qui a l'audace de se dire gentilhomme, a agi vis-à-vis d'eux en prince, à ce que m'a raconté mon fils; il les a renvoyés sans rançon, et même sans promesses, ce qui est d'autant plus beau que don Inigo est le gentilhomme le plus riche, et dona Flor la plus belle fille de l'Andalousie.

Don Ruiz respira.

— Il a fait cela? dit-il; tant mieux! —Mais je vous parle de mon fils don Ramiro, et j'oublie de vous demander des nouvelles de votre fils don Fernand; il est toujours en voyage? — Oui, répondit don Ruiz d'une voix presqu'éteinte. — Voici une belle occasion de le placer à la cour du nouveau roi, don Ruiz. Vous êtes un des plus nobles gentilshommes de l'Andalousie, et si vous demandiez quelque grâce au roi don Carlos, quoiqu'il n'ait d'yeux que pour ses Flamands, je suis sûr que, par politique, il vous l'accorderait. — J'ai en effet une grâce à demander au roi don Carlos, répondit don Ruiz; mais je doute qu'il me l'accorde.

En ce moment, deux heures sonnèrent à la tour de la Vela. Ces deux heures qui d'habitude, en vibrant dans l'air, annonçaient seulement que la distribution des eaux allait avoir lieu, avaient ce jour une autre signification. Non-seulement toutes les eaux s'élancèrent comme d'habitude dans leurs canaux, jaillirent de leurs fontaines, tournoyèrent dans leurs bassins; mais comme en même temps toutes les trompettes sonnant annonçaient que le roi don Carlos montait la rampe de l'Alhambra, chacun se précipita vers la porte de Yusef pour se trouver là au moment où il descendrait de cheval.

Don Ruiz de Torrillas resta seul à la place où il se trouvait; seulement, il se leva. Don Lopez, lui-même, avait suivi les autres seigneurs. Les fanfares redoublaient, annonçant que le roi montait la rampe et s'approchait de plus en plus. Tout à coup il apparut, monté sur son grand cheval de bataille tout bardé de fer comme pour le combat. Lui-même était couvert d'une armure entière damasquinée d'or. La tête seule était nue, comme s'il eût voulu frapper les Espagnols par la vue de ce qu'il y avait de moins espagnol en lui.

En effet, comme nous l'avons dit, le fils de Philippe le Beau et de Jeanne la Folle n'avait rien du type castillan dans son visage, si l'on peut s'exprimer ainsi, fait tout entier de la maison d'Autriche. Petit de taille, trapu de membres, la tête un peu enfoncée dans les épaules; forcé, pour relever cette tête aux cheveux blonds coupés courts, à la barbe rousse, aux yeux bleus clignotants, au nez aquilin, aux lèvres vermeilles, au menton avancé, de la porter droite et raide comme si elle était maintenue dans cette position par un gor-

gerin d'acier, il avait, surtout lorsqu'il marchait à pied, quelque chose de
raide et de guindé qui disparaissait lorsque, excellent cavalier, il maniait son
cheval; car alors, plus le cheval était fougueux, plus le cavalier était beau.

On comprend donc qu'un pareil prince, qui n'avait rien, physiquement parlant, des don Pèdre, des Henri, des Ferdinand, car, au moral, il était aussi
justicier que le premier, aussi cauteleux que le second, aussi ambitieux que le
troisième... mais qui, au contraire, à la première vue, était tout Hapsbourg,
ne fût pas, de la part des Espagnols et surtout des Andalous, l'objet d'un enthousiasme bien frénétique. Aussi, à son arrivée, les trompettes redoublèrent-
elles leurs clameurs de cuivre, moins encore peut-être pour faire honneur au
petit-fils d'Isabelle et de Ferdinand, que pour faire oublier, par leurs bruyantes
fanfares, le silence de la voix humaine.

Le roi jeta un regard froid et terne sur les hommes et sur les localités, ne
témoigna aucun sentiment de surprise, quoique les uns et les autres dussent
être et fussent en effet complétement étrangers pour lui, et, arrêtant son cheval,
mit pied à terre, non pas instantanément, non pas pour se trouver en contact
plus rapproché avec son peuple, mais parce que le moment commandé par le
cérémonial arrêté d'avance, de mettre pied à terre, était venu.

Il ne leva pas même la tête pour regarder la belle porte moresque sous laquelle il passait ; il ne détourna pas même la tête pour lire, dans la petite cha-
pelle latérale, l'inscription indiquant que, le 6 *janvier* 1492, son grand-père
Ferdinand et sa grand'mère Isabelle avaient passé sous cette porte, lui traçant
triomphalement, et au milieu de toute l'Espagne enivrée du triomphe de ses
rois, le chemin que, vingt-sept ans après, il suivait grave et sombre, au
milieu de ce respect taciturne qui accompagne la marche des rois dont on
ignore encore les qualités, mais dont on connaît déjà les défauts. C'est qu'une
pensée incessante bouillait dans ce cerveau, comme bout une eau fiévreuse
dans un vase d'airain, sans que rien de son agitation transpire au dehors;
cette pensée c'était l'ardent désir de l'empire.

Que pouvait voir cet œil ambitieux, fixé à travers l'espace sur cette ville de
Francfort, où, dans la salle des élections, se tenait cette grande assemblée
des électeurs, sur laquelle le pape, les rois, tous les princes, tous les grands
de ce monde, enfin, avaient, comme don Carlos, les yeux tendus et les oreilles
ouvertes?

— Seras-tu empereur? c'est-à-dire aussi grand que le pape, plus grand que
les rois, murmurait éternellement la voix de l'ambition dans le cœur de don
Carlos.

Que lui importaient donc les autres voix humaines, quand cette voix frémis-
sait en lui?

Ce fut donc, comme nous l'avons dit, pour obéir à l'étiquette, et non par un
élan spontané de son désir, ni pour se rapprocher de tous ces gentilshommes
qui l'entouraient, que le roi don Carlos mit pied à terre. A l'instant, toute la
suite flamande en fit autant. Cette suite se composait particulièrement du cardinal Adrien d'Utrecht, son précepteur, du comte de Chièvre, son premier ministre, du comte de Lachau, du comte de Porcain, du seigneur de Furnes, du
seigneur de Beaurain et du Hollandais Amersdorff. Mais du haut de son cheval,
don Carlos, de son regard qu'on eût dit vague et perdu, avait cependant re-
marqué un groupe de gentilshommes qui restaient la tête couverte, tandis que

tous les autres restaient la tête nue. Ce fut ce groupe seul qui parut attirer son attention.

— Ricos hombres! dit-il en faisant signe de la main à ceux auxquels il s'adressait de prendre rang à sa suite, mais après les gentilshommes flamands.

Les seigneurs andalous s'inclinèrent, prirent la place qui leur était assignée, mais en hommes qui obéissent purement et simplement à un ordre donné. Puis le roi, marchant le premier, s'achemina vers le palais de l'Alhambra, qui, vu de la place de *las Algives*, n'offre au premier coup d'œil que l'aspect d'un grand bâtiment carré, avec une seule porte mais sans fenêtres.

Don Carlos marchait nu-tête ; un page portait son casque derrière lui. La route était libre, chacun, selon son rang, ayant pris place à la suite du roi. Un seul homme se tenait debout sur cette route, son chapeau sur la tête. Le roi, sans faire semblant de le voir, ne le perdait pas de vue, et, sans doute, eût passé près de lui sans se tourner de son côté ni sans s'arrêter une seconde, si celui-ci, sans se découvrir, n'eût mis à l'approche du roi un genou en terre. Le roi s'arrêta.

—Vous êtes rico hombre? demanda-t-il.— Oui, sire.—D'Aragon ou de Castille? — D'Andalousie. — Sans alliance avec les Maures? — De vieux et pur sang chrétien. — Vous vous appelez? — Don Ruiz de Torrillas. — Relevez-vous et parlez. — Ce sont des oreilles royales seules qui peuvent entendre ce que j'ai à dire au roi. — Écartez-vous, fit don Carlos avec un signe de la main.

Et chacun s'écartant forma hors de la portée de la voix un demi-cercle en avant duquel se tenaient le roi don Carlos et le rico hombre don Ruiz de Torrillas.

— J'écoute, dit le roi.

XIV

LE GRAND JUSTICIER

— Sire, commença don Ruiz en se relevant, excusez si ma voix tremble en vous parlant, mais je me sens à la fois confus et troublé d'avoir à vous demander une grâce pareille à celle qui m'amène devant vous. — Parlez doucement, afin que je vous comprenne bien, Monsieur. — C'est vrai, répondit don Ruiz avec plus de fierté que de courtisanerie, j'oubliais que Votre Altesse parle encore difficilement l'espagnol. —Je l'apprendrai, senor, répondit froidement don Carlos; puis, après un instant : j'écoute, répéta-t-il. — Sire, continua don Ruiz, j'ai un fils de vingt-sept ans; il aimait une dame, mais, craignant ma colère, car j'ai à m'accuser d'abord d'avoir été tout à la fois trop indifférent et trop sévère pour ce malheureux jeune homme, craignant ma colère, il s'est engagé avec elle sans ma permission, et, quoiqu'elle lui eût accordé les droits d'un mari, il remettait chaque jour à lui donner le titre de sa femme qu'il lui avait promis. La senora se plaignit à son père. Le père était vieux, et, comme don Diègue, se sentant le bras trop faible pour lutter contre un bras de vingt ans, il chargea son fils don Alvar de la vengeance. Don Alvar ne voulut pas écouter les excuses de mon fils, qui, je dois le dire, se conduisit en cette circonstance avec plus de prudence que je n'en eussent attendu de son caractère, don Alvar ne voulut

EL SALTEADOR.

TYP. J. CLAYE.

DON LUIS AUX PIEDS DE DON CARLOS.

point entendre les excuses de mon fils, les deux jeunes gens se battirent ; don Alvar fut tué.

— Un duel, interrompit don Carlos. Je n'aime pas les duels. — Il est telle circonstance, Altesse, où un homme d'honneur ne peut reculer, surtout lorsqu'il sait qu'à la mort de son père il aura le droit de rendre compte de ses actions à son roi, et de lui demander sa grâce la tête couverte. — Oui, je sais que c'est un privilége de vous autres ricos hombres ; je régulariserai tout cela. Continuez. — Le duel avait eu lieu sans témoin. Le père de don Alvar accusa mon fils d'assassinat, et obtint un ordre de l'arrêter. Trois alguazils se présentèrent chez lui et voulurent l'emmener de force et en plein jour à la prison. Mon fils en tua deux, blessa le troisième, et s'enfuit dans la montagne. — Ah ! dit don Carlos, tutoyant pour la première fois don Ruiz, plutôt en marque de menace qu'en marque d'affection, c'est-à-dire que tu es rico hombre, mais que ton fils est bandit ? — Sire, le père est mort, et avec lui sa colère est morte. Sire, la jeune dame entre dans un couvent, et j'y paye sa dot comme si elle était princesse royale. Sire, je me suis arrangé avec la famille des deux alguazils morts et avec l'alguazil blessé ; mais à cet arrangement j'ai usé toute ma fortune, si bien que de tout le patrimoine de mon père, il ne me reste que la maison que j'habite sur la place de la Viva Rambla. Peu importe, car le prix du sang est payé, et avec un mot de Votre Altesse, l'honneur du nom se relèvera pur des ruines de la fortune.

Don Ruiz fit une pause, mais voyant que le roi restait muet, il continua :

— Donc, Altesse, je vous supplie prosterné à vos pieds ; donc, sire, je vous conjure, et cela mille et mille fois, puisque ma partie adverse se désiste, et qu'il n'a plus contre lui que votre royal pouvoir, sire, je vous supplie et conjure de pardonner à mon fils.

Le roi ne répondit point. Don Ruiz continua :

— Ce pardon, ô mon roi, j'ose le dire, il le mérite, non pas peut-être par lui-même, quoique, je le répète à Votre Altesse, il y ait beaucoup de ma faute dans ce qui est advenu, mais à cause de ses nobles aïeux, qui tous vous disent par ma voix, pardonnez, sire, pardonnez.

Don Carlos se taisait toujours. On eût même dit qu'il avait cessé d'écouter, de sorte que d'une voix plus pressante et s'inclinant presque jusqu'à ses pieds, don Ruiz continua :

— Sire, sire, jetez les yeux sur notre histoire, et vous verrez toutes sortes de héros de ma race à qui les rois d'Espagne doivent toutes sortes d'honneur et de gloire. Sire, ayez pitié de mes cheveux blancs, de mes prières, de mes larmes. Si cela ne suffit pas pour toucher votre cœur, ayez pitié d'une dame noble, d'une mère malheureuse. Sire, sire, étant celui que vous êtes, par votre heureux avénement au trône des Espagnes, par votre mère Jeanne, par vos ancêtres, Isabelle et Ferdinand, que j'ai bravement et loyalement servis, comme l'atteste cette croix que je porte au cou ; sire, accordez-moi cette grâce que je vous demande !

Le roi releva la tête ; le nuage qui semblait voiler son regard s'éclairait ; mais, d'une voix froide et dénuée de toute émotion :

— Cela ne me regarde pas, dit-il. Adressez-vous au grand justicier d'Andalousie. Et il passa.

Les seigneurs flamands et espagnols le suivirent, et disparurent dans le palais de l'Alhambra. Don Ruiz, seul et atterré, resta sur la place de *las Algives*

Nous nous trompons lorsque nous disons que don Ruiz resta seul sur la place de las Algives; un des seigneurs de la suite de don Carlos aperçut le vieillard tout courbé sous le poids du refus royal, resta sans affectation le dernier, et, au lieu de suivre les autres dans l'intérieur du palais moresque, revint rapidement vers don Ruiz de Torrillas, et s'arrêtant le chapeau à la main devant le vieillard, tellement absorbé dans sa tristesse qu'il ne s'était pas aperçu de son approche:

— Si un gentilhomme tient à honneur de se rappeler ses anciennes amitiés, dit-il, veuillez recevoir, mon cher don Ruiz, le salut d'un des hommes qui vous sont le plus tendrement attachés.

Don Ruiz releva lentement sa tête assombrie; mais, à peine son regard se fut-il fixé sur celui qui lui offrait le salut d'une façon si affectueuse, qu'un éclair de joie passa dans ses yeux.

— Ah! c'est vous, don Inigo, lui dit-il, je suis heureux de vous tendre la main, mais à une condition cependant. — Laquelle? dites. — C'est que, tout le temps que vous serez à Grenade, je n'admets pas d'excuses, je vous en préviens d'avance, c'est que, tout le temps que vous demeurerez à Grenade, vous serez mon hôte.

Don Inigo sourit.

— Je n'ai point attendu votre invitation pour cela, don Ruiz, et à cette heure ma fille dona Flor est déjà installée chez dona Mercédès, qui, malgré les instances que nous lui avons faites pour qu'elle ne se dérangeât point, a voulu absolument lui céder sa propre chambre. — La femme a fait, en l'absence du mari, ce que le mari eût fait en l'absence de la femme. Tout va donc bien là-bas; puis à voix basse et en soupirant: je voudrais pouvoir en dire autant d'ici, murmura-t-il.

Si bas qu'il eût parlé, don Inigo l'avait entendu. D'ailleurs, comme tous les autres seigneurs, il avait vu don Ruiz s'agenouiller devant le roi don Carlos en homme qui demande une grâce, et cette grâce, il n'était pas difficile de comprendre qu'elle avait été refusée.

— En effet, dit-il, il me semble que vous n'avez pas été heureux près de notre jeune roi, mon cher don Ruiz. — Que voulez-vous, senor, le roi don Carlos avoue lui-même qu'il ne sait pas encore l'espagnol, et moi, de mon côté, j'avoue que je n'ai jamais su le flamand. Mais, revenons à vous, et surtout parlons de votre charmante fille, don Inigo. Puis après un moment d'hésitation: j'espère, continua-t-il d'une voix presque tremblante, que la mauvaise rencontre qu'elle a faite hier dans la montagne n'a eu aucune influence fâcheuse sur sa santé? — Vous savez déjà cela? demanda don Inigo. — Oui, senor. Ce qui arrive à un homme de votre importance est un événement qui a des ailes d'aigle. Don Lopez m'a dit, et ici la voix de don Ruiz devint plus tremblante, don Lopez m'a dit que vous aviez été arrêté par le Salteador. — Vous a-t-il dit aussi que, se conduisant en gentilhomme et non en bandit, le chef si redouté, lion et tigre pour les autres, s'est fait chien et agneau pour nous? — Il m'a dit quelque chose de cela, mais je suis heureux que la nouvelle me soit confirmée par vous. — Je vous la confirme, et j'ajoute ceci: que je ne me croirai quitte avec ce brave jeune homme que lorsque j'aurai tenu la promesse que je lui ai faite. — Et..., demanda en hésitant don Ruiz, puis-je savoir quelle est cette promesse? — Je lui ai juré par mon saint patron que, me sentant pris pour

lui d'un intérêt véritable, je ne laisserai pas au roi don Carlos un instant de
repos qu'il ne m'ait accordé sa grâce. — Il vous la refusera, dit don Ruiz en
secouant la tête. — Et pourquoi? — Vous me demandiez tout à l'heure ce que
je faisais aux pieds du roi? — Eh bien? — Je lui demandais cette grâce. —
Vous! — Oui. — Et quel intérêt portez-vous à ce jeune homme? Dites-le moi,
seigneur don Ruiz, car j'agirai avec une double instance, sachant que j'agis
à la fois pour un ami d'hier et pour un ami de trente ans? — Donnez-moi la
main, don Inigo.—Voilà ma main.—L'homme dont vous parlez, c'est mon fils.
    Don Ruiz sentit la main de don Inigo frissonner dans la sienne.
    — Votre fils! demanda-t-il d'une voix étranglée. Votre fils et celui de dona
Mercédès? — Sans doute, répondit don Ruiz avec un sourire plein d'amère
tristesse, puisque dona Mercédès est ma femme! — Et que vous a répondu le
roi? — Rien. — Comment, rien? — Ou plutôt, il m'a répondu par un refus.
— Dites-moi les termes de ce refus. — Il m'a renvoyé au grand justicier d'Andalousie. — Eh bien? — Eh bien! le grand justicier d'Andalousie était don
Rodrigue de Calmenare, et don Rodrigue de Calmenare est mort. — Don Rodrigue de Calmenare est mort, mais depuis huit jours le roi lui a nommé
un successeur, et depuis hier, ce successeur est arrivé à Grenade. — A Grenade? — Oui, et je vous réponds, moi, don Ruiz, entendez-vous bien, je vous
réponds que vous n'êtes pas plus sûr de vous-même que de celui que le roi a
nommé.
    Don Ruiz allait interroger son vieux compagnon de guerre, dont la confiance
dans la Providence et dans le grand justicier d'Andalousie commençaient à le
rassurer un peu, quand un huissier parut à la porte du palais, dont on n'était
séparé que par un intervalle d'une vingtaine de pas, et, d'une voix forte, cria:
    — Don Inigo Velasco de Haro, grand justicier d'Andalousie, le roi vous
demande. — Vous, senor don Inigo, s'écria don Ruiz au comble de l'étonnement, vous grand justicier d'Andalousie! — Ne vous avais-je pas dit, reprit
don Inigo, tendant une dernière fois la main à don Ruiz, que vous pouviez
compter sur le grand justicier d'Andalousie comme sur vous-même, et j'aurais
dû dire plus que sur vous-même; puisque c'est moi qui suis le successeur de
don Rodrigue de Calmenare.
    Et, jugeant qu'il ne faut pas faire attendre un roi auquel on a une grâce à
demander, don Inigo s'empressa de se rendre à l'ordre de don Carlos, d'un pas
aussi rapide que le permettait la dignité d'un rico hombre espagnol.

XV

LA COUR DES LIONS

    Qu'on nous permette de suivre le grand justicier dans l'intérieur du palais
des rois maures, où don Carlos venait, où lui allait entrer pour la première fois,
et où nos lecteurs ne sont peut-être jamais entrés.
    Tout en suivant l'huissier qui venait de l'appeler de la part du roi, don Inigo
commença par traverser une première cour, appelée indifféremment cour des
myrthes, à cause de la quantité de myrthes qui y fleurissent; cour du réservoir, à cause de l'immense bassin qui en forme le centre, et cour du mezouar,

ou du bain des femmes, parce que c'est dans ce bassin que, du temps des califes maures, se baignaient les femmes du palais.

Si don Inigo n'eût point eu à la fois l'esprit et le cœur pris par une grande préoccupation, si familier que sa vie errante l'eût rendu avec les monuments de l'ancien et du nouveau monde, il se fût, certes, arrêté dès cette première cour, sur le seuil de laquelle, de nos jours encore, le voyageur s'arrête étonné, hésitant, car il devine qu'il entre dans le monde mystérieux et inconnu de l'Orient. Mais à peine don Inigo leva-t-il la tête pour voir sur son piédestal le magnifique et gigantesque vase que l'incurie espagnole laisse aujourd'hui se dégrader dans le recoin d'un musée que personne ne visite, et qui alors formait le principal ornement de cette cour, que dominait, s'élevant au-dessus des poutres de cèdre et des tuiles dorées des toits, la tour de Comare, dont les créneaux se découpaient, vermeils et orangés, sur un ciel limpide et bleu.

De la cour du réservoir, don Inigo passa dans l'antichambre de la barca, de l'antichambre de la barca dans le salon des ambassadeurs ; mais ni l'originalité de forme, qui a fait donner le nom de barque à l'antichambre, ni l'entrelacement des arabesques qui couvrent les murailles, ni le magnifique travail de la voûte, peinte de vert, d'azur et de rouge, travail creusé dans le stuc avec la merveilleuse délicatesse que met la patiente nature à faire, pendant mille ans, un travail de stalactites, ne purent un seul instant tirer don Inigo de la pensée qui le préoccupait.

Il passa ainsi muet, silencieux, rapide, près du charmant pavillon appelé aujourd'hui le Tocador de la reine, des fenêtres duquel on aperçoit le Generalife, pareil à une immense touffe de lauriers-roses, au sommet de laquelle se perchent des paons pareils à des oiseaux de saphir et d'or, foulant aux pieds les dalles de marbre blanc, immenses cassolettes percées de petits trous, et qui servaient à parfumer les sultans au sortir du bain ; puis il traversa sans s'arrêter le jardin de Lindacaja, aujourd'hui terrain inculte et couvert de broussailles, alors parterre tout ruisselant de fleurs ; laissa à sa gauche le bain des sultans, tout tiède encore de l'haleine de la belle Chaîne des Cœurs et de la fière Zobéide, et fût introduit dans la cour des Lions, où l'attendait le roi.

La cour des Lions a été si souvent décrite, que c'est presque une inutilité à nous de la décrire à notre tour ; aussi nous contenterons-nous d'en esquisser légèrement et la forme et les ornements principaux, sans en faire apparaître autre chose à nos lecteurs que la *maquette* absolument nécessaire à notre mise en scène.

La cour des Lions est un carré de cent vingt pieds de long sur soixante-treize de large, entouré de cent vingt-huit colonnes de marbre blanc, aux chapiteaux d'or et d'azur. Des galeries, qui s'élèvent à la hauteur de vingt-huit pieds, règnent tout alentour de l'immense patio, au milieu duquel s'élève la fameuse fontaine des Lions.

Au moment où Inigo fut introduit dans la cour des Lions, elle avait été transformée en tente et était couverte de larges bandes d'étoffes, rouges, noires et jaunes, formant à la fois les couleurs d'Espagne et d'Autriche, et servant à briser à la fois la lumière trop ardente et la chaleur trop intense du soleil. La fontaine des Lions, jetant l'eau par toutes ses ouvertures, servait d'ailleurs à rafraîchir l'immense salle à manger, où l'on venait de dresser le dîner offert par la ville de Grenade et les ricos hombres d'Andalousie au jeune roi don Carlos.

Les convives se promenaient, les uns dans la cour même, les autres dans le salon des Deux-Sœurs, qui est contigu à la cour; les autres, enfin, dans la galerie qui domine cette cour.

Appuyé à la tête d'un des lions d'or, don Carlos écoutait son premier ministre, le comte de Chièvre, en regardant vaguement ces taches rougeâtres imprégnées dans le granit, et que l'on prétend être les traces du sang qu'y laissèrent les têtes coupées des trente-six Abencerrages attirés dans ce piége par les Zégris.

A quoi pensait don Carlos, et pourquoi son regard vague et perdu répondait-il si mal à la parole de son premier ministre? C'est qu'il oubliait qu'il était à Grenade, dans la cour des Lions, pour se transporter en pensée à Francfort, dans la salle des électeurs, et que les traditions des guerres civiles mauresques, si poétiques qu'elles fussent, disparaissaient à ses yeux devant cette question qui bourdonnait dans chaque pulsation de son cœur :

— Qui sera empereur d'Allemagne, de toi ou de François Ier?

En ce moment l'huissier s'avança vers le roi, annonçant que le grand justicier d'Andalousie le suivait.

Don Carlos releva la tête, une espèce d'éclair jaillit de ses yeux dans la direction de don Inigo, et comme pour s'isoler du cercle de favoris flamands qui se faisait autour de lui et se rapprocher des groupes formés autour de la cour par les gentilshommes espagnols, il alla au-devant de celui qu'il avait fait appeler.

Don Inigo voyant le roi venir à lui, comprit son intention, s'arrêta, et attendit que le roi lui adressât la parole.

— Tu connais don Ruiz de Torrillas, demanda don Carlos au grand justicier? — Oui, Altesse, c'est un des plus nobles gentilshommes de l'Andalousie, et il a fait avec moi la guerre contre les Maures sous vos illustres aïeux Ferdinand et Isabelle. — Tu sais ce qu'il m'a demandé? — Il a demandé à Votre Altesse la grâce de son fils don Fernand.—Tu sais ce qu'a fait son fils?—Il a tué en duel le frère d'une dame dont il était l'amant. — Ensuite? — Il a tué deux des alguazils qui venaient l'arrêter et blessé le troisième.—Ensuite? — Il s'est réfugié dans la montagne. — Ensuite?

En prononçant pour la troisième fois ce mot, les yeux de don Carlos, ordinairement voilés et sans rayons, se fixèrent, avec la ténacité de l'entêtement et la limpidité du génie, sur les yeux de don Inigo. Celui-ci recula d'un pas, il n'avait pas idée qu'un regard mortel pût lancer un si éblouissant éclair.

—Ensuite? balbutia-t-il. —Oui, je te demande, une fois dans la montagne, ce qu'il a fait?—Sire, je dois l'avouer à Votre Altesse, entraîné par la fougue de son âge..... — Il s'est fait bandit, il pille et détrousse les voyageurs; si bien que celui qui veut aller de ma ville de Grenade à ma ville de Malaga, ou de ma ville de Malaga à ma ville de Grenade, doit faire avant de se mettre en route son testament de mort. — Sire! — C'est bien. Maintenant toi, mon grand justicier, que penses-tu qu'il faille faire à l'endroit de ce bandit?

Don Inigo tressaillit, car il y avait dans la voix de ce jeune homme de dix-neuf ans un accent d'inflexibilité qui l'effrayait pour l'avenir de son protégé.

— Je pense, sire, qu'il faut pardonner beaucoup de choses à la jeunesse. — Quel âge a don Fernand de Torrillas? demanda le roi.

Don Inigo parut chercher dans sa mémoire une date douloureuse, et, avec un soupir :

— Il doit avoir vingt-sept ans, sire, répondit-il.—Huit ans de plus que moi, dit don Carlos ; et son accent signifiait : Que parles-tu de jeunesse à propos d'un homme de vingt-sept ans? J'ai dix-neuf ans, moi, et je suis vieux!—Sire, dit don Inigo, le génie a vieilli Votre Altesse avant l'âge, et le roi don Carlos ne doit pas mesurer les autres hommes à sa taille, peser les autres hommes à sa balance. — Alors ton avis comme grand justicier? — Mon avis, sire, est que la circonstance est particulière; que don Fernand est coupable, mais a des motifs d'excuse; qu'il appartient à une des premières maisons de l'Andalousie; que son père, digne et honorable gentilhomme, a rempli toutes les conditions exigées ordinairement par la famille de la victime du meurtrier, et qu'il serait bon au roi don Carlos de signaler son passage à travers l'Andalousie par un acte de clémence et non par un acte de rigueur. — C'est ton avis, don Inigo? — Oui, sire, dit timidement le gentilhomme, baissant les yeux devant le regard d'aigle du jeune roi.—Alors, je regrette d'avoir renvoyé don Ruiz à toi. Je garde pour moi cette cause, et j'en déciderai avec ma conscience.

Puis se tournant vers le groupe le plus proche de lui :

— A table, Messieurs! dit le roi, et mangeons promptement. Voici mon grand justicier, don Inigo Velasco, qui trouve que je suis un juge trop sévère, et à qui je veux prouver le plus tôt possible que je suis, non pas un juge, mais la justice.

Puis se retournant vers don Inigo, tout étourdi encore de cette volonté puissante dans un jeune homme à peine sorti de l'enfance :

— Assieds-toi à ma droite, don Inigo, dit-il. En sortant de table, nous visiterons ensemble les prisons de Grenade, et là nous trouverons bien l'occasion de faire quelque grâce mieux méritée que celle que tu me demandes.

Puis s'approchant du fauteuil qui lui était destiné et posant la main sur la couronne qui surmontait son dossier :

— Roi, roi! murmura don Carlos; cela vaut-il la peine d'être roi? Oh! il n'y a que deux couronnes au monde qui méritent d'être enviées : celle du pape et celle de l'empereur!

Et le roi don Carlos s'étant mis à table, avec don Inigo à sa droite et le cardinal Adrien à sa gauche, chacun prit place après eux selon son rang et sa dignité. Un quart d'heure après, ce qui prouvait la préoccupation du roi, qui, mangeur infatigable, mettait ordinairement deux heures à son repas; un quart d'heure après, don Carlos se levait de table, et refusant même l'escorte de ses favoris les gentilshommes flamands, sortait suivi du grand justicier seul pour aller visiter les prisons de Grenade. Mais en arrivant au seuil du jardin de Líndacaja, il rencontra une jeune fille qui, n'ayant pu obtenir des huissiers la permission de pénétrer plus avant, avait demandé celle de demeurer là. Cette jeune fille, quoique bizarrement vêtue, était remarquable par sa beauté: elle mit un genou en terre en apercevant le roi, et lui présenta d'une main un anneau d'or, et de l'autre un parchemin.

Don Carlos tressaillit à cette double vue.

L'anneau d'or était celui des ducs de Bourgogne, et le parchemin, au-dessus de quelques lignes écrites en caractères allemands, présentait cette signature bien connue de tous, mais surtout du roi don Carlos, puisque c'était celle de son père : « DER KOENIG PHILIPP. »

Don Carlos regarda avec étonnement l'anneau d'abord, le parchemin ensuite, puis enfin la jeune fille au costume bizarre.

— Lisez, sire, dit-elle dans le saxon le plus pur.

C'était déjà faire acte d'adroite flatterie, que de parler à don Carlos la langue de cette Allemagne où il avait été élevé, et qui lui était si chère. Aussi le roi commença-t-il de lire ces caractères familiers à ses yeux en reportant à chaque ligne, et presque à chaque mot, son regard du parchemin sur la jeune fille, et de la jeune fille sur le parchemin. Puis, la lecture achevée :

— Don Inigo, dit-il, un événement m'arrive qui me force à remettre à une autre heure notre visite aux prisons. Si vous avez quelque chose à faire, disposez de votre temps ; sinon, attendez-moi ici. — J'attendrai Votre Altesse, répondit don Inigo, qui avait reconnu dans la jeune fille à l'anneau d'or et au parche-min, la petite bohémienne de la venta *del rey Moro*, et qui se doutait bien qu'il devait y avoir quelque rapport entre cette visite de Ginesta et la grâce que don Ruiz et lui avaient si infructueusement sollicitée du roi don Carlos en faveur du Salteador.

Quant au roi don Carlos, il s'était contenté de répondre à la jeune fille, dans la même langue où celle-ci lui avait adressé la parole : Suivez-moi, en lui in-diquant le chemin qui conduisait au mirador de la reine, et qui devait ce titre à la préférence qu'Isabelle la Catholique, pendant son séjour à l'Alhambra, accordait à ce petit pavillon.

XVI

LA REYNA TOPACIO

On sait déjà le peu d'influence que la vue des objets extérieurs paraissait avoir sur don Carlos quand l'âpre tension d'une pensée intérieure le préoccu-pait. Il monta donc les quelques marches qui conduisaient à l'ancien cabinet de toilette des sultanes, devenu, depuis la conquête de Grenade, l'oratoire des rei-nes de Castille, sans remarquer le fantastique travail de sculpture qui tapisse la muraille, qui couvre le plafond, et que soutiennent des colonnettes mores-ques d'une finesse et d'une fantaisie qui méritaient cependant d'attirer les re-gards d'un roi. Mais, nous l'avons dit, le jeune roi, suivant quelque fantôme de sa pensée, de son imagination ou de son désir, semblait fermer avec affectation ses yeux à toutes ces merveilles qui se dressaient à chaque pas sur sa route comme des évocations de l'Orient.

Arrivé au mirador, don Carlos s'arrêta, et, sans jeter un seul regard sur l'admirable panorama que l'art et la nature avaient déroulé autour de lui, se tournant vers Ginesta :

— Je reconnais la bague, je reconnais le parchemin, dit-il ; comment se fait-il que l'un et l'autre soient entre vos mains ? — Ma mère est morte et me les a laissés, dit la jeune fille, c'était mon seul héritage ; mais, vous le voyez, Al-tesse, c'était un héritage royal. — Comment votre mère a-t-elle connu le roi Philippe le Beau ? Comment la lettre de mon père est-elle écrite en allemand ? Comment parlez-vous allemand vous-même ? — Ma mère avait connu le roi Philippe le Beau en Bohême, alors qu'il n'était qu'archiduc d'Autriche. Au mi-lieu de ses nombreuses amours, celui qu'il eut pour ma mère fut peut-être le seul qui ne faiblit jamais ; lorsqu'en 1506 le roi partit pour l'Espagne, afin de se faire proclamer roi, il donna ordre à ma mère de le suivre ; mais ma mère n'y consentit que si le roi voulait reconnaître que l'enfant dont elle était accouchée deux ans auparavant était bien à lui. Ce fut alors qu'il lui donna ce parchemin que vous tenez, sire. — Alors cet enfant... demanda don Carlos en jetant un regard oblique sur la jeune fille. — Cet enfant, répondit la bohémienne sans baisser son fier regard, c'est moi, Altesse — Bien ! dit don Carlos, voilà pour le parchemin, mais pour la bague ?... — Ma mère avait souvent demandé au roi, son amant, un anneau qui fût, sinon le symbole de leur union devant les hommes, du moins celui de leur union devant Dieu, et le roi lui avait toujours promis, non-seulement un anneau, mais encore cette bague qui lui servait de sceau, afin, disait-il, qu'elle pût un jour faire reconnaître la fille de son amour du fils de son mariage. Ma mère s'était reposée sur cette promesse et ne pressait pas son royal amant. Pourquoi le presser ? pourquoi en appeler au fils de ce que le père pouvait faire lui-même ? Elle avait vingt ans et son amant vingt-huit.

Hélas ! un jour, un homme passa sur la route de Burgos à Santivanez, emporté par le galop de son cheval ; ma mère était sur le seuil de sa maison ; moi, je jouais parmi les fleurs du jardin avec les papillons et les abeilles. « Reine Topacio, cria cet homme, si tu veux voir ton amant avant qu'il ne meure, il faut te presser ! » Ma mère demeura un instant muette et immobile de stupeur ; elle venait de reconnaître un prince zingaro, qui l'aimait depuis cinq ans, qui depuis cinq ans voulait l'épouser, et qu'elle avait toujours repoussé avec dédain. Alors, sans dire autre chose que ces trois mots : *Viens, mon enfant !* elle me prit entre ses bras et m'emporta en courant vers Burgos. Lorsque nous arrivâmes au palais, le roi venait d'y rentrer, et, de loin, nous vîmes se fermer la porte derrière le dernier homme de sa suite. Ma mère voulut se faire ouvrir cette porte ; une sentinelle y avait été mise avec ordre de ne plus laisser entrer personne. Elle s'assit avec moi sur le bord du fossé, le palais et la forteresse ne faisant qu'un. Quelques minutes après, un homme passa en courant.

— Où vas-tu ? lui cria ma mère.

- C'était un des serviteurs du roi ; il la reconnut.

— Chercher le médecin, lui répondit-il. — Il faut que je parle au médecin, lui dit ma mère, entends-tu ? il y va de la vie et de la mort du roi !

Et nous restâmes debout à attendre le médecin. Un quart d'heure ne s'était pas écoulé que le serviteur et le médecin reparurent.

— Voilà celle qui veut vous parler, dit le serviteur. — Quelle est cette femme ? demanda le médecin.

Puis, jetant les yeux sur ma mère :

— La reine Topaze, dit-il tout haut.

Alors tout bas, mais point assez bas cependant pour que ses paroles ne vinssent jusqu'à nous :

— Une des maîtresses du roi, ajouta-t-il, mais celle qu'il aime le mieux ! Qu'as-tu à me dire, femme ? demanda le médecin ; mais dis vite, le roi attend. — J'ai à te dire, répondit ma mère, que le roi est ou empoisonné ou assassiné, mais qu'il ne meurt pas de mort naturelle. — Le roi se meurt donc ? demanda le médecin. — Le roi se meurt, reprit ma mère avec un accent que je n'oublierai jamais. — Qui te l'a dit ? — Son meurtrier. — Qu'est-il devenu ? — Demande à l'ouragan ce que devient la feuille qu'il emporte ! Son cheval l'emportait du côté

des Asturies, et il est à dix lieues de nous maintenant. — Je cours près du roi.
— Va !

Puis, se retournant vers le serviteur :

— Qu'il sache que je suis là, dit-elle. — Il le saura, répondit le serviteur ;
et tous deux entrèrent dans la forteresse.

Ma mère retourna s'asseoir sur le bord du fossé. Nous y passâmes la soirée, la
nuit, la matinée du lendemain. Cependant le bruit s'était répandu de la maladie du roi, et la population, qui s'était amassée autour de nous la veille, qui ne
nous avait abandonnées que bien avant dans la nuit, avait reparu avec le jour,
plus nombreuse, plus inquiète, plus pressée.

Toutes sortes de bruits circulaient ; mais celui qui frappa le plus ma mère, attendu qu'il était le plus probable, c'est que le roi, s'étant échauffé en jouant
à la paume, et ayant demandé un verre d'eau glacée, il avait reçu ce verre d'eau
des mains d'un homme qui avait disparu.

Le signalement de cet homme s'accordait si bien avec celui du Zingaro que ma
mère avait vu passer, et qui, en passant, lui avait jeté les paroles terribles qui nous
avaient amenées là, que ma mère n'eut plus aucun doute : le roi avait été empoisonné ! Au reste, il n'y avait point de nouvelles précises. Le médecin était près
du roi, et les personnes qui sortaient du château n'étaient pas assez bien ren-
seignées sur l'état du malade pour qu'on pût s'en rapporter à ce qu'elles disaient.

Tout le monde attendait donc avec anxiété, ma mère avec angoisse. A onze
heures à peu près la porte s'ouvrit, et l'on annonça que l'état du roi s'étant
amélioré, il allait sortir pour rassurer la population. En effet, quelques secondes après cette promesse, le roi parut à cheval ; il n'avait près de lui que
son médecin et deux ou trois officiers de sa maison. C'était, non pas la première
fois que je voyais mon père, mais la première fois que je le voyais à un âge où
je pusse me souvenir de l'avoir vu.

Oh ! je me le rappelle bien : il était merveilleusement beau, malgré sa pâleur ; et cependant le cercle rouge de l'insomnie bordait ses yeux ; ses narines
étaient crispées, et ses lèvres blêmies semblaient collées à ses dents. Son cheval marchait au pas, et encore le cavalier était-il si faible, qu'il se tenait à
l'arçon de sa selle, et que sans cet appui il fût certainement tombé. Il regardait à droite et à gauche, comme pour chercher quelqu'un. Ma mère comprit
que c'était elle qu'il cherchait ; elle se leva et m'éleva entre ses bras.

Le médecin, qui nous avait reconnues, toucha le roi à l'épaule, et celui-ci
dirigea son regard de notre côté : sa vue était tellement affaiblie, qu'il ne nous
eût peut-être pas reconnues. Il arrêta son cheval, et fit signe à ma mère de
s'approcher.

A la vue de cette femme portant un enfant de trois ans entre ses bras, les
quelques personnes qui formaient le cortége royal s'écartèrent. La foule, qui
devinait ce qui allait se passer, et à qui d'ailleurs ma mère n'était pas inconnue, la foule en fit autant. Nous nous trouvâmes donc, le roi, ma mère et moi, le
centre d'un grand cercle ; mais le médecin seul était assez rapproché de nous
pour entendre ce que disaient le roi et ma mère. Ma mère, sans une seule parole, mais la poitrine brisée par les sanglots qu'elle retenait, mais la joue inon-
dée des larmes qui s'échappaient malgré elle, ma mère me tendit au roi, qui me
prit, m'embrassa, et m'assit sur l'arçon de sa selle. Puis, laissant descendre sa
main allanguie sur la tête de ma mère, qu'il renversa légèrement en arrière ;

— Oh! ma pauvre Topaze! dit-il en allemand, c'est donc toi!

Ma mère ne put répondre. Elle laissa tomber sa tête sur la cuisse du cavalier, et éclata en sanglots en baisant son genou.

— C'est pour toi que je suis sorti, dit le roi, pour toi seule! — Oh! mon roi! mon beau et cher roi! s'écria ma mère. — Mon père, mon doux père*! dis-je en allemand.

C'était la première fois que le roi entendait le son de ma voix, et cela dans la langue qu'il aimait.

— Ah! dit-il, je puis mourir; je me suis entendu appeler du plus doux nom qui puisse être prononcé par une bouche humaine, et cela dans la langue de ma patrie. — Mourir! dit ma mère, mourir! oh! mon cher roi, quel mot as-tu dit là? — Le mot que Dieu, qui permet que je fasse une mort chrétienne, murmure à mon oreille depuis hier; car du moment où j'ai eu bu ce verre d'eau glacée, j'ai senti le frisson suprême courir jusqu'à mon cœur. — Oh! mon cher roi, mon cher roi! murmurait ma mère. — J'ai pensé à toi toute la nuit, ma pauvre Topaze! dit-il. Hélas! je ne pouvais pas grand'chose pour toi, vivant; mort, je ne pourrai plus rien, sinon te protéger de mon ombre, si Dieu permet que quelque chose de nous survive à nous-mêmes. — Mon doux père! mon doux père! répétai-je en pleurant toujours. — Oui, mon enfant, oui, répondit le roi, et à toi aussi j'ai pensé. Tiens, dit-il en me passant autour du cou une petite bourse de cuir pendue à un cordon de soie et d'or, tiens, on ne sait ce qui peut arriver, moi mort... Je laisse une veuve jalouse; ta mère peut être forcée de fuir. J'ai passé la nuit à démonter ces diamants; il y en a pour deux cent mille écus à peu près. C'est ta dot, ma fille chérie, et si ton frère, devenu roi d'Aragon et de Castille, te méconnaissait un jour, malgré le papier que j'ai donné à ta mère, malgré cet anneau que je lui donne, eh bien! tu vivras au moins riche, comme une noble dame, si tu ne pouvais vivre riche comme une princesse royale!

Ma mère voulait se contenter de l'anneau, et refuser la bourse; mais le roi repoussa doucement la main de ma mère : elle eut donc l'anneau, et moi j'eus la bourse. D'ailleurs, la fatigue et l'émotion venaient de briser le pauvre mourant. Il pâlit encore, ce qu'on eût cru impossible, et se pencha, faible et près de s'évanouir, du côté de ma mère. Ma mère le retint entre ses bras, appuya ses lèvres au front glacé du roi, et appela du secours; elle faiblissait sous le poids de ce corps inerte qui n'avait plus la force de se soutenir lui-même. Le médecin et les serviteurs accoururent.

— Éloignez-vous! dit le médecin, éloignez-vous!

Ma mère ne bougeait pas.

— Voulez-vous qu'il meure là à vos yeux? dit-il. — Vous croyez donc que ma présence lui est fatale? — Votre présence le tue! — Viens, enfant, dit-elle. — Mon père, mon doux père! disais-je toujours.

Puis, comme je sentais que ma mère m'enlevait entre ses bras :

— Non, non, disais-je, non, je ne veux pas m'en aller!

En ce moment, on entendit un grand cri de douleur qui venait du côté de

(1) L'expression allemande est charmante et d'une douceur dont les trois mots suivants, dits par une bouche française, ne peuvent donner l'idée, quoique nous les écrivions selon leur prononciation et non selon l'orthographe; ces trois mots sont *mein suezer fater.*

la ville. C'était la reine Jeanne, échevelée, le visage bouleversé, plus pâle que son mari mourant, qui accourait en se tordant les bras, et en criant :

— Il est mort! il est mort! on m'a dit qu'il était mort!

J'eus peur ; je me jetai sur la poitrine de ma mère, et en même temps que le cercle s'ouvrait sur un point pour nous laisser fuir, ma mère et moi, il s'ouvrait sur un autre point pour laisser entrer la reine Jeanne. Ma mère courut pendant cent pas à peu près ; puis, la force lui manquant, elle s'assit au pied d'un arbre, me cacha contre sa poitrine, et abaissa sur moi sa tête, dont les longs cheveux m'enveloppèrent comme un voile. Quand sa tête se releva, quand ses cheveux s'écartèrent, quand je cherchai des yeux le roi don Philippe, la porte de la forteresse venait de se refermer sur lui et sur la reine Jeanne.

Pendant tout ce récit, le jeune roi n'avait pas dit une seule parole, n'avait pas donné une seule marque d'émotion ; mais, comme étouffée par ses larmes la jeune fille chancelante ne pouvait continuer, il lui tendit la main, et lui montrant une chaise :

— Asseyez-vous, dit-il ; vous avez droit de vous asseoir devant moi, je ne suis pas encore empereur.

Mais elle, secouant la tête :

— Non, non, reprit-elle ; laissez-moi dire jusqu'à la fin... Je viens ici trouver, non pas mon frère, mais mon roi ; je viens, non pas réclamer mon rang, mais solliciter une grâce... Si la force me manque, je tomberai à vos genoux, sire ; mais je ne m'asseoirai pas devant le fils de Philippe et de Jeanne. Ah! mon Dieu !

La jeune fille s'arrêta brisée par l'émotion du souvenir ; et, baisant respectueusement la main que le roi lui avait tendue, elle fit un pas en arrière et continua :

XVII

LE LIT DE PARADE

— Ma mère resta où elle s'était assise ou plutôt où elle était tombée.

La journée s'écoula sans qu'on eût d'autres nouvelles du roi que celle-ci : Le roi s'était couché en rentrant. Le lendemain, la nouvelle du jour fut que le roi avait essayé, mais inutilement, de parler. Le surlendemain, le roi avait, à deux heures de l'après-midi, perdu la parole. Le jour suivant, à onze heures du matin, un grand cri sortit du château qui sembla à la fois briser portes et fenêtres pour se répandre sur la ville, et s'envoler de là sur l'Espagne : Le roi est mort!

Hélas! sire, à cette époque je ne savais guère ce que c'était que la mort ou la vie ; cependant à ce cri : *le roi est mort!* sentant se gonfler la poitrine de ma mère, sentant ses larmes couler de son visage sur le mien, je compris qu'il y avait en ce monde une chose que l'on appelait le malheur.

Pendant les quatre jours où nous restâmes à la porte du château, ma mère eut soin de moi et pourvut à tous mes besoins ; mais je ne me souviens pas de l'avoir vue ni boire ni manger. Nous restâmes encore un jour et une nuit. Le lendemain, nous vîmes la porte du château s'ouvrir, un héraut à cheval parut précédé d'un clairon ; le clairon fit entendre une fanfare lugubre, puis le héraut parla. Je ne compris pas ce qu'il disait ; mais à peine eut-il prononcé les paroles qu'il avait à dire, et eut-il continué son chemin pour aller crier la même proclamation sur les places et dans les carrefours de la ville, que la foule se précipita par la porte du château, et s'engouffra à grands flots dans la forteresse. Ma mère se leva, me prit dans ses bras, et, m'embrassant, dit à mon oreille :

— Viens, ma fille, nous allons voir ton doux père une dernière fois.

Et je ne comprenais pas comment elle me disait que nous allions voir mon père, et pleurait en me le disant.

Nous suivîmes la foule qui se précipitait vers la porte du château, et nous entrâmes avec elle. La cour était déjà pleine. Des sentinelles gardaient une porte par laquelle on entrait deux à deux. Nous attendîmes longtemps ; ma mère me tenait toujours entre ses bras, sans quoi j'eusse été étouffée. Enfin, notre tour vint ; comme les autres, nous entrâmes ; seulement, une fois entrées, ma mère me mit à terre et me conduisit par la main. Ceux qui marchaient devant nous pleuraient ; ceux qui marchaient derrière nous pleuraient. Nous traversions lentement de riches salons ; à chaque porte de chaque salon, il y avait deux gardes qui veillaient à ce qu'on entrât deux par deux. Nous approchâmes d'une chambre qui semblait le but du triste pèlerinage. Nous pénétrâmes enfin dans cette chambre.

O Monseigneur ! j'étais bien enfant, mais tous les meubles, les tentures, les tapisseries, les rideaux de cette chambre, je les décrirais dans leurs moindres détails, tant chaque objet est resté profondément empreint dans ma mémoire. Mais l'objet principal de cette chambre, celui vers lequel ma mère s'avançait, celui qui absorda bientôt, par sa lugubre solennité, toute mon attention, était un lit tout couvert de velours noir. Sur ce lit, vêtu d'une robe de brocart, d'un sayon cramoisi doublé d'hermine, d'un pourpoint d'or, de chausses écarlates, un homme était couché dans la raideur et dans l'immobilité de la mort. C'était mon père.

La mort avait rendu à ses traits la sérénité que lui ôtait la douleur au moment où je l'avais vu quatre jours auparavant. Trépassé, il paraissait, s'il était possible, plus beau encore que vivant.

Dans la ruelle du lit, debout, couverte du manteau de velours pourpre doublé d'hermine, la couronne royale sur la tête, vêtue d'une grande robe blanche, les cheveux épars sur les épaules, se tenait une femme, les yeux démesurément ouverts et fixes, les traits du visage immobiles, les lèvres blémies, plus pâle s'il est possible que la mort ; elle avait un doigt posé sur ses lèvres, et d'une voix presque inintelligible, tant elle était basse :

— Prenez garde de l'éveiller, disait-elle, il dort !

C'était la reine Jeanne, votre mère, sire. En l'apercevant, ma mère s'arrêta ; mais elle comprit bientôt que la reine ne voyait rien, n'entendait rien, et ma mère murmura : Elle est bien heureuse, elle est folle !

Nous continuâmes donc de nous avancer vers le cadavre : la main pendait hors du lit : c'était cette main qu'il était permis à tout le monde de venir baiser. C'était cette main, qu'en vertu de la permission, nous venions baiser, ma mère et moi.

Au moment où ma mère arriva près du lit, je la sentis chanceler. Elle me l'a dit bien souvent depuis; ce n'était pas sa main qu'elle eût voulu baiser, c'était ce cadavre qu'elle eût voulu étreindre d'une dernière caresse, c'étaient ces yeux fermés qu'elle eût voulu rouvrir, c'étaient ces lèvres glacées qu'elle eût voulu réchauffer de ses lèvres. Elle eût le courage de se contenir. Je ne l'entendis même plus pleurer. Elle s'agenouilla sans frissonnements, sans cris, sans sanglots, prit la main du mort, me la donna à baiser d'abord, en me disant :

— O mon enfant, n'oublie jamais ce que tu vois à cette heure, car celui que tu vois, tu ne le verras plus! — C'est mon doux père qui dort, n'est-ce pas, maman? demandai-je tout bas. — C'est le père de tout un peuple, mon enfant, me répondit ma mère en me faisant signe de me taire. Et elle baisa longuement et tendrement la main du mort.

Nous sortîmes par la porte opposée à celle qui nous avait donné entrée; mais, dans la chambre voisine de celle où était dressé le lit de parade, ma mère chancela, puis, jetant un faible cri, tomba évanouie. Deux hommes, qui venaient de traverser aussi la salle mortuaire, s'approchèrent de nous.

— Lève-toi donc; mais relève-toi donc, maman! criai-je, ou sans cela je croirai que tu dors comme mon doux père. — Tiens, dit-l'un, c'est-elle. — Qui, elle? demanda l'autre. — La Bohémienne! qui était la maîtresse du roi, celle qu'on appelle la reine Topaze. — Emportons-la hors d'ici, elle et son enfant, dit le second. Et l'un d'eux prit ma mère dans ses bras, tandis que l'autre me tirait par la main.

Nous sortîmes des appartements, puis de la cour. L'homme qui portait ma mère la déposa au pied de l'arbre où nous étions restées assises trois jours et trois nuits. L'homme qui me tenait par la main me laissa près de ma mère. Tous deux s'éloignèrent. Je serrais ma mère dans mes bras et je couvrais son visage de baisers, en disant :

— Oh! maman, maman! ne t'endors pas comme mon doux père!

Soit que l'impression de l'air fit son effet, soit que les larmes et les caresses d'une enfant aillent chercher la vie jusqu'au fond du cœur d'une mère, soit que le terme de l'évanouissement fût arrivé, ma mère rouvrit les yeux.

Elle fut un instant à comprendre ce qui s'était passé ; puis, aidée de mes souvenirs, que ma bouche enfantine reproduisait dans toute leur cruelle naïveté, elle finit par tout se rappeler, comme on se rappelle un rêve terrible.

— Viens, mon enfant, dit-elle alors, nous n'avons plus rien à faire ici. Et nous reprîmes le chemin de la maison.

Le même soir, ma mère détacha de la muraille une image de madone pour laquelle elle avait une dévotion toute particulière, son portrait, le portrait du roi Philippe, et, comme la nuit venait, nous partîmes.

Nous marchâmes pendant beaucoup de jours; maintenant que je sais nommer le temps, je dirai pendant un mois peut-être, ne nous arrêtant que les heures nécessaires au repos, et nous arrivâmes enfin dans la sierra Nevada. Là, ma mère rencontra une tribu de bohémiens, et se fit reconnaître. On lui céda la maison, qui est devenue depuis la venta *del rey Moro*. La tribu campait alentour, et lui obéissait comme à une reine.

Cela dura ainsi pendant plusieurs années; mais peu à peu je m'apercevais du changement qui se faisait chez ma mère : elle était toujours belle, seulement sa beauté changeait d'aspect, et je dirai presque de forme ; elle était devenue si pâle que c'était la beauté d'une ombre et non d'une créature vivante. Je crois que depuis longtemps elle eût quitté la terre, comme les vapeurs qui se détachent au matin de la montagne et qui montent vers le ciel, si je ne l'y eusse pas en quelque sorte retenue par la main.

Un jour je m'aperçus que ni la madone, ni le portrait de ma mère, ni celui du roi n'étaient plus dans sa chambre, je lui demandai ce qu'ils étaient devenus.

— Suis-moi, mon enfant, me dit-elle.

Elle s'enfonça dans la montagne, et, par un chemin connu d'elle seule, elle me conduisit à une grotte, grotte cachée à tous les yeux, perdue, introuvable. Au fond de la grotte, au-dessus d'une espèce de lit de fougère, était la madone, de chaque côté étaient les deux portraits.

— Mon enfant, dit-elle, il se peut qu'un jour tu aies à demander un refuge à la montagne, celui-ci est inaccessible; ne le révèle à qui que ce soit au monde! Qui sait les persécutions auxquelles tu peux être exposée? Cette grotte, c'est la vie; c'est plus que la vie, c'est la liberté!

Nous y passâmes la nuit; puis, le lendemain, nous revînmes à la venta; mais en revenant, je m'aperçus que ma mère marchait d'un pas plus lent et moins assuré; deux ou trois fois sur le chemin elle s'assit, m'attirant chaque fois à elle, me pressant chaque fois sur son cœur.

A chaque baiser, à chaque étreinte, ma poitrine débordait en larmes, car, malgré moi, je me reportais à ce jour où, pâle et chancelant, mon père était sorti à cheval de Burgos, m'avait serrée sur son cœur, et, pour la première fois, avec des paroles dont j'avais intelligence, m'avait appelée son enfant.

Mon pressentiment ne me trompait pas. Le lendemain du jour où elle m'avait conduite à la grotte, ma mère s'alita. A partir de ce moment, je compris qu'elle était sur le chemin qui mène à l'éternité, et je ne la quittai plus. Puis elle, de son côté, sachant que l'heure de ce long voyage qui nous éloigne de tout ce qui nous est cher approchait, ne me parla plus d'autre chose que de mon père. Elle me rappela, de manière à ce qu'elles se gravassent si profondément dans mon âme que je ne les oubliasse jamais, toutes ces circonstances de ma jeunesse que je viens de vous raconter, sire.

Elle me donna la bague, elle me donna le papier. Elle me dit que j'avais, pardonnez, Altesse, que j'avais un frère qui régnerait un jour; que c'était à moi de juger si je devais me faire reconnaître de mon frère ou vivre ignorée, mais riche, en quelque pays du monde qu'il me plût d'habiter, grâce aux diamants que mon père m'avait donnés.

J'écoutais tout cela agenouillée et pleurante près de son lit, car elle ne se levait plus, et, chaque jour, son visage devenait plus pâle, sa voix plus faible, son œil plus brillant; et, quand j'interrogeais le médecin de notre tribu, qui avait appris la science de guérir avec les docteurs de l'Orient, et que je lui demandais : Qu'a donc ma mère? — Rien, répondait-il. Elle va vers Dieu.

Le jour où Dieu lui ouvrit les portes de son éternité arriva.

J'étais à genoux devant son lit, comme d'habitude; elle me parlait, non pas d'elle, mais de moi. On eût dit que son œil, au moment de se fermer, essayait, par un effort maternel, de percer l'avenir. Son esprit s'attachait de toutes les forces de son agonie à saisir une forme indécise : une espèce de sourire erra sur ses lèvres. Sa main se souleva, indiquant quelque chose comme une ombre qui eût passé devant elle. Elle murmura deux mots. Ces deux mots, je les pris pour un commencement de délire, car ils ne se rattachaient à aucun de nos souvenirs communs. Je crus avoir mal entendu, je relevai la tête pour mieux écouter; mais, deux fois encore, d'une voix plus affaiblie, elle répéta : «Don Fernand! don Fernand! »

Puis elle imposa ses deux mains sur ma tête. Ma tête plia sous la bénédiction suprême. J'attendais qu'elle les relevât; j'attendis vainement : en me bénissant, elle était morte. On eût dit qu'elle voulait, pour l'éternité, me couvrir du bouclier de sa tendresse. Si jamais vous allez, Altesse, de Grenade à Malaga, vous verrez le tombeau de ma mère dans un petit vallon à un mille au delà de la venta *del rey Moro*. Vous le reconnaîtrez au ruisseau qui passe près d'une pierre surmontée d'une croix, car ma mère, grâce au Seigneur Jésus, était chrétienne, et surtout à cette inscription grossièrement gravée au couteau sur cette pierre : « LA REYNA TOPACIO LA HERMOSA. » Et vous saurez ceci, Altesse, c'est que celle qui repose sous cette pierre n'est pas tout à fait une étrangère pour vous, puisqu'elle aimait le roi Philippe, notre père, au point de n'avoir pas su lui survivre.

— Oh! ma mère! ma mère! continua la jeune fille en étouffant ses sanglots et en appuyant les deux mains sur ses yeux pour cacher ses larmes. — On transportera son corps dans quelque pieux monastère, dit de sa voix calme le jeune roi, et je fonderai un *obit*, afin que des moines chantent tous les jours une messe pour le repos de son âme. Continuez.

XVIII

DON FERNAND

— Quelque temps après la mort de ma mère, dit Ginesta, les bohémiens résolurent de changer de pays. Depuis le jour où elle avait fermé les yeux, c'était moi qu'ils regardaient comme leur reine. On vint donc me prévenir du projet arrêté par les anciens, et me demander mon assentiment. Je le donnai en déclarant que la tribu pouvait s'éloigner, aller où elle voudrait, qu'elle était libre comme les oiseaux du ciel; mais que moi, je ne quitterais pas la pierre sous laquelle était couchée ma mère.

Le conseil s'assembla, et je fus prévenue que l'on avait arrêté le projet de s'emparer de moi pendant la nuit qui précéderait le départ, et de m'emmener de force. Je fis des provisions de dattes que je transportai dans la grotte; puis, la surveille du départ, je disparus. Le soir où le projet de s'emparer de moi devait être mis à exécution, on me chercha inutilement. Ainsi, la précaution de ma mère portait son fruit : j'avais une retraite sûre, inaccessible, voilée à tous les yeux. Les bohémiens étaient résolus à ne pas partir sans moi, et moi j'étais résolue à rester cachée tant qu'ils ne seraient pas partis.

Ils retardèrent leur départ d'un mois. Pendant ce mois, je ne sortis de ma retraite que la nuit pour aller cueillir quelques fruits sauvages, et, du haut des rochers, reconnaître à la lueur des feux si leur camp était toujours là. Une nuit, les feux cessèrent de brûler. Ce pouvait être une ruse pour m'attirer dans quelqu'endroit découvert et me surprendre; je restai donc cachée dans un massif de myrtes, du milieu duquel ma tête, en se relevant, dominait tout le chemin. Là, j'attendis le jour. Le jour me montra la maison déserte, la route solitaire. Cependant, je n'osai descendre encore, et remis mon exploration à la nuit. Elle arriva sombre et sans lune; les étoiles seules tremblaient dans un ciel presque noir à force d'être bleu. Mais, pour nous autres bohémiens, fils de l'obscurité, il n'y a pas de ténèbres si épaisses que notre œil ne puisse les percer.

Je descendis jusqu'au chemin; de l'autre côté du chemin était la tombe de ma mère, j'allai m'y agenouiller. Au milieu de ma prière, j'entendis le pas d'un cheval. Ce ne pouvait être aucun de mes compagnons; j'attendis donc avec tranquillité; d'ailleurs, la nuit, dans la montagne, j'eusse défié les gitanos eux-mêmes. C'était un voyageur.

Au moment où il passait sur la route, je me relevai, ma prière achevée; il me prit sans doute pour un spectre se dressant hors de sa tombe. Il jeta un cri, fit le signe de la croix, mit son cheval au galop et disparut.

J'entendis le bruit de ce galop qui décroissait en s'éloignant; puis il s'éteignit tout à fait. La nuit redevint silencieuse, et ce silence ne fut plus troublé que par les bruits habituels de la montagne, c'est-à-dire par le craquement de quelqu'arbre, la chute de quelque rocher, le glapissement de quelqu'animal sauvage, le houhoulement de quelqu'oiseau de nuit. J'en étais bien certaine, aucun être humain n'existait dans les environs. Donc les bohémiens étaient partis.

Les premières heures du jour me confirmèrent ce que m'avaient raconté les ténèbres de la nuit. Je me sentis soulagée d'un poids immense. J'étais libre; la montagne était à moi, la sierra tout entière devenait mon royaume. Je vécus ainsi plusieurs années, sans désirs, sans besoins, me nourrissant, comme les oiseaux du ciel, de nos fruits sauvages, de l'eau de nos sources, de l'air la nuit, de rosée le matin, de soleil le jour. J'étais de la taille de ma mère; ses vêtements me servaient, ses bijoux me suffisaient; mais quelque chose me manquait, c'était une compagne.

Un jour j'allai jusqu'à Ahlama. J'achetai une chèvre et je revins. Pendant mon voyage, un aubergiste était venu s'installer dans la venta. Il m'interrogea. Je lui dis qui j'étais, sans lui dire où j'habitais. Il me demanda, sur les passages des voyageurs, des renseignements que je lui donnai. Peu à peu, à la suite de cette habitation de la venta, la montagne se peupla de nouveau. Ses hôtes étaient des hommes au visage dur, à l'aspect sauvage; ils m'effrayaient. Je rentrai dans le maquis, et ce ne fut plus que de loin et de quelqu'endroit inaccessible que je regardais ou la venta ou le chemin. Des bruits inaccoutumés retentissaient dans la montagne; c'étaient tantôt des coups de feu, tantôt des cris de colère, tantôt des appels de secours : des bandits avaient succédé aux bohémiens. Pour moi, il n'y avait pas une grande différence; ignorante des lois de la société, n'ayant aucune notion de ce qui était bien ou de ce qui était mal, voyant partout dans la nature l'abus de la force sur la faiblesse, je crus le monde des villes fait à l'instar du monde de la montagne. Cependant ces hommes m'effrayaient; je m'éloignai d'eux de plus en plus. Un jour, je me promenais, selon mon habitude, dans l'endroit le plus sauvage de la sierra. Ma chèvre bondissait de rocher en rocher, et je bondissais derrière elle, mais loin d'elle, m'arrêtant à chaque instant pour cueillir un fruit, une fleur, une baie sauvage. Tout à coup, j'entendis ma chère et fidèle compagne pousser un bramement de douleur, puis un seconde, mais plus lointain, puis un troisième, mais plus lointain encore; on eût dit que quelque tourbillon l'emportait, et que, ne pouvant résister à cette force supérieure à la sienne, elle m'appelait à son secours. Je m'élançai du côté d'où vo-

naient ces cris. Un coup de fusil se fit entendre à un demi-mille de moi; je vis
la fumée s'élever au-dessus du maquis. Je courus à la fumée et au bruit, sans
penser même que je risquais un danger quelconque. En approchant de l'endroit
où le coup d'arquebuse avait été tiré et au-dessus duquel, dans la pure atmosphère de la sierra, la fumée tourbillonnait encore, je vis venir à moi ma chèvre;
elle se traînait sanglante, blessée à l'épaule et au cou. Mais lorsqu'elle me vit,
au lieu de venir à moi, elle retourna sur ses pas comme pour m'inviter à la
suivre : l'instinct de la pauvre bête ne pouvait me vouloir de mal; je la suivis.
Au milieu d'une clairière, un beau jeune homme de vingt-cinq à vingt-six ans
regardait, appuyé sur son arquebuse, une louve énorme se débattant dans les
convulsions de l'agonie. A cette vue, tout me fut expliqué. Une louve avait enlevé ma chèvre et l'emportait sans doute à ses petits pour la dévorer avec eux.
Le jeune chasseur s'était trouvé sur la route de l'animal féroce et lui avait brisé
les deux cuisses avec la balle : la louve, blessée, avait lâché la chèvre; la chèvre
était revenue à moi, puis, reconnaissante, m'avait conduite à celui qui lui avait
sauvé la vie en tuant son ennemie. Au fur et à mesure que j'approchais du jeune
homme, un trouble singulier s'emparait de moi : il me semblait d'une nature
supérieure à tout ce que j'avais vu : je le trouvais presque aussi beau que mon
père. Lui, de son côté, me regardait avec étonnement; il était évident qu'il
doutait que je fusse une créature mortelle, et qu'il me prenait pour quelques-
uns de ces génies des eaux, des fleurs ou des neiges qui, au dire des traditions,
et surtout de nos traditions à nous, errent dans les montagnes. Il attendait donc
que je lui parlasse la première, pour deviner à mes paroles, au son de ma voix,
à mes gestes, qui je pouvais être, quand tout à coup, à ma vue, il se passa quelque chose d'étrange dans mon esprit; sans que rien rattachât le présent au
passé, sans qu'il y ait aucune analogie entre ce que j'avais à cette heure et ce
que j'avais eu cinq ans auparavant sous les yeux, ma mémoire me représenta
dans tout son ensemble la scène de ma mère mourante, au moment où, illuminée par les pressentiments de la mort, elle se souleva sur son lit, le bras
étendu, me désignant du doigt un objet invisible; et le bruissement de sa voix,
aussi vivant, aussi distinct que je l'avais entendu le jour de sa mort, murmura
à mon oreille les mêmes paroles qu'elle avait murmurées ce jour-là. Don Fernand! don Fernand! répétai-je tout haut, cédant à une impulsion intérieure
et sans même songer à ce que je disais. — Comment me connaissez-vous, demanda le jeune homme étonné; comment savez-vous mon nom, quand je ne
sais pas le vôtre?

Et il me regarda presque avec colère, convaincu que j'étais un être surna-
turel.

—Vous appelez-vous don Fernand en effet, lui demandai-je?—Vous le savez
bien, puisque vous me saluez de ce nom.—Je vous salue de ce nom, lui dis-je,
parce que ce nom est venu sur mes lèvres au moment où je vous ai aperçu;
mais à part ce nom, je ne sais rien de vous. Et je lui racontai comment ma
mère mourante avait prononcé ce nom, et comment, depuis le jour où elle l'avait
prononcé, il était resté endormi dans ma mémoire, où il venait de se réveiller
tout à coup.

Soit sympathie instantanée, soit qu'en effet un de ces liens secrets qui
nouent longtemps à l'avance les fils des destinées existât entre nous, à partir
de ce moment j'aimai ce jeune homme, non pas comme on aime un inconnu

qu'on rencontre par hasard, et qui s'empare tyranniquement de votre pensée, mais comme un être dont la vie, toute séparée qu'elle avait été de la nôtre, devait tôt ou tard venir, après un détour, s'y réunir, s'y confondre, s'y mêler ainsi que se mêlent, se confondent, se réunissent les eaux d'un ruisseau séparées dès leurs sources, et qui, après avoir arrosé deux vallées différentes, s'être perdues de vue, avoir oublié leurs murmures, se retrouvent tout à coup à l'extrémité de la montagne, dont elles ont baigné chacune un versant, et se reconnaissent en se jetant dans les bras l'une de l'autre. Je ne sais s'il en fut de même de lui ; mais je sais que, depuis ce jour, je vécus dans sa vie ; et il me semble que sans aucun effort, je dirais presque sans aucune douleur, son existence tranchée trancherait la mienne. Cela durait ainsi depuis deux ans, quand, par les poursuites plus sévères dont Fernand fut l'objet, j'appris votre arrivée en Andalousie. Avant-hier, don Inigo et sa fille traversèrent la sierra : Votre Altesse sait ce qui leur est arrivé?

Don Carlos, l'œil toujours voilé, fit de la tête un signe d'affirmation.

Derrière don Inigo et sa fille vinrent les soldats qui dispersèrent la troupe de Fernand, et, au lieu de perdre leur temps à le traquer de sierra en sierra, mirent le feu à la montagne et nous enveloppèrent d'un cercle de flammes.

— Tu dis *nous*, jeune fille. — Je dis *nous*, oui, Altesse, car j'étais avec lui ; ne vous ai-je pas dit que ma vie était liée à la sienne? — Eh bien! demanda le roi, qu'est-il arrivé? Le chef des bandits s'est rendu, a été arrêté, est pris?

— Don Fernand est en sûreté dans la grotte que m'a révélée ma mère. — Mais il ne peut demeurer éternellement caché ; la faim le forcera de sortir de sa retraite, et il tombera dans les mains de mes soldats. — C'est aussi ce que j'ai pensé, Altesse, dit Ginesta ; voilà pourquoi j'ai pris cette bague et ce parchemin, et suis venue vous trouver. — Et, en arrivant tu as appris que j'avais refusé la grâce du Salteador à son père don Ruiz de Torrillas d'abord, ensuite au grand justicier don Inigo? — Oui, j'ai appris cela, et c'est ce qui m'a de plus en plus confirmé dans le désir de pénétrer jusqu'au roi ; car je me suis dit : don Carlos peut refuser à un étranger ce qu'il lui demande au nom de l'humanité ou de la faveur, mais don Carlos ne refusera pas à une sœur ce qu'elle lui demande au nom du tombeau paternel. Roi don Carlos, ta sœur te demande, au nom de Philippe, notre père, la grâce de don Fernand de Torrillas.

Et en prononçant ces paroles avec une suprême dignité, Ginesta mit un genou en terre devant le roi. Le jeune homme la regarda un instant dans cette humble posture, silencieux, et sans qu'on pût lire sur son visage la moindre révélation de ce qui se passait dans sa pensée.

— Et si je te disais, reprit-il après un moment de silence, que la grâce que tu me demandes, et que j'avais juré de n'accorder à personne, est à deux conditions? — Alors tu m'accordes sa grâce? s'écria la jeune fille en essayant de saisir la main du roi pour y imprimer ses lèvres. — Attends, avant de me remercier, de connaître ces conditions, jeune fille. — J'écoute, ô mon roi! j'attends, ô mon frère! dit Ginesta en relevant la tête et en regardant don Carlos avec un ineffable sourire de joie et de dévouement. — Si la première de ces conditions était de me rendre cette bague, d'anéantir ce parchemin, de t'engager, par le serment le plus terrible, de ne parler à personne de cette naissance royale, dont cette bague et ce parchemin sont les seules preuves? — Sire, dit la jeune fille, la bague est à votre doigt, gardez-la ; le papier est entre vos mains, déchirez-le; dictez-moi le serment, je le prononcerai. Quelle est la seconde condition ?

Un éclair brilla dans le regard du roi, mais s'éteignit aussitôt.

— Il est d'usage parmi nous autres chefs de la religion, continua don Carlos, que, lorsque nous faisons grâce à quelque grand pécheur de la peine temporelle qu'il a encourue, c'est à la condition que quelque âme pure, et qui peut obtenir son pardon spirituel, priera pour lui aux pieds des autels du Seigneur de miséricorde. Connais-tu une créature humaine, innocente et chaste, qui soit disposée à entrer en religion, à renoncer au monde, à prier jour et nuit enfin pour le salut de l'âme de celui dont je vais sauver le corps? — Oui, dit Ginesta, indiquez le monastère où je dois faire des vœux, et j'y entrerai. — Il y a une dot à payer, murmura don Carlos, comme s'il éprouvait quelque honte à imposer à Ginesta cette dernière condition.

Ginesta sourit avec tristesse, et tirant de son sein le petit sac de cuir aux armes de Philippe le Beau, elle l'ouvrit, et répandant aux pieds du roi les diamants qu'il renfermait :

— Voilà ma dot, dit-elle, elle sera suffisante, je l'espère; car plus d'une fois ma mère m'a assuré que ces diamants valaient un million. — Ainsi, vous abandonnez tout? demanda don Carlos : rang social, bonheur à venir, fortune mondaine, pour obtenir la grâce du bandit? — Tout, répondit Ginesta, et je ne demande qu'une faveur, c'est de lui porter cette grâce moi-même. — C'est bien, dit don Carlos, vous allez avoir ce que vous désirez.

Et allant à une table, il écrivit quelques lignes qu'il signa de sa main et scella de son sceau. Puis, revenant à Ginesta de son même pas lent et solennel :

— Tenez, lui dit-il, voilà la grâce de don Fernand de Torrillas, remettez-la-lui vous-même; il verra, en la lisant, que, sur votre demande, il a la vie et l'honneur saufs. A votre retour, nous arrêterons d'un commun accord le couvent où vous entrerez. — Oh! sire, s'écria la jeune fille en saisissant la main du roi, oh! que vous êtes bon et combien je vous rends grâce!

Et légère comme si l'aile d'un oiseau l'eût soutenue, elle descendit l'escalier, traversa le jardin, franchit les appartements, laissa derrière elle la cour du réservoir, et se retrouva sur la place de *las Algives*, ayant non pas marché, non pas couru, mais plané, comme on fait dans un rêve.

Elle partie, don Carlos ramassa soigneusement les diamants, les mit dans la bourse de cuir, enferma diamants, bague et parchemin dans une espèce de secrétaire dont il prit la clé, puis descendit pensif, pas à pas, les degrés de l'escalier. Au bas, il retrouva don Inigo, le regarda avec étonnement et comme s'il ignorait qu'il dût le retrouver là.

— Sire, demanda le grand justicier, je suis ici par l'ordre de Votre Altesse, qui m'a commandé de l'attendre. Votre Altesse n'a-t-elle rien à me dire?

Don Carlos parut faire un effort pour rappeler ses souvenirs, puis, repoussant cette éternelle préoccupation de l'empire qui recouvrait toutes les autres pensées, comme une marée incessante et obstinée recouvre la plage :

— Ah! oui, dit-il, vous avez raison ; annoncez à don Ruiz de Torrillas que je viens de signer la grâce de son fils.

Et, tandis que don Inigo se dirigeait vers la place de *las Algives* pour annoncer cette bonne nouvelle à son ami, lui, don Carlos, reprit le chemin de la cour des Lions.

XIX

L'ASSAUT

Quant à Ginesta, elle était déjà sur la route de la montagne. Devançons-la, et voyons ce qui s'était passé dans la grotte après qu'elle l'eut quittée. Fernand avait suivi la jeune fille des yeux tant qu'il l'avait pu voir, et ce n'était que lorsqu'elle avait complétement disparu à ses regards qu'il s'était trouvé seul. Alors il avait reporté ses yeux sur l'incendie. La flamme couvrait la montagne tout entière de sa nappe ardente. Les cris des animaux avaient été étouffés dans le feu et la fumée, et l'on n'entendait plus que le vaste pétillement de l'immense foyer, mêlé, pour don Fernand, au bruissement de la cataracte. Le spectacle était splendide; mais, si splendide qu'il soit, tout spectacle finit par fatiguer : Néron, qui si longtemps avait désiré voir brûler Rome, finit par détourner sa vue éblouie de la ville incendiée, et il rentra dans sa petite maison du Palatin, en rêvant sa maison dorée.

Don Fernand rentra dans sa grotte et se coucha sur le lit de fougère, en rêvant aussi. A quoi rêvait-il? Il eût eu peine à le dire lui-même. Était-ce à cette belle doña Flor qu'il avait vue passer comme un météore lumineux, et que dans sa force il avait sauvée? Était-ce à cette douce Ginesta qu'il avait suivie à travers les détours de la forêt comme le matelot perdu dans sa barque suit une étoile, et qui le sauvait dans sa faiblesse? A quelque chose qu'il rêvât, il finit par s'endormir aussi tranquillement que s'il n'eût pas eu autour de lui cinq ou six lieues de montagne qui brûlaient à cause de lui. Un peu avant la pointe du jour, il fut réveillé par un bruit étrange, et qui semblait venir du centre de la montagne. Il ouvrit les yeux et écouta ; un grattement énergique et continu se faisait entendre à quelques pieds d'intervalle de sa tête. On eût dit un mineur qui travaillait avec acharnement à quelque fouille souterraine. Pour don Fernand, il n'y eut pas un instant de doute : ses ennemis avaient découvert sa retraite, et, dans l'impossibilité bien reconnue où ils étaient de l'attaquer de face, ils creusaient la montagne pour venir l'attaquer par une mine souterraine. Fernand se leva, examina son arquebuse; la mèche était en bon état, et après la cartouche dont elle était chargée, il lui en restait encore vingt ou vingt-cinq autres; enfin, ses munitions épuisées, il avait son couteau des Pyrénées, sur lequel il comptait presque autant et même plus que sur toutes les armes à feu du monde. Il prit donc son arquebuse à tout hasard, et revint coller son oreille aux parois de la grotte. Le mineur semblait faire des progrès, sinon rapides, du moins incessants; il était évident qu'en quelques heures d'un travail poussé avec une pareille assiduité, il arriverait à se mettre en communication avec la grotte. Au jour, le bruit cessa. Sans doute le mineur prenait quelque repos. Mais alors, comment quelqu'un de ses compagnons ne lui succédait-il point dans son travail? C'est ce que ne pouvait s'expliquer Fernand. Comme tous les esprits logiques, il ne s'entêta point à chercher la solution d'un problème qu'il ne pouvait comprendre, se disant à lui-même qu'il viendrait un moment où le mystère serait expliqué, et qu'il lui fallait attendre patiemment ce moment-là. Le jeune homme avait toutes sortes de raisons d'attendre patiemment.

D'abord, il ne craignait pas de cinq ou six jours au moins d'être pris par la famine. Ginesta, on se le rappelle, avait mis des vivres à sa disposition ; ces vivres, il les attaqua bravement une heure ou deux après le lever du soleil, et à l'ardeur avec laquelle il se livrait à cet exercice, il était facile de voir que la situation toute précaire dans laquelle il se trouvait, n'avait aucunement influé sur son appétit.

C'est qu'aussi maintenant il avait, de sortir de cette situation, deux espoirs au lieu d'un : d'abord, l'offre de don Inigo ; ensuite, la promesse de Ginesta.

Avouons franchement que le jeune homme comptait moins sur le crédit de la petite bohémienne, malgré tout ce qu'il avait entrevu de son histoire et de celle de sa mère, que sur celui du père de dona Flor. Puis, le cœur de l'homme est ingrat ; peut-être celui de Fernand eût-il, dans la disposition d'esprit où il se trouvait, préféré recevoir un pareil bienfait de la main de don Inigo que de celle de Ginesta. Il avait compris, par le sentiment que lui inspirait don Inigo, la force de celui qu'il inspirait lui-même au noble vieillard : il y avait quelque chose d'étrange et de pareil à la voix du sang entre ces deux hommes.

Don Fernand fut tiré de ces réflexions par le même bruit qu'il avait entendu. Il rapprocha son oreille de la paroi de la grotte, et, avec la lucidité qu'apporte le jour dans la pensée humaine, toujours un peu obscurcie comme la nature par les ténèbres, il se confirma dans l'idée qu'un mineur habile et obstiné creusait une sape pour venir à lui. Si le mineur arrivait à la fin de son travail, c'est-à-dire établissait une communication entre un boyau d'attaque, comme on dit en termes de stratégie, et la grotte, don Fernand aurait à soutenir un combat inégal et dans lequel il ne lui resterait aucune chance de salut. Ne vau-drait-il pas mieux, la nuit venue, tenter une sortie et tâcher, à l'aide de l'ob-scurité et de la connaissance qu'il avait de la localité, de gagner quelqu'autre partie de la montagne ? Seulement, l'incendie qui avait léché l'immense mu-raille presque à pic n'avait-il pas, en dévorant lentisques, myrtes et lianes, rampant à la surface de la muraille ou poussant dans ses interstices, ôté tout appui et soutien aux pieds et aux mains du fugitif ? Don Fernand se pencha en dehors de la grotte pour examiner si la route qu'avait suivie Ginesta avant l'in-cendie était encore praticable après.

Comme il était tout entier à cette investigation, un coup de feu retentit, et une balle vint s'aplatir contre le granit, à un demi-pied de l'endroit où se cramponnait sa main. Don Fernand releva la tête. Trois soldats, placés sur la pointe d'un rocher, se le montraient au doigt, et un petit nuage de blanche fumée montant dans l'éther, au-dessus de leur tête, indiquait que c'était de leur groupe que le coup d'arquebuse était parti. Le Salteador était découvert. Mais il n'était pas homme à recevoir un pareil défi sans y répondre : il prit à son tour son arquebuse, ajusta celui des trois hommes qui était en train de re-charger son arme et qui, par conséquent, était celui qui avait tiré. Le coup partit, l'homme étendit les bras, lâcha l'arquebuse qui venait de lui rendre un si mauvais service, et roula la tête en avant sur la pente de la montagne.

De grands cris retentirent. Il n'y avait plus aucun doute, celui que l'on cher-chait était trouvé. Fernand se retira en arrière pour recharger son arquebuse, puis, son arquebuse rechargée, il se rapprocha de nouveau de l'ouverture de la grotte. Mais les deux compagnons de celui qu'il avait tué avaient disparu, et dans toute l'étendue que son œil put embrasser, c'est-à-dire dans l'immense

demi-cercle que dominait la grotte, il ne vit plus rien. Seulement, quelques
pierres roulant du sommet de la montagne et bondissant contre ses flancs, indiquaient que les soldats se réunissaient au-dessus de la tête du Salteador. Le
travail de la mine continuait toujours. Il était évident que, découvert, le Salteador allait être attaqué par tous les moyens possibles. Il prépara donc de son
côté tous ses moyens de défense, s'assura que son poignard basque sortait fa-
cilement de la gaîne, que son arquebuse était bien amorcée, et s'assit sur le
lit de fougère, d'où il pouvait à la fois écouter ce qui se préparait derrière lui,
et voir ce qui se passait en face.

Au bout d'une demi-heure d'attente, pendant laquelle son esprit était tout
naturellement allé de la vigilance à la rêverie, il crut s'apercevoir qu'une
ombre passait entre lui et la lumière extérieure, un corps opaque se balançait
à l'entrée de la grotte, flottant au bout d'une corde. Ne pouvant monter jusqu'à
la grotte, les soldats avaient entrepris de descendre jusqu'au rocher : un
homme couvert d'une armure complète, presque entièrement caché derrière
un grand bouclier à l'épreuve de la balle, s'était fait attacher à une corde, et
tenté par les mille philippes d'or promis à celui qui s'emparerait du Salteador,
mort ou vivant, avait essayé l'entreprise. Mais au moment où, traversant la
cataracte, le soldat allait toucher du pied le rocher, un coup d'arquebuse
emplit la grotte de bruit et de fumée. La balle, impuissante à briser le bouclier, à trouer l'armure, s'était contentée de couper la corde au-dessus de
la tête de celui qu'elle soutenait. Le soldat précipité s'engloutit dans l'abîme.
Trois tentatives du même genre furent renouvelées, toutes trois eurent un
résultat semblable. A chaque fois un cri terrible partait du précipice, et, pareil
à un écho, un autre cri répondait du haut de la montagne.

Sans doute, après ce triple essai, mortel à ceux qui l'avaient tenté, les assié-
geants jugèrent-ils qu'il fallait recourir à un autre mode d'attaque; car aux
derniers cris succéda le silence, et le Salteador ne vit plus reparaître personne.
Il est vrai que le mineur continuait sa besogne souterraine, et que la mine
faisait de rapides progrès.

L'oreille collée à la muraille, don Fernand vit venir la nuit. La nuit le menaçait d'une double attaque : grâce à l'obscurité, peut-être les soldats par-
viendraient-ils à escalader le rocher; à coup sûr, la sape était assez proche
pour qu'avant une heure il y eut communication entre la mine et la grotte.
Au reste, l'oreille exercée du Salteador lui disait qu'un homme seul travaillait
à la besogne souterraine; il était séparé par une couche de terre si peu épaisse,
que l'on entendait le travail de ses deux mains. Ce qui étonnait le Salteador,
c'est que le bruit qui venait jusqu'à lui, n'était ni le choc d'un hoyau, ni la
mordure d'une pioche; c'était quelque chose comme un grattement continu :
on eût dit que le mineur, pour creuser la terre, n'avait d'autre outil que ses
mains. Le bruit se rapprochait toujours.

Le Salteador colla pour la troisième fois son oreille à la paroi de la grotte;
le mineur était si proche, que l'on pouvait entendre sa respiration rauque et
saccadée. Fernand écouta avec plus d'attention que jamais. Son œil jeta une
flamme qui éclaira son visage. Un sourire de joie passa sur ses lèvres. Il quitta
le fond de la grotte, s'avança jusqu'au bord glissant du rocher, et se pencha
vers l'abîme pour s'assurer qu'aucun danger extérieur ne le menaçait. Tout
était tranquille; la nuit s'étendait, sombre et muette; il devenait évident que

les soldats avaient suspendu toute attaque dans l'espérance de prendre le Salteador par la faim.

— Oh! murmura Fernand, laissez-moi seulement une demi-heure, et je tiens le roi don Carlos quitte de la grâce qu'on lui demande en ce moment pour moi.

Alors s'élançant vers le fond de la grotte, son poignard basque à la main, il commença de creuser la terre de son côté, allant au-devant de celui qui venait à lui. Les deux travailleurs se rapprochaient rapidement. Enfin, au bout de vingt minutes, le faible rempart qui les séparait encore l'un de l'autre s'écroula, et Fernand, comme il s'y attendait sans doute, vit apparaître à l'ouverture, s'appuyant sur deux énormes pattes, la tête monstrueuse d'un ours. L'animal respira. Cette respiration ressemblait à un rugissement. C'était ce bruit familier à Fernand qui avait dénoncé le terrible gibier à l'intrépide chasseur. Sur cette respiration, qu'il avait reconnue, Fernand avait établi tout un plan de fuite : il s'était dit que sans doute la tanière de l'ours était contiguë à la grotte, que cette tanière lui offrirait une sortie qui ne serait point gardée. Aussi, voyant que tout avait réussi comme il l'avait prévu, il regarda le monstre avec un sourire.

— Ah ! murmura-t-il, je te reconnais, vieil ours du Mulhahacen ; c'est toi dont je suivais la trace quand Ginesta m'a appelé ; c'est toi qui as rugi quand j'ai voulu monter sur l'arbre pour voir l'incendie ; c'est toi, enfin, qui, de gré ou de force, va me livrer passage. Allons, place!

Et, disant ces mots, il frappa le museau de l'ours de la pointe de son poignard. Le sang jaillit ; l'animal poussa un rugissement de douleur, et, rentrant à reculons dans sa tanière, démasqua le trou. Le Salteador se glissa par cette ouverture avec la rapidité d'un serpent et se trouva à quatre pas de l'ours dans sa propre tanière : seulement l'animal était placé de manière à lui barrer le passage.

— Oui, murmura Fernand, oui, je sais bien qu'un seul de nous deux sortira d'ici ; seulement reste à savoir lequel.

Comme s'il eût compris ce que venait de lui dire le chasseur, l'ours répondit par un rugissement de menace. Puis il y eut un instant de silence, pendant lequel les deux adversaires se mesurèrent des yeux : ceux de l'animal semblaient deux charbons ardents. Ni l'un ni l'autre ne bougeait ; on eût dit que chacun attendait pour en profiter que l'autre fît un faux mouvement. L'homme se lassa le premier.

Parmi les décombres de la muraille, Fernand chercha une pierre ; le hasard le servit. Il trouva sous sa main un fragment de roche de la grosseur d'un pavé. Ces deux yeux flamboyants lui servirent de point de mire, et le pavé, lancé comme par une machine de guerre, alla rebondir, avec un sourd retentissement, sur la tête de l'animal. Un taureau eût eu le front brisé. L'ours plia sur ses genoux, et Fernand vit un instant disparaître sous sa paupière fermée le double éclair de ses yeux. Puis il parut se décider enfin à l'attaque, et, avec un rugissement terrible, il se dressa sur ses pattes de derrière.

— Ah ! dit Fernand en faisant un pas vers lui, tu te décides enfin !

Puis, appuyant le manche de son poignard contre sa poitrine, tandis qu'il tournait la pointe contre son ennemi :

— Allons, camarade, dit-il, embrassons-nous!

L'embrassement fut terrible, le baiser fut mortel. Fernand sentit entrer dans les chairs de son épaule les griffes de l'ours; mais l'ours, de son côté, sentit pénétrer jusqu'à son cœur la pointe du poignard de Fernand. L'homme et l'animal roulèrent enlacés sur le sol de la caverne, que l'ours blessé inondait de son sang.

XX

L'HOSPITALITÉ

A la nuit tombante, Ginesta entrait dans la montagne. Mais avant de la suivre, il est bon que nous fassions une visite à la maison de don Ruiz de Torrillas, et cela à la suite du grand justicier d'Andalousie.

Le lecteur se rappelle peut-être de quelques mots que le roi avait dit à don Inigo en descendant avec Ginesta du mirador de la reine. Don Inigo, sans s'inquiéter par quel ascendant étrange la bohémienne avait obtenu du roi une grâce que le roi avait refusée à don Ruiz et à lui-même, don Inigo avait à l'instant même pris le chemin de la maison de don Ruiz, située place de la Viva Rambla, près de la porte de Grenade. On se rappelle encore que le grand justicier, venant, pendant tout le temps que devait rester le roi dans la capitale des anciens rois maures, habiter lui-même Grenade, eût regardé comme une injure faite à son ami don Ruiz de ne pas venir tout droit lui demander l'hospitalité que son vieux compagnon d'armes était allé lui offrir un jour à Malaga. En conséquence, comme il l'avait dit à don Ruiz, place de las Algives, il s'était présenté avec sa fille à la maison de son ami le lendemain de son arrivée, et était venu réclamer l'hospitalité offerte.

Dona Mercédès était seule, car don Ruiz, on le sait, attendait depuis le matin le roi place de las Algives. Belle encore, malgré ses quarante ans passés, dona Mercédès avait la réputation d'une matrone antique : sa vie, aux yeux de tous, s'était écoulée pure est sans tache, et nul, à Grenade, n'eût eu l'idée de laisser tomber sur l'épouse de don Ruiz l'ombre même d'un soupçon. En apercevant don Inigo, Mercédès poussa un cri étouffé et se leva; son visage, ordinairement pâle, se couvrit d'une flamme subite qui s'éteignit avec la rapidité du reflet d'un éclair, pour laisser après son apparition ce beau visage plus pâle encore; et, chose étrange, comme si cette même impression qui s'était emparée de dona Mercédès eût agit sur don Inigo, ce ne fut qu'après un silence d'un instant, pendant lequel dona Flor regardait avec étonnement son père et Mercédès, ce ne fut, dis-je, qu'après un silence d'un instant que don Inigo, retrouvant la parole :

— Madame, dit-il, je viens passer quelques jours à Grenade, et cela pour la première fois depuis mon retour de l'Amérique. Or, je regarderais comme un mauvais procédé envers un ancien ami, si, cet ami étant venu à Malaga pour me faire l'offre de sa maison, j'allais loger soit à l'hôtellerie, soit chez quelqu'autre gentilhomme de ma connaissance. — Senor, répondit Mercédès les yeux baissés vers la terre et d'une voix dont elle essayait inutilement de maîtriser l'émotion, mais dont le timbre vibrant fit tressaillir dona Flor, vous avez raison, et si vous agissiez d'autre façon, don Ruiz dirait bien certainement que lui ou sa femme a démérité à vos yeux; et comme il serait

bien certain que ce n'est pas lui, il me demanderait, comme fait un juge à
un accusé, si ce n'est point moi. — Voici, Madame, répondit don Inigo en
baissant les yeux à son tour, voici, outre le désir bien naturel de revoir un
ami de trente ans, le véritable motif, et il appuya sur ces deux derniers mots,
le véritable motif qui m'a amené chez vous. — C'est bien, senor, répondit Mercédès, restez ici avec dona Flor, à qui je serais heureuse de vouer un amour de
mère, si elle daignait un instant me laisser croire qu'elle est ma fille. Je vais
veiller à ce que l'hospitalité vous soit donnée dans la maison de mon mari aussi
digne de vous qu'il sera possible dans l'état de décadence où, par la générosité
de don Ruiz, est tombée cette pauvre maison. Et saluant don Inigo et sa fille,
Mercédès sortit.

En parlant de la générosité de son mari, dona Mercédès faisait allusion à ce
que don Ruiz avait dit au roi touchant la misère où il était presque descendu,
pour avoir racheté à leurs familles le sang des deux alguazils tués par son fils,
et pour avoir payé dans un couvent la dot de la sœur de don Alvar. Cette générosité était d'autant plus singulière et surtout d'autant plus louable que, nous
l'avons dit, don Ruiz n'avait jamais eu pour son fils une bien grande affection
paternelle.

Derrière dona Mercédès, un valet, vieux serviteur de la maison, était entré portant sur un plateau de cuivre doré, orné de dessins et de peintures
arabes, des pâtisseries, des fruits et du vin. Le grand justicier écarta de la
main le plateau, mais dona Flor, avec la naïve gourmandise des oiseaux et des
enfants, toujours prêts à goûter ce qu'on leur offre, ouvrit une grenade rouge
et saignante, et trempa ses lèvres, plus rouges et plus fraîches, s'il était possible, que le sang de la grenade, dans cet or liquide qu'on appelle le vin de
Xérès.

Au bout d'un quart d'heure, dona Mercédès rentra, ou plutôt, entr'ouvrant
la porte, invita ses hôtes à la suivre. Sa chambre était devenue celle de dona
Flor, la chambre de son mari devenue celle de don Inigo. Ni don Inigo,
ni dona Flor n'eurent même l'idée de s'excuser sur le dérangement qu'ils causaient dans la maison de don Ruiz, l'hospitalité avait ses lois qui étaient res-
pectées de celui qui la recevait comme de celui qui l'offrait. Don Inigo et dona
Flor en eussent fait autant, s'ils eussent reçu don Ruiz et Mercédès, au lieu
d'être reçus par eux.

Don Inigo, tandis que dona Flor s'installait dans la chambre de Mercédès,
s'installa dans celle de don Ruiz, et, quittant ses vêtements de voyage, s'habilla pour aller au-devant du roi. Nous l'avons vu passer à la suite de don Carlos sur la place de las Algives, puis revenir pour annoncer à don Ruiz son arrivée. Maintenant nous savons encore comment un huissier, en appelant de la
part du roi le grand justicier d'Andalousie, avait révélé à don Ruiz le titre, inconnu de tous, de son nouvel ami. Don Ruiz rentra chez lui si sombre, que sa
femme, qui le vit revenir, n'osa point se trouver sur son chemin ; elle se retira
dans sa nouvelle chambre qui était au-dessus de l'ancienne, laissant le vieux
valet Vicente pour attendre son maître, l'instruire du changement qui avait été
fait dans la maison, et le conduire, de son côté, à son nouvel appartement.

Le renvoi de don Ruiz, par le roi, au grand justicier d'Andalousie, avait été
si sévère, que don Ruiz comptait peu sur l'influence même de don Inigo pour
obtenir la grâce de son fils. Il n'était besoin que de jeter un regard sur ce

visage froid et immobile du jeune roi, pour juger de la persévérante volonté
enfermée dans son front de marbre; aussi, le retard de don Inigo n'étonnait-il
point son hôte, et ce qui causa son étonnement, au contraire, fut de voir tout à
coup dona Flor ouvrant, d'un visage joyeux, la porte des deux chambres et
criant tour à tour à dona Mercédès et à don Ruiz :

— Oh! venez, venez, voici mon père qui annonce de la part du roi don Carlos que la grâce du seigneur don Fernand est accordée.

On était descendu alors par la salle commune.

— Bonne nouvelle! bonne nouvelle! avait crié don Inigo en apercevant les
deux époux, et laissez la porte ouverte au bonheur, car le bonheur me suit. —
Il sera d'autant mieux venu dans la maison, répondit don Ruiz, que c'est un
hôte qui lui est depuis longtemps étranger. — La miséricorde du Seigneur est
grande, répondit pieusement Mercédès, et fussé-je à mon lit de mort sans
avoir l'hôte que vous m'annoncez, seigneur, que j'espérerais encore qu'il arriverait à temps pour recevoir mon dernier soupir.

Alors, don Inigo avait raconté l'étrange événement dans tous les détails;
comment le roi avait sévèrement repoussé sa demande, et comment il l'avait accordée, sans doute, à la petite bohémienne qui lui avait présenté à genoux la
bague et le parchemin. Dona Mercédès, pour laquelle, en sa qualité de mère,
aucun des détails qui concernaient son fils n'était indifférent, dona Mercédès
qui ignorait ce que son mari avait appris de don Inigo, c'est-à-dire que lui et
sa fille avaient été arrêtés la veille par le Salteador, Mercédès demanda ce que
c'était que la bohémienne. Dona Flor la prit alors par la main, et donnant à la
noble matrone le nom que celle-ci avait paru ambitionner :

— Venez, ma mère, lui avait-elle dit.

Et elle avait conduit dona Mercédès dans sa chambre. Là, pour adoucir autant qu'il était en elle ce que le récit qu'elle allait entendre avait de douloureux, dona Flor s'était mise à genoux devant la mère de Fernand, et là, les
deux coudes sur les genoux de Mercédès, les yeux fixés sur ses yeux, les mains
jointes, elle avait raconté avec toute la délicatesse de son cœur ce qui lui était
arrivé à elle et à son père dans la venta du roi More. Et Mercédès avait écouté,
la respiration suspendue, la bouche entr'ouverte, frémissante à chaque parole,
passant de la terreur à la joie, de la joie à la terreur, remerciant Dieu avec
une reconnaissance infinie, quand elle avait vu que ce terrible Salteador qu'on
lui avait, sans qu'on sût qu'on parlait à sa mère, peint si souvent comme un
meurtrier féroce, comme un meurtrier implacable, avait été doux et clément
pour don Inigo et sa fille. Et à partir de ce moment, une grande tendresse pour
dona Flor était née dans le cœur de Mercédès, car c'est un trésor si prodigieu-
sement inépuisable que l'amour d'une mère, que tout en donnant cet amour
tout entier à son fils, elle trouve encore moyen d'aimer ceux qui l'aiment; et de
son côté, dona Flor, joyeuse et pleine de tendresse pour la mère de Fernand,
avait passé la soirée la tête appuyée à l'épaule de dona Mercédès, comme si celle-
ci était sa propre mère, tandis que les deux vieillards se promenaient sous la
double rangée d'arbres plantés devant la maison, en causant gravement de l'avenir que promettait à l'Espagne ce jeune roi aux cheveux blonds et à la barbe
rousse, qui ressemblait si peu aux rois castillans et aragonais, ses prédécesseurs.

XXI

LE CHAMP DE BATAILLE

C'était pendant ce temps-là, c'est-à-dire pendant que les deux vieillards causaient et que dona Mercédès et dona Flor se souriaient l'une à l'autre, dans un silence plus expressif que les plus éloquentes paroles, que Ginesta, ainsi que nous l'avons dit au commencement du chapitre précédent, entrait dans la montagne. A un quart de lieue de la venta *del rey Moro*, elle tomba dans un cordon de soldats. Au reste, cette fois, elle les cherchait plutôt qu'elle ne les fuyait.

— Eh! crièrent-ils, c'est la belle fille à la chèvre.

La jeune fille alla droit au chef.

— Senor capitaine, dit-elle, lisez ce papier.

C'était l'ordre, signé et scellé par don Carlos, de laisser passer le Salteador.

— Bon! murmura l'officier; c'était bien la peine de brûler sept ou huit lieues de forêt et de me faire tuer quatre hommes.

Puis, relisant une seconde fois, comme si la chose lui paraissait si étrange, qu'il ne fût point convaincu par une première lecture :

— Sans doute, dit-il à la jeune fille, qu'il prenait pour une bohémienne ordinaire, tu te charges de lui porter ce papier où il est ? — Je m'en charge, répondit Ginesta. — Alors, va.

Ginesta passa vivement.

— Seulement, un conseil, ajouta l'officier; fais-lui bien savoir qui tu es et de quel message tu es chargée, car il pourrait te recevoir comme il a reçu mes soldats. — Oh! je n'ai rien à craindre, répondit Ginesta, il me connaît! — Par saint Jacques! je ne sais pas si tu dois te vanter de la connaissance, la belle enfant! Et l'officier lui fit signe de la main qu'elle pouvait continuer sa route.

Ginesta était déjà loin. Son chemin était tout tracé : pour rentrer dans le foyer fumant, comme elle était sortie du foyer en flammes, le torrent lui offrait son lit bouillonnant et semé de cailloux. Elle le suivit jusqu'au pied de la cascade. Arrivée là, sa chèvre, qui la précédait, s'effaroucha, et revint en arrière. Ginesta s'approcha. Ses yeux, habitués à la nuit, et qui avaient la faculté de voir presqu'aussi bien dans les ténèbres qu'au milieu du jour; ses yeux distinguaient un cadavre. C'était celui du premier soldat qui avait roulé dans le précipice; elle s'écarta à droite, son pied heurta un second cadavre; elle s'élança en avant, et fut obligée d'enjamber un troisième cadavre. Elle ne pouvait interroger la mort; mais le silence même de la mort lui disait qu'il y avait eu lutte... et lutte terrible. Qu'était devenu Fernand dans cette lutte ?

Un moment un cri s'élança sur ses lèvres, tout prêt à monter jusqu'au Salteador; mais Ginesta réfléchit que le bruit de la cataracte couvrirait sa voix, ou que son cri, s'il était entendu de Fernand, pourrait être entendu de ceux qui l'assiégeaient. Elle s'élança donc, muette et légère, contre cette muraille qu'il lui restait à escalader pour arriver à la grotte. Une fée ou un ange pouvaient seuls entreprendre une pareille ascension. Le temps qu'eût mis un oiseau à y arriver avec l'aide de ses ailes fut le temps que mit Ginesta.

Quand son pied toucha la saillie du rocher, elle posa sa main sur son cœur, car son cœur battait à briser sa poitrine. Puis elle appela Fernand. Ginesta sentit la sueur de l'angoisse perler à la racine de ses cheveux. Une brise, comme celle qui vient d'une porte entr'ouverte, glaça cette sueur sur son front. Elle appela une troisième fois. L'écho même resta muet. Au milieu de l'obscurité il lui semblait voir, au fond de la grotte, une ouverture inconnue. Elle alluma la lampe. L'ouverture était béante, et il en sortait ce bourdonnement étrange qui sort de toutes les profondeurs, bourdonnement effrayant en ce qu'il n'est ni le bruit de la vie, ni le silence de la mort, mais le bruissement de l'inconnu. Elle présenta sa lampe à l'ouverture; l'air l'éteignit. Ginesta ralluma la lampe, et protégeant la flamme avec sa main, elle pénétra de la première grotte dans la seconde. La chèvre ne voulut pas la suivre et resta de l'autre côté de l'ouverture, tremblante et bramant avec inquiétude.

Un grand amas de terre écroulé tout entier, dans la seconde grotte, lui prouva que l'œuvre de communication avait été, sinon commencée, du moins achevée par Fernand. Alors elle commença d'examiner les parois de la tanière. Pendant cet examen, son pied glissa dans une boue humide. Elle abaissa sa lampe vers le sol, le sol était tout imprégné de sang. La lampe faillit échapper de sa main. Cependant elle rappela ses forces et leva la lampe vers le plafond, afin d'éclairer le mieux possible la totalité de la grotte. Une masse noire et velue était couchée dans un coin. En même temps, cet âcre fumet qu'exhale l'animal sauvage parvint jusqu'à elle. C'était cette odeur qui épouvantait la chèvre. Ginesta s'approcha de la masse; elle demeura inerte. A mesure qu'elle approchait, elle reconnaissait le grand ours noir des montagnes. Elle se pencha sur lui et le couvrit des rayons de sa lampe. Il était mort. Le sang coulait d'une plaie profonde qu'il avait au-dessous de la poitrine, juste à la place du cœur. La jeune fille s'enhardit jusqu'à toucher l'animal; il était chaud encore. Il n'y avait donc pas plus d'une heure que le combat avait eu lieu. Alors elle commença de comprendre. L'animal avait gardé dans sa griffe crispée des fragments de laine, arrachés à la mante de Fernand; c'était donc contre Fernand qu'il avait lutté. D'ailleurs, quel autre que Fernand eût vaincu un pareil adversaire? Dès lors tout lui était expliqué. On avait attaqué Fernand, et Fernand avait tué les hommes dont elle avait rencontré les cadavres; puis, craignant d'être forcé dans sa retraite, il avait creusé cette ouverture; l'ouverture l'avait conduit à la tanière de l'ours; l'ours avait défendu le passage, il avait tué l'ours. Puis lui-même avait fui par l'entrée opposée qui, perdue dans les broussailles en flammes, n'avait point été découverte. C'était d'autant plus certain qu'on suivait la trace sanglante des pieds de Fernand dans la direction de la seconde ouverture. L'espèce de souterrain qui conduisait au jour avait cent à cent vingt pas de longueur. Entrée par l'ouverture de la cataracte, Ginesta sortit par l'ouverture opposée.

Un groupe de soldats stationnait au sommet de la montagne, ce qui était une preuve que l'on croyait toujours Fernand dans la grotte. De place en place, quelque foyer jetait encore sa vive flamme. C'étaient les endroits où l'incendie avait rencontré des groupes d'arbres résineux. Partout ailleurs, de blanches fumées, pareilles à de grands spectres enveloppés de leurs suaires et les pieds enracinés au sol, se balançaient ondulant aux souffles de la brise. Vapeur elle-même, Ginesta se perdit au milieu de toutes ces vapeurs.

Le lendemain, au point du jour, une jeune fille, enveloppée d'une mante qui cachait entièrement son visage à tous les regards, se présentait place de la Viva Rambla, et frappant à la maison de don Ruiz, demandait à être introduite près de dona Flor. Dona Flor, joyeuse et souriante des bonnes nouvelles qu'avait données la veille don Inigo, accueillit la jeune fille comme on accueille même les inconnus lorsque le cœur est en fête. Or, quand le cœur est en fête, le visage ressemble aux fenêtres d'une maison illuminée : si bien tirés que soient les rideaux, si bien fermés que soient les volets, quelques rayons de la lumière intérieure jaillissent toujours au dehors, et ceux qui passent s'arrêtent et disent à ces rayons dénonciateurs : Dans cette maison habitent des gens heureux.

A la vue de cette joyeuse physionomie qui rendait dona Flor plus belle encore, la jeune fille poussa un léger soupir. Si faible que fût ce soupir, dona Flor l'entendit. Elle crut que celle qui venait à elle venait pour lui demander quelque grâce.

— Vous avez demandé à me parler? dit-elle. — Oui, murmura Ginesta.
— Approchez et dites-moi quelle sorte de service je puis vous rendre.

Ginesta secoua la tête.

— Je viens, dit-elle, senora, vous rendre un service et non vous le demander.
— A moi? demanda dona Flor étonnée. — Oui, fit Ginesta ; vous vous demandez quel service on peut rendre à la fille du riche et puissant don Inigo, quand elle est jeune, quand elle est belle, et quand elle est aimée de don Fernand.

Dona Flor rougit, mais ne dit pas non.

— Eh bien! continua Ginesta, à cette femme on peut faire un don inestimable et sans lequel les autres ne seraient rien ; on peut lui donner la grâce de l'homme qui l'aime. — Mais, demanda dona Flor, je croyais que cette grâce avait été portée à don Fernand, qui était caché dans la montagne? — Don Fernand, dit tristement Ginesta, n'est plus où je l'ai laissé, je ne sais pas où est don Fernand. — Mon Dieu! s'écria dona Flor toute tremblante. — Seulement, continua Ginesta, je sais qu'il est hors de danger. — Ah! murmura joyeusement dona Flor, pendant que le sourire reparaissait sur ses lèvres et le carmin sur ses joues. — Et c'est à vous que j'apporte cette grâce, pour que vous la lui remettiez. — Cette grâce, balbutia dona Flor, mais je ne sais où est don Fernand, moi ; à qui le demanderai-je, où l'irai-je trouver? — Vous l'aimez et il vous aime, dit Ginesta. — Je ne sais, je le crois, je l'espère, murmura dona Flor. — Alors, vous le trouverez toujours, vous, puisqu'il vous cherchera.

Et Ginesta tendit à dona Flor le parchemin qui renfermait la grâce de don Fernand. Mais quelque soin qu'elle eût pris jusque-là de se cacher, dans le mouvement qu'elle fit, sa coiffe s'écarta et permit à dona Flor d'entrevoir son visage.

— Oh! s'écria-t-elle, la petite bohémienne de la venta *del rey Moro*. — Non, répondit Ginesta d'une voix où Dieu seul pouvait lire ce qu'il y avait de douleur, non, sœur Filippa de l'Annonciade.

L'Annonciade était le couvent que venait de désigner don Carlos à la jeune bohémienne pour y faire son noviciat et y prononcer ses vœux.

XXII

LA CLE

Dona Flor quitta vers minuit le balcon du nouvel appartement qu'elle occupait dans la maison de don Ruiz. C'était, on se le rappelle, la chambre de

dona Mercédès; l'hospitalité avait offert ce qu'elle avait de mieux. Pourquoi
dona Flor quittait-elle si tard le balcon? Pourquoi, si tard et d'une main si non-
chalante, fermait-elle la jalousie? Qui l'avait retenue jusqu'à minuit, les yeux
fixés, l'oreille ouverte? Ses yeux attendaient-ils la belle étoile Hespérus qui se
lève au couchant? Son oreille écoutait-elle le rossignol qui chantait son hymne
à la nuit, caché dans les lauriers-roses qui fleurissent aux rives du Darro? Ou
ses yeux ne voyaient-ils point, ses oreilles n'entendaient-elles point, et son âme
était-elle perdue dans ce doux rêve de seize ans, qu'on appelle l'amour? Sans
doute Ginesta pleurait et priait dans son couvent de l'Annonciade. Dona Flor,
elle, respirait et souriait; dona Flor n'aimait peut-être pas encore; mais, de
même qu'une émanation céleste annonçait à la vierge Marie l'apparition de
l'ange Gabriel, un parfum inconnu révélait à dona Flor l'approche de ce dieu
qu'on appelle l'amour. Et ce qu'il y avait d'étrange chez la jeune fille, c'est le
partage d'affection qui se faisait dans son cœur pour les deux jeunes gens : celui
qu'elle craignait, celui qu'elle eût fui, s'il se fût présenté, celui près duquel
elle eût instinctivement compris que sa pudeur courrait un danger, c'était ce
beau cavalier, cet élégant courrier d'amour, comme il s'était intitulé lui-même,
qui l'avait précédée sur la route de Malaga à Grenade, c'était don Ramiro; celui
au-devant duquel ses pas la portaient d'eux-mêmes, celui sur l'épaule duquel
elle eût dormi sans crainte, celui qu'elle eût regardé une heure sans avoir la
pensée de rougir ou l'idée de baisser les yeux, c'était le Salteador du grand
chemin, c'était le bandit de la venta del rey Moro, c'était don Fernand.

Ce fut dans cette disposition, où l'âme est exaltée et le corps plein de lan-
gueur, que dona Flor s'approcha de son miroir, dernier courtisan du soir, premier flatteur du matin, et fit signe de la tête à sa femme de chambre de venir
la déshabiller. Celle-ci comprit si bien que, dans la préoccupation d'esprit où
se trouvait sa maîtresse, toute demande resterait sans réponse, qu'elle commença la toilette de nuit de la belle jeune fille sans prononcer une parole. Quant
à dona Flor, jamais peut-être ses yeux aux longs cils de velours, ses narines
dilatées, ses lèvres entr'ouvertes laissant apercevoir la ligne d'émail de ses
blanches dents, n'avaient dit si clairement à la nuit : J'ai seize ans, et j'ai
besoin d'aimer et d'être aimée. La camérière ne s'y trompa point. Les femmes
ont un prodigieux instinct pour deviner la présence ou même l'approche de l'a-
mour. Elle parfuma sa maîtresse, non pas comme on fait d'une jeune vierge
qu'on livre au sommeil, mais comme on fait d'une jeune mariée qui attend
son époux. Puis, chancelante, allanguie, le cœur frissonnant, la démarche embarrassée, dona Flor gagna son lit; et, pareille à l'hermaphrodite Borghèse, le
cou un peu renversé en arrière, posa sa belle tête brune sur son beau bras
blanc. Elle avait été lente à en arriver là, et cependant elle avait hâte d'être
seule. Elle s'était fait une espèce de solitude en s'enfermant dans le silence;
mais cette solitude ne lui suffisait pas, il lui fallait encore l'isolement. Elle se
souleva pour suivre les derniers pas de sa camérière, qui allait et venait dans
sa chambre, cherchant sans savoir ce qu'elle cherchait, restant pour ne pas
s'en aller, et enfin se décidant à sortir, ne se doutant pas qu'en sortant elle accomplissait l'ardent désir de sa maîtresse, et prête à rentrer, au contraire,
pour s'excuser de la laisser seule quand elle paraissait si abattue. La camérière emportait la lampe, laissant la chambre noyée dans cette pâle et fantastique lumière que jette une veilleuse à travers son enveloppe d'albâtre. Et ce-

pendant, si douce qu'elle fût, cette lumière était sans doute trop vive pour les
yeux de la jeune fille, car elle se souleva une seconde fois, et avec un soupir
de fatigue elle tira le rideau du lit, comme une barrière entre elle et la
lampe; de sorte que, tandis que les deux tiers inférieurs de sa couche se trouvaient baignés par un flot de lumière bleuâtre pareil au rayon de la lune, le
tiers supérieur était dans l'obscurité. Toute jeune fille a eu quinze ans, tout
jeune homme dix-huit, tout homme ou toute femme a gardé, dans ce coin de
la mémoire qui correspond avec le cœur, le souvenir de ce qu'il a vu par cette
porte de la jeunesse ouverte sur le paradis. Nous n'essaierons donc pas de maté-
rialiser les rêves de dona Flor ; le rose se compose de blanc et de carmin, le
rêve d'une jeune fille se compose d'espérance et d'amour. Puis, peu à peu la
belle et douce enfant passa du rêve de la veille au rêve du sommeil. Ses paupières à demi ouvertes se fermèrent, ses lèvres fermées s'entr'ouvrirent,
quelque chose comme un nuage flotta entre le monde extérieur et sa pensée;
elle laissa échapper deux ou trois soupirs, qui allaient s'allanguissant comme
des plaintes d'amour, puis sa respiration devint régulière, son souffle, égal et
doux comme celui d'un oiseau, succéda à l'agitation de sa poitrine. L'ange qui
veillait sur elle passa la tête entre les rideaux du lit, se pencha sur elle, écouta.
Elle dormait. Dix minutes se passèrent sans qu'aucun bruit vint interrompre
ce silence religieux; puis tout à coup, le grincement d'une clé se fit entendre,
la porte s'ouvrit lentement et se referma de même; un cavalier enveloppé d'un
grand manteau brun se dessina dans la demi-teinte, poussa les verrous pour
ne pas être surpris sans doute, s'avança d'un pas léger, s'assit sur le lit et déposa un baiser sur le front de la dormeuse, en murmurant : Ma mère! La dormeuse tressaillit, ouvrit les yeux et jeta un cri; le jeune homme étonné se
leva, laissant tomber son manteau, et apparut à la lueur de la veilleuse dans
un élégant costume de cavalier.

— Don Fernand! s'écria la jeune fille en tirant jusqu'à ses lèvres les cour-
tines de son lit. — Dona Flor! murmura le jeune homme étonné. — Que ve-
nez-vous faire ici, à cette heure, senor? Que demandez-vous? que voulez-
vous?

Mais avant de répondre à la jeune fille, le Salteador tira les épais rideaux du
lit jusqu'à ce qu'ils se joignissent, en enfermant dona Flor dans une tente de
brocart ; puis, reculant d'un pas et mettant un genou en terre :

— Je venais, dit-il, senora, aussi vrai que vous êtes belle et aussi vrai que
je vous aime, dire adieu une dernière fois à ma mère et quitter l'Espagne pour
toujours! — Et pourquoi quittez-vous l'Espagne pour toujours, don Fernand?
demanda la jeune fille enfermée dans sa prison de soie et d'or. — Parce que
je suis proscrit, fugitif, poursuivi, parce que je vis par miracle, parce que je ne
veux pas donner à mes parents, à ma mère surtout, dont vous habitez je ne
sais comment la chambre, cette honte de voir monter leur fils sur un échafaud.

Il se fit un silence pendant lequel on n'entendit que les battements précipités
du cœur de la belle jeune fille; puis les rideaux du lit s'agitèrent doucement :
une blanche main passa par leur ouverture, tenant un papier.

— Lisez, dit une voix émue.

Don Fernand prit le papier sans oser toucher la main qui le lui présentait
et le déplia, tandis que la main rentrait dans le lit, laissant entre les rideaux

l'ouverture qu'elle y avait faite. Le jeune homme, sans quitter sa place ni son attitude, se pencha vers la veilleuse et lut :

« Charles, par la grâce de Dieu, roi d'Espagne, de Naples et de Jérusalem, faisons savoir à tous que nous donnons amnistie pleine et entière, des crimes et fautes qu'il a pu commettre, à don Fernand de Torrillas. »

— Oh! s'écria don Fernand en saisissant cette fois, à travers les rideaux du lit, et baisant la main de dona Flor, oh! merci. Don Inigo a tenu sa promesse, et c'est vous qui, pareille à la colombe de l'arche, vous êtes chargée d'apporter au pauvre prisonnier le rameau d'olivier..

Dona Flor rougit, dégagea doucement sa main, et, avec un soupir :

— Hélas! dit-elle, lisez.

Don Fernand, étonné, reporta les yeux sur le parchemin, et continua de lire.

« La présente grâce, afin que celui qu'elle concerne sache à qui il doit en garder la reconnaissance, est accordée aux prières de la bohémienne Ginesta, laquelle s'engage à entrer demain dans le couvent de l'Annonciade, et à y prononcer ses vœux dès que le temps de son noviciat sera accompli. Donné dans notre palais de l'Alhambra, le 9 juin de l'an de grâce 1519. »

— Oh! chère Ginesta, murmura le Salteador, elle me l'avait bien promis. — Vous la plaignez? demanda dona Flor. — Non-seulement je la plains, mais je n'accepte pas son sacrifice. — Et si ce sacrifice venait de moi, l'accepteriez-vous, don Fernand? — Oh! bien moins encore; car, si le sacrifice se mesure à ce que l'on perd, vous, riche, noble, honorée, vous perdriez bien plus qu'une pauvre petite bohémienne sans condition, sans parents, sans avenir. — Voilà donc pourquoi elle paraissait contente d'entrer dans le couvent, hasarda dona Flor.— Contente? demanda don Fernand en hochant la tête, le croyez-vous?— Elle le disait, et, pour une pauvre fille errante, sans naissance, et demandant l'aumône sur les grands chemins, un couvent est un palais. — Vous vous trompez, dona Flor, dit le jeune homme attristé de cette ombre que la fille de don Inigo, si pure qu'elle fût elle-même, jetait sur le dévouement de celle qu'elle pouvait regarder comme sa rivale; vous vous trompez, Ginesta non-seulement n'est pas mendiante, mais, au contraire, est peut-être, après vous, une des plus riches héritières d'Espagne. Ginesta n'est pas sans naissance; car elle est la fille, et la fille reconnue de Philippe le Beau. Enfin, pour cette fille de l'air et du soleil, pour cette fée de la montagne, pour cet ange de grands chemins, un palais lui-même serait une prison. Jugez donc de ce que doit être un couvent! Ah! dona Flor! dona Flor! vous n'en serez pas moins belle et moins aimée, pour lui laisser dans tout leur parfum son amour et son dévouement.

Dona Flor poussa un soupir.

— Alors, dit-elle, vous refusez votre grâce au prix de son dévoument? — L'homme est bien lâche, quand il désire ardemment, répondit don Fernand, et j'ai peur de commettre une lâcheté pour demeurer près de vous, dona Flor.

Le jeune homme entendit passer le doux frémissement d'une respiration joyeuse.

— Je puis donc annoncer votre retour à dona Mercédès, don Fernand? — Je venais lui annoncer mon départ, dona Flor; dites-lui qu'elle me verra demain, ou plutôt aujourd'hui. Vous êtes l'ange des heureuses nouvelles.—Donc, à aujourd'hui, répéta dona Flor en passant pour la seconde fois sa blanche main entre les rideaux. — A aujourd'hui, répondit le Salteador en se relevant et en effleurant de ses lèvres la main qu'on lui présentait, avec autant de respect que si c'eût été la main d'une reine.

Ramassant alors son manteau, il se drapa dans ses longs plis, et, s'inclinant devant le lit à rideaux fermés, comme il eût fait devant un trône, il tira la clé de sa poche, ouvrit la porte, s'arrêta encore pour jeter un nouveau regard sur dona Flor, qui le suivait des yeux à travers l'ouverture des rideaux, referma la porte et s'enfonça, silencieux comme une ombre, dans les profondeurs du noir corridor.

XXIII

L'ENFANT PRODIGUE

Le lendemain, un air de fête, un parfum de bonheur, était répandu dans la maison de don Ruiz de Torrillas. Dona Mercédès avait annoncé aux vieux serviteurs de la maison, débris aussi solidement attachés aux ruines de la fortune de don Ruiz qu'ils l'avaient été aux jours de bonheur, dona Mercédès avait annoncé qu'elle avait reçu des nouvelles de don Fernand, et que le jeune maître disait qu'il arriverait, dans la journée même, de ce long voyage qui l'avait tenu éloigné de l'Espagne pendant près de trois ans. Il va sans dire que dona Flor avait été la messagère de cette bonne nouvelle; aussi dona Mercédès traitait-elle depuis le matin la fille de don Inigo comme sa propre fille, et lui donnait-elle par anticipation tous les baisers qu'elle eût voulu donner à don Fernand.

Vers neuf heures du matin, don Ruiz, sa femme et Béatrix, la vieille camérière de Mercédès et la nourrice de Fernand, étaient réunis dans la salle basse de la maison que s'étaient réservée les maîtres. Dona Flor était descendue dès le matin pour annoncer, sans dire comment elle le savait, le retour de don Fernand, et depuis lors elle était restée comme faisant partie de la famille. Dona Flor et dona Mercédès étaient assises à côté l'une de l'autre dona Flor avait sa main dans la main de Mercédès, sa tête sur son épaule. Les deux femmes parlaient bas; et cependant il y avait quelque chose de contraint dans les manières de Mercédès, chaque fois que la jeune fille, avec une intonation de voix qui indiquait peut-être un peu plus que de l'amitié ou de l'intérêt, prononçait le nom de don Fernand.

Don Ruiz se promenait la tête inclinée sur sa poitrine; sa longue barbe blanche se découpait sur son pourpoint de velours noir aux broderies d'or. De temps en temps, lorsque retentissait sur le pavé aigu de la rue le fer d'un cheval, il relevait la tête, et, le front plissé, l'œil sombre, écoutait. Son visage faisait un contraste remarquable avec celui de dona Mercédès sur lequel s'épanouissait l'amour maternel dans toute sa puissante expansion, et même avec celui de la vieille Béatrix, qui avait établi son quartier dans un coin de la salle, alliant le désir qu'elle avait de voir don Fernand le plus tôt possible avec le respect qui la faisait se tenir à distance des enfants et des maîtres. Rien ne trahissait sur ce visage la joie d'un père attendant un fils assez aimé pour que ce père lui eût sacrifié sa fortune. A quoi tenait cette sévérité de la physionomie de don Ruiz? Était-ce aux reproches qu'il avait le droit de faire au jeune homme, reproches qui, au reste, s'accordaient peu avec l'insistance

qu'il avait mise à obtenir la grâce de son fils ? Était-ce quelqu'autre cause
enfermée au fond de son cœur et dont il n'avait jamais dit le secret à personne?
Chaque fois que don Ruiz, à ce bruit du fer d'un cheval retentissant sur le
pavé, relevait la tête, les deux femmes, le cœur haletant, interrompaient leur
conversation, écoutaient l'œil fixé sur la porte, tandis que Béatrix courait à la
fenêtre, espérant être la première à crier à sa maîtresse : Le voilà ! Le cavalier
passait ; le bruit des pas du cheval, au lieu de s'arrêter, s'éloignait; don Ruiz
laissait retomber sa tête sur sa poitrine et reprenait sa marche ; Béatrix descendait en soupirant de son balcon, secouant la tête d'un air qui disait clairement : Ce n'est pas lui; et les deux femmes continuaient leurs confidences à
voix basse.

Cinq ou six cavaliers passèrent ainsi, cinq ou six fois les mêmes bruits se
renouvelèrent pour s'éteindre après avoir fait naître dans le cœur de ceux qui
les écoutaient une vaine espérance, quand on entendit de nouveau le pas d'un
cheval venant du côté de Zacatin. L'espèce de mise en scène qui avait jusque-
là accompagné chacun de ces bruits se renouvela ; seulement cette fois, Béatrix
jeta un grand cri de joie.

— Ah ! dit-elle en battant des mains, c'est lui, c'est mon enfant, je le reconnais !

Mercédès se leva vivement, emportée par l'élan maternel. Don Ruiz la
regarda d'un air étrange, et elle demeura sans se rasseoir, mais aussi sans
faire un pas de plus. Dona Flor rougit et pâlit; elle s'était levée comme dona
Mercédès; mais plus faible qu'elle, elle retomba sur son fauteuil. Alors on vit
passer un cavalier devant les fenêtres ; mais, cette fois, le bruit des fers du
cheval ne dépassa point la porte, dont on entendit retentir le marteau de fer.
Et cependant pas une des personnes qui, avec des sentiments si divers, attendaient l'arrivée de celui qui venait de laisser retomber le marteau de la porte
ne quitta l'attitude qu'elle avait prise; les physionomies seules trahissaient les
pensées des trois femmes et de l'homme qui, avec la gravité espagnole et cette
étiquette qui, au seizième siècle, existait non-seulement à la cour, mais dans les
familles, les contenait du regard.

On entendit la porte de la rue s'ouvrir, des pas s'approcher, et comme s'il
eût partagé la contrainte générale, don Fernand apparut, mais s'arrêta sur le
seuil intérieur. Il était vêtu d'un élégant habit de voyage, et avait toutes les
apparences d'un homme qui venait d'accomplir une longue course. Il jeta un
coup d'œil rapide sur la salle basse et sur les personnes qui l'y attendaient. Don
Ruiz fut le premier qui frappa son regard; puis, à gauche de don Ruiz, et sur
le premier plan, les deux femmes, c'est-à-dire sa mère et dona Flor, appuyées
l'une à l'autre ; enfin au fond, aussi immobile en sa présence qu'elle avait été
agitée dans l'attente de sa venue, la vieille Béatrix. Dans ce coup d'œil, si
rapide qu'il fût, chacun eut sa part: don Ruiz, le regard froid et respectueux ;
dona Mercédès, le regard tendre et éloquent; dona Flor, le regard tendre et
plein de souvenirs ; Béatrix, le regard affectueux. Tous ces regards réunis
eurent à peine la durée d'un éclair, et cependant chacun eut le sien ; puis,
s'inclinant et s'adressant à son père avec une respectueuse élégance, et comme
s'il arrivait en effet d'un simple voyage :

— Senor, dit don Fernand, béni soit le jour où vous permettez à mon amour
filial de venir se prosterner à vos pieds, car ce jour est le plus heureux de mes

TYP. J. CLAYE.

EL SALTEADOR ET SA MÈRE.

jours. Et en même temps le jeune homme, avec une répugnance visible, mais comme s'il accomplissait un cérémonial obligé, mit un genou en terre.

Don Ruiz le regarda un instant dans cette humble position, et d'une voix mal d'accord avec les paroles, car les paroles étaient affectueuses, et la voix conservait un certain accent de rudesse :

— Relevez-vous, don Fernand, dit-il, et soyez le bienvenu dans cette maison, où vous attendent depuis longtemps, et avec anxiété, un père et une mère. — Senor, répondit le jeune homme, quelque chose me dit que je dois rester à genoux devant mon père, tant qu'il ne m'aura pas donné sa main à baiser.

Le vieillard fit quatre pas au-devant de son fils.

— Voici ma main, et Dieu vous rende aussi sage que mon instante prière l'en supplie du fond du cœur.

Don Fernand prit la main de son père et l'effleura de ses lèvres.

— Maintenant, dit le vieillard, entrez, entrez dans la maison, et baisez la main de votre mère.

Le jeune homme se releva, salua don Ruiz, et s'avançant vers sa mère :

— C'est avec crainte, Madame, et le cœur plein de honte, que je me présente à vos yeux à qui, Dieu me les pardonne, mais vous surtout, Madame, à qui j'~ ait verser tant de larmes.

_t cette fois il s'agenouilla à deux genoux, et, les deux bras étendus vers dona Mercédès, il attendit. Celle-ci s'avança, et avec cet accent maternel si doux, que même dans ces moments de reproches il semble encore une caresse :

— Fernand, dit-elle en portant d'elle-même ses deux mains aux lèvres de son fils, outre ces larmes dont tu parles, je te dois celles que je verse en ce moment, et crois-moi, mon enfant bien-aimé, si les unes étaient bien amères, les autres sont bien douces; puis, le regardant avec son plus doux sourire de femme et de mère : Sois le bienvenu, enfant de mon cœur, dit-elle.

Dona Flor se tenait debout derrière Mercédès.

— Senora, dit don Fernand, je sais ce que votre illustre père, don Inigo, a eu l'intention de faire pour moi; l'intention est pour moi le fait, recevez donc, en son nom, toute la part de reconnaissance que je vous ai vouée.

Et, au lieu de demander à baiser la main de la jeune fille, comme il avait fait de celle de don Ruiz et de sa mère, le jeune homme tira de sa poitrine une fleur fanée et y appuya passionnément ses lèvres. La jeune fille rougit et recula d'un pas : elle venait de reconnaître la tubéreuse qu'elle avait donnée au Salteador dans la salle de la venta del reý Moro. Mais alors la vieille nourrice impatiente s'avança, et s'adressant à Mercédès :

— Oh! Madame, dit-elle, est-ce que je ne suis pas aussi un peu la mère de ce cher enfant, moi ? — Monsieur, dit le jeune homme en se tournant vers don Ruiz en même temps qu'il tendait, avec les sourires des jours d'enfance, ses deux bras vers la nourrice, est-ce que vous ne permettrez pas que, malgré votre présence respectée, j'embrasse cette brave femme?

Don Ruiz fit un signe de tête. Béatrix se jeta dans les bras de celui qu'elle appelait son enfant, et le serra à plusieurs reprises sur sa poitrine, en faisant résonner chaque fois sur ses joues ces bons gros baisers, auxquels les gens du peuple ont consacré cette tendre appellation de baisers de nourrice.

— Ah! murmura dona Mercédès, en voyant dans les bras de sa nourrice l'enfant qui, en présence de don Ruiz, n'avait osé que lui baiser la main, voici bien certainement la plus heureuse de nous tous. Et deux larmes envieuses roulèrent le long de ses joues maternelles.

Don Ruiz n'avait pas un instant détourné son regard sombre du tableau que nous avons essayé d'esquisser. A la vue de deux larmes sur les joues de dona Mercédès, un frémissement passa sur son visage, et un instant ses yeux se fermèrent comme si quelque souvenir, venimeux serpent, venait de le mordre au cœur. Il fit un violent effort sur lui-même; sa bouche s'ouvrit et se referma; ses lèvres frémirent, mais on n'entendit aucun son. On eût dit un homme dont la poitrine faisait d'inutiles efforts pour rendre le poison qu'elle aurait avalé. Mais de même qu'aucun détail de cette scène n'avait échappé aux regards de don Ruiz, les yeux de dona Mercédès avaient tout vu.

— Don Fernand, dit-elle, je crois que votre père veut vous parler.

Le jeune homme se tourna vers le vieillard, et, les yeux baissés, fit, par un mouvement de tête et d'épaules, signe qu'il écoutait. Mais une impatience visible se cachait sous cette humilité apparente, et quelqu'un qui eût pu traduire la pensée que les mouvements de son cœur communiquaient à son esprit, aurait pu dire que le sermon que l'enfant prodigue s'attendait à recevoir, tout inévitable qu'il lui eût paru, ne lui en était pas moins désagréable, surtout en présence de dona Flor. Celle-ci s'en aperçut avec cette délicatesse d'appréciations qui n'appartient qu'aux femmes.

— Pardon, dit-elle, il m'a semblé que l'on refermait la porte; c'est sans doute mon père qui rentre; je vais lui annoncer la bonne nouvelle du retour de don Fernand.

Et serrant la main de Mercédès, et saluant le vieillard, elle sortit sans regarder le jeune homme, qui, la tête inclinée, attendait le discours paternel avec plus de résignation que de respect. Cependant, à cette sortie de dona Flor, la poitrine du Salteador se dilata, et il respira plus librement. Le vieillard lui-même parut plus à son aise du moment où les auditeurs et les spectateurs furent réduits aux personnes de la famille.

— Don Fernand, dit-il, vous avez pu voir en rentrant ici le changement qui, pendant votre absence, s'était fait dans la maison; notre fortune est anéantie; nos biens, et c'est ce que je regrette le moins, sont ou vendus ou engagés; la sœur de don Alvar ayant consenti à entrer dans un couvent, je lui ai constitué une dot; les parents des alguazils morts ayant accepté un dédommagement, je leur ai payé comptant une certaine somme et leur sers une rente; mais, pour en arriver là, nous avons été forcés, votre mère et moi, de nous réduire presque à la misère.

Don Fernand fit un mouvement qui exprimait, sinon son repentir, du moins son regret, mais avec une noblesse parfaite, et en accompagnant ce geste d'un sourire de mélancolie.

— Ne parlons plus de tout cela, tout est oublié, puisque vous voilà gracié, mon fils, et de cette grâce je remercie bien humblement le roi don Carlos. De ce moment je dis adieu aux chagrins passés, et ces chagrins sont pour moi comme s'ils n'avaient jamais existé; non, mais ce que je voulais vous demander les larmes aux yeux, don Fernand, ce que je voulais vous demander avec de tendres prières, ce que je vous demanderais agenouillé devant vous, si la nature ne répugnait pas à voir le père agenouillé devant le fils, le vieillard abaissé devant le jeune homme, les cheveux blancs suppliant les cheveux noirs ; ce que je voulais vous demander, mon fils, c'est que vous changiez de mœurs et de vie, c'est que vous travailliez, et je vous aiderai de tout mon pouvoir, à reconquérir l'estime publique ; c'est que même vos ennemis reconnaissent que les âpres leçons du malheur ne sont jamais perdues pour un cœur noble et un esprit intelligent. Nous avons été jusqu'aujourd'hui, moi, votre père, vous, mon fils ; ce n'est point assez, don Fernand, à partir d'aujourd'hui soyons amis. Peut-être y a-t-il entre nous quelques fâcheux souvenirs, chassez-les de votre côté, je les chasserai du mien ; vivons en paix, faisant l'un pour l'autre tout ce que nous pourrons ; je tâcherai de vous donner les trois sentiments que tout père doit à un fils, amour, tendresse, dévouement ; je ne vous en demande qu'un seul en échange : à votre âge, âge de fougueuses passions, on n'a pas sur soi-même la même puissance qu'un vieillard, je ne vous demande que de l'obéissance, m'engageant à ne jamais rien exiger de vous que d'honorable et juste. Excusez-moi, si j'ai été plus long que je ne voulais, don Fernand, la vieillesse est bavarde. — Senor, répondit don Fernand en s'inclinant, je vous engage ma foi de gentilhomme, qu'à compter d'aujourd'hui, vous n'aurez plus aucun reproche à me faire, et que je profiterai du malheur de telle façon, que vous en serez à vous réjouir que le malheur se soit attaqué à moi. — C'est bien, Fernand, répondit don Ruiz, je vous permets maintenant d'embrasser votre mère.

Mercédès jeta un cri de joie et tendit les bras à son fils.

XXIV

DON RAMIRO

Le spectacle d'une mère serrant son fils entre ses bras avec des pleurs d'amour, si doux qu'il soit aux yeux des autres hommes, avait sans doute quelque chose de douloureux aux sombres regards de don Ruiz, car il sortit en silence pendant cet embrassement, et la vieille Béatrix seule le vit sortir.

Une fois avec sa mère et sa nourrice, le jeune homme raconta à sa mère tout ce qui s'était passé la veille, et sans lui rien dire encore du sentiment étrange qu'il éprouvait pour dona Flor ; comment il était venu pour la visiter la nuit, ainsi que d'habitude, et comment il avait trouvé sa chambre occupée par sa belle hôtesse. Alors dona Mercédès emmena son fils dans sa nouvelle chambre. La chambre de sa mère était pour don Fernand, dans la maison, ce que le sanctuaire est pour un cœur religieux dans une église. C'était dans la chambre de sa mère qu'enfant, adolescent, jeune homme, il avait passé ses plus douces heures ; c'était là seulement que son cœur si capricieux avait battu à son aise, que ses pensées si vagabondes avaient osé prendre leur essor, pareilles à ces oiseaux qui, nés dans un hémisphère, prennent à une certaine époque de l'année leur vol vers des contrées inconnues. Là, couché à ses pieds comme aux jours d'innocence et de jeunesse, baisant les genoux maternels avec cette plénitude de bonheur qu'il n'avait pas ressentie depuis si longtemps, Fernand, avec plus d'orgueil que de honte, raconta à sa mère sa vie aventureuse, depuis le moment où il avait fui jusqu'à celui où il était rentré dans la maison. Jusque-là il avait constamment écarté ce récit de ses entrevues

avec sa mère : un homme ne raconte pas un rêve douloureux tant que dure ce rêve; mais une fois éveillé, plus le rêve a été terrible, plus il le raconte avec délices et en riant de ce mirage nocturne qui faisait sa terreur.

Mercédès écoutait son fils, suspendue à ses lèvres ; mais quand don Fernand en fut à cette heure où il rencontra don Inigo et dona Flor, l'intérêt qu'apportait Mercédès à ce récit parut s'augmenter encore ; elle pâlit et rougit plusieurs fois. Don Fernand sentit battre sous son front la poitrine de sa mère ; mais quand il lui raconta cette sympathie étrange qui s'était emparée de lui à la vue de don Inigo, cet entraînement qui l'avait poussé presque suppliant aux pieds de dona Flor, elle lui mit la main sur la bouche comme pour lui demander une trève. Il était évident qu'elle était au bout de sa force et n'en pouvait supporter davantage. Puis, lorsqu'elle eut rendu la parole à son fils, vint le récit du danger qu'il avait couru, la fuite dans la montagne, l'incendie, la retraite dans la grotte de la bohémienne, l'assaut donné au fugitif par les soldats, enfin le combat avec l'ours.

Les dernières paroles éteintes aux lèvres de don Fernand, Mercédès se leva, et pâle, chancelante, alla s'agenouiller dans un angle de cette chambre transformée en oratoire. Don Fernand la regardait debout et plein de respect, lorsqu'il sentit une main qui se posait légèrement sur son épaule. Il se retourna ; c'était la main de sa vieille nourrice. Elle venait lui annoncer qu'un de ses meilleurs amis, don Ramiro, ayant su son retour, était au salon et demandait à lui parler. Le jeune homme laissa Mercédès à sa prière; il savait bien que sa mère priait pour lui.

Don Ramiro, en effet, vêtu d'un ravissant costume du matin, attendait son ami, nonchalamment étendu dans un grand fauteuil. Les deux jeunes gens qui, en effet, avaient été très-amis autrefois et qui ne s'étaient pas vus depuis trois ans, se jetèrent dans les bras l'un de l'autre; puis vinrent les questions. Don Ramiro savait les amours de Fernand avec dona Estefania, son duel avec don Alvar et la fuite du Salteador après la mort de son adversaire, mais là s'arrêtaient tous les renseignements recueillis. D'ailleurs, le bruit général était qu'après le duel, don Fernand avait passé en France et en Italie; il avait été vu, disait-on, à la cour de François Ier et à celle de Laurent II, dont la grande illustration philosophique fut d'avoir été père de Catherine de Médicis et de laisser à sa mort un buste de lui sculpté par Michel Ange. Voilà ce que pensait don Ramiro.

Personne ne s'était approché de don Ruiz et du roi assez près pour entendre leur conversation, par conséquent ceux même qui avaient vu le vieillard aux genoux de don Carlos pensaient qu'il ne lui avait demandé rien autre chose que le pardon du meurtre de don Alvar. Fernand laissa don Ramiro dans son erreur; puis, autant par curiosité que pour changer la conversation, ce fut lui qui, à son tour, interrogea don Ramiro.

— Vous êtes le bienvenu, lui dit-il, et j'eusse voulu vous prévenir.

Mais don Ramiro secoua mélancoliquement la tête.

— Je ne puis guère être le bienvenu, lui dit-il, portant dans mon âme un sentiment qui m'a causé jusqu'à présent plus d'ennuis que de joies.

Fernand s'aperçut que, au contraire de lui, don Ramiro avait le cœur plein, et ne demandait qu'à lui faire confidence de ces sentiments qui encombraient son cœur; il sourit, et lui tendant la main :

— Cher ami, lui dit-il, nous sommes de ceux dont le cœur et les passions ont besoin de grand air. On étouffe dans cette salle ; vous plaît-il de me raconter vos aventures sous cette belle allée d'arbres qui s'étend devant notre maison ? — Oui, dit don Ramiro, d'autant plus que, tout en causant avec vous, je *la* verrai peut-être. — Ah ! répliqua en riant don Fernand, *elle* demeure sur cette place ? — Venez, dit Ramiro. Dans un instant, non-seulement vous saurez tout ce qui m'est arrivé, mais encore le service que j'attends de vous.

Les deux jeunes gens sortirent, appuyés au bras l'un de l'autre, et commencèrent leur promenade qui, comme si elle eût été réglée d'un commun accord, ne dépassa point la façade de la maison ; en outre, de temps en temps chacun d'eux levait la tête vers les fenêtres du premier étage. Mais comme ni l'un ni l'autre ne s'informa de la cause de ce mouvement, il n'amena aucune explication pendant le silence qui se fit d'abord entre les deux promeneurs. Enfin, don Ramiro n'y pouvant plus tenir :

— Ami Fernand, dit-il, il me semble que nous étions venus... vous, pour écouter ma confidence, et moi pour vous la faire ? — Aussi, cher Ramiro, dit Fernand, je vous écoute. — Ah ! mon ami, répliqua Ramiro, que l'amour est un cruel tyran, et comme il traite en esclaves les cœurs sur lesquels il règne !

Don Fernand sourit en homme dont c'est aussi l'opinion.

— Et cependant, dit-il, lorsqu'on est aimé. — Oui, dit Ramiro, mais quoique j'aie tout lieu d'espérer que je le suis, je doute encore. — Vous doutez, don Ramiro, et cependant, si je m'en souviens bien, au moment où nous nous séparâmes, la modestie, en fait d'amour, n'était pas mise par les femmes au nombre des défauts qu'elles vous reprochaient. — C'est qu'avant de la voir, cher don Fernand, je n'avais jamais aimé. — Eh bien ! voyons, dit don Fernand, racontez-moi comment vous vîtes cette merveilleuse beauté qui a eu l'influence de faire de l'orgueilleux don Ramiro l'homme le plus modeste de l'Andalousie. — Eh ! mon ami, comme on voit une fleur perdue dans ses feuilles, étoile voilée par un nuage, je passais dans les rues de Tolède le soir, lorsque, par une jalousie entr'ouverte, je vis la plus merveilleuse beauté qui eût encore réjoui le regard des hommes. J'étais à cheval, je m'arrêtai tout émerveillé. Sans doute prit-elle pour de l'audace ce qui n'était que de l'admiration, car elle referma sa jalousie, quoique muet de surprise et les mains jointes je la priasse de n'en rien faire. — Oh ! la cruelle, dit en riant don Fernand. — Je restai plus d'une heure devant cette fenêtre, espérant toujours qu'elle allait se rouvrir ; mais mon attente fut inutile. Je cherchai alors la porte par laquelle on entrait dans cette maison ; mais je m'aperçus que la façade devant laquelle je me trouvais n'était percée que de fenêtres. — Était-ce donc une maison enchantée ? — Non, car je compris que la rue que je traversais étant déserte et écartée, la maison devait s'ouvrir sur une autre rue. C'était protégée par cet isolement, que ma belle inconnue avait sans doute ouvert sa fenêtre. Au reste, de cette circonstance je conclus qu'elle n'était ni sous la puissance d'un père bien sévère, ni sous celle d'un tuteur bien jaloux, puisqu'elle avait cette liberté d'ouvrir la jalousie d'une fenêtre qui n'était qu'à douze ou quinze pieds de terre. Quant à être mariée, je n'y songeai même pas, à peine paraissait-elle avoir quatorze ans. — Mais je vous connais, don Ramiro ! dit Fernand. Vous êtes, ou plutôt, car il me paraît que l'amour a fait de grands changements en vous, vous n'étiez pas homme à chercher longtemps avec vous-même la solution d'un pareil problème. Toute jeune fille, c'est une grâce de la nature ou une faveur de la société, toute jeune fille a une duègne, toute duègne a son défaut, ce défaut a une serrure, et cette serrure s'ouvre avec une clé d'or. — Je le croyais aussi, cher don Fernand, dit le jeune homme; eh bien! cette fois je me trompais. — Pauvre don Ramiro, c'était jouer de malheur, si bien que vous ne pûtes même savoir qui elle était? — Si fait, et je n'eus besoin pour cela de séduire ni valet ni duègne. Je fis le tour du quartier, et je me trouvai dans une grande et belle rue, et de l'autre côté de la maison. Cette maison était un véritable palais, situé rue des Chevaliers. Je m'enquis auprès des voisins, et j'appris qu'elle appartenait... — La jeune fille ou la maison? — Ma foi! toutes deux, qu'elles appartenaient à un étranger puissamment riche, arrivant depuis un an ou deux des Indes, et que, sur sa renommée de sagesse et de justice, le cardinal de Ximènes avait fait venir de Malaga, où il habitait, pour l'attacher au conseil de régence. Vous devinez de qui il est question, don Fernand? — Ma foi! non, pas le moins du monde. — Impossible! — Vous oubliez, mon cher don Ramiro, que depuis deux ans je suis absent de l'Espagne, et que j'ignore, ou à peu près, ce qui s'y est passé pendant ces deux ans. — C'est vrai, et cette ignorance où vous êtes m'aidera fort, je l'avoue, pour la fin de mon récit. Il y avait deux moyens d'arriver à ma belle inconnue : profiter de ma naissance et de ma position pour me faire présenter au père et pénétrer jusqu'à la fille, ou bien guetter l'ouverture de cette jalousie par laquelle passait le rayon de sa beauté, comme le prisonnier, à sa fenêtre grillée, guette le passage d'un rayon de soleil. J'employai le premier moyen. Mon père, dans sa jeunesse, avait connu l'illustre personnage auquel j'avais affaire. Je lui écrivis. Il m'envoya une lettre. Je fus reçu cordialement; mais c'était la fille, et non le père, que je désirais voir; et, soit ordre paternel, soit amour de la retraite, la fille se tenait obstinément enfermée chez elle. Je revins au second moyen, au moyen mystérieux qui était de surprendre un regard d'elle, quand la nuit, se croyant seule, elle respirait à sa fenêtre l'air frais et parfumé qui vient du Tage. D'ailleurs, ce moyen n'est-il pas toujours le meilleur, et toute jeune fille ne regarde-t-elle pas avec une attention plus curieuse le cavalier qui s'arrête sous son balcon, par une belle nuit étoilée ou par une sombre nuit d'orage, que celui qu'on lui présente dans un boudoir ou dans un salon? — Vous avez toujours été, à l'endroit des femmes, un très-grand observateur, don Ramiro. Continuez, je vous écoute, car je ne doute point que vous n'ayez réussi.

Don Ramiro secoua la tête.

— Je n'ai ni réussi, ni échoué tout à fait, dit-il. Deux ou trois fois, caché par quelque angle de muraille, je parvins à me dérober assez adroitement à son regard pour que je pusse la voir; mais à peine me montrais-je moi-même que, sans affectation, sans empressement, sans colère, la jalousie ouverte se refermait. — Et à travers cette jalousie, vous ne pouviez voir si l'on continuait de vous regarder? — Voilà, je vous l'avoue, l'espoir qui me soutint pendant tout un temps; mais un jour, après une absence d'une semaine que j'avais été obligé de faire, je revins et trouvai la maison parfaitement close, portes et fenêtres étaient fermées. Ni jeune fille, ni vieillard, ni duègne n'apparaissait le jour à l'extérieur, pas une lumière n'animait l'intérieur la nuit; on eût dit un tombeau. Je m'informai. Le conseil de régence ayant été dissous par l'arrivée du roi don Carlos en Espagne et par son approche de Tolède, le père de mon infante était retourné à Malaga. Je le suivis à Malaga, je l'eusse suivi au bout du monde. Là recommencèrent les mêmes tentatives, mais, je l'espère, avec un meilleur succès. Elle se retira d'abord moins vivement, et je pus lui adresser quelques paroles; puis je jetai d'avance des bouquets sur son balcon ; elle les poussa d'abord du pied, puis parut ne point faire attention à eux, puis enfin elle les ramassa. Une ou deux fois même elle répondit à mes questions; mais, comme confuse de sa complaisance, comme effrayée du son de sa voix, elle se retirait presqu'aussitôt, et sa parole était plutôt pareille à l'éclair, qui rend la nuit plus sombre, qu'à l'aurore, qui précède le jour. — Et les choses allèrent ainsi?.. demanda don Fernand. — Jusqu'au moment où son père reçut du roi l'ordre de venir à Grenade. — Oh! pauvre don Ramiro, dit en riant Fernand; de sorte qu'un beau matin vous trouvâtes la maison de Malaga fermée comme celle de Tolède? — Non, pas cette fois; elle me fit la grâce de m'avertir de l'heure du départ et de la route qu'elle devait prendre, de sorte qu'au lieu de la suivre, je pris la résolution de la précéder. Ceci d'ailleurs m'offrait un avantage : chaque halte qu'elle ferait me rappellerait à son souvenir; chaque chambre où elle s'arrêterait lui parlerait de moi; je me fis courrier, mais courrier d'amour. — Ah! fit don Fernand, sans que Ramiro, tant il était à son récit, s'aperçût du changement qui s'était fait dans la voix de son ami pendant les dernières paroles qu'il avait prononcées. — Oui, on ne trouve rien dans nos misérables auberges, eh bien! j'ordonnais les repas; je savais le parfum qu'elle préférait, je porte ce parfum à mon cou, dans une cassolette d'or; j'en brûlais dans les corridors qu'elle devait traverser, dans la chambre où elle devait faire halte; je connaissais ses fleurs de prédilection, et, de Malaga à Grenade, elle ne marcha que sur des fleurs. — Et comment un si galant cavalier que don Ramiro, demanda don Fernand d'une voix de plus en plus altérée, peut-il avoir besoin du secours d'un ami, ayant en lui-même tant de ressources? — Ah! mon ami, mon cher don Fernand! le hasard, je me trompe, la Providence a combiné l'un avec l'autre deux événements qui doivent, si quelque catastrophe inconnue n'éclate pas sur mon chemin, me conduire droit au bonheur. — Et quels sont ces événements? demanda don Fernand en passant sa main sur son front pour en essuyer la sueur qui le couvrait. — Le père de celle que j'aime est l'ami de votre père, et vous, mon cher Fernand, comme un ange sauveur, vous êtes arrivé ce matin. — Eh bien! après? — Eh bien! comme votre père a offert l'hospitalité... — Ainsi, demanda don Fernand les dents serrées par la jalousie, celle que vous aimez..? — Eh! ne devinez-vous pas, cher ami?

Don Fernand repoussa celui qui prenait si mal son temps pour l'appeler de ce nom. — Je ne devine rien, reprit-il d'un air sombre, et il faut tout me dire. Comment s'appelle votre bien-aimée, don Ramiro? — Est-il besoin de vous dire le nom du soleil quand vous sentez sa chaleur, et quand vous êtes ébloui par ses rayons? Levez les yeux, don Fernand, et soutenez, si vous le pouvez, la vue de l'astre qui brûle mon cœur.

Don Fernand leva les yeux et vit dona Flor penchée à son balcon et le regardant avec un doux sourire; mais comme si la jeune fille n'eût attendu que le moment d'être vue, à peine eût-elle échangé avec don Fernand un rapide regard qu'elle se rejeta en arrière, et que l'on entendit le bruit de la fenêtre qui se refermait. Mais la fenêtre ne se referma point si vite, cependant, que de cette fenêtre il ne tombât une fleur. Cette fleur, c'était une anémone.

XXV

L'ANÉMONE

Les deux jeunes gens s'élancèrent du même mouvement pour ramasser la fleur tombée par hasard ou à dessein de la main de la jeune fille. Ce fut don Fernand qui, se trouvant le plus rapproché de la fenêtre, ramassa l'anémone. Mais alors, étendant la main vers son ami.

— Merci, cher Fernand, dit Ramiro, rendez-moi cette fleur. — Et pourquoi vous la rendrais-je? demanda Fernand. — Mais parce qu'il me semble que c'est à mon intention qu'on l'a laissée tomber. — Qui vous dit cela? — Personne; mais qui me dit le contraire? — Quelqu'un qui, peut-être, ne craindrait pas de vous le dire en face. — Qui? — Moi.

Don Ramiro regarda don Fernand avec stupéfaction et s'aperçut seulement alors et de sa pâleur et du frémissement convulsif de ses lèvres.

— Vous, dit-il en reculant d'un pas, pourquoi vous? — Parce que celle que vous aimez, je l'aime. — Vous aimez dona Flor? s'écria don Ramiro. — Je l'aime! répéta don Fernand. — Où l'avez-vous vue et depuis quand l'avez-vous vue? demanda Ramiro en pâlissant à son tour. — Que vous importe? — Mais il y a deux ans que je l'aime, moi. — Peut-être l'aimé-je seulement depuis deux jours, mais si, depuis deux jours, j'ai plus fait que vous depuis deux ans? — Prouvez-moi cela, don Fernand, ou je dirai tout haut que vous avez orgueilleusement taché la réputation d'une jeune fille. — Vous m'avez dit que vous aviez couru devant elle, n'est-ce pas, de Malaga à Grenade? — Je viens de vous le dire. — Vous avez passé à la venta del rey Moro? — Je m'y suis arrêté, même. — Vous y avez commandé un repas pour don Inigo et sa fille, vous y avez brûlé des parfums et laissé un bouquet? — Oui. — Dans le bouquet il y avait une anémone? — Eh bien? — Cette anémone, elle me l'a donnée. — Donnée de sa main? — Donnée, et la voilà sur mon cœur où elle s'est fanée comme celle-ci s'y fanera. — Cette anémone, vous l'avez prise, arrachée au bouquet sans qu'elle le sût, ramassée sur le chemin où elle l'avait laissée tomber par mégarde; avouez cela et je vous le pardonne. — D'abord, il n'y a que de Dieu et du roi que j'accepterais un pardon, répondit fièrement le jeune homme, et quant à la fleur, elle me l'a donnée. — Vous mentez, don Fernand, dit Ramiro, et de même que vous avez volé la première de ces fleurs, vous avez volé la seconde!

Don Fernand poussa un cri de colère, et, tirant son épée de la main droite, tandis qu'il jetait aux pieds de don Ramiro la fleur fraîche et la fleur fanée:

— Eh bien! soit, dit-il, données ou volées, les voilà toutes deux à terre, celui qui, dans cinq minutes, vivra encore, les ramassera. — A la bonne heure, dit don Ramiro faisant un pas en arrière et en tirant son épée à son tour, voilà un marché comme je les aime.

Puis se tournant vers les gentilshommes qui se promenaient sur la place et qui voyant des épées nues se retournaient du côté où elles se baissaient.

— Holà! cavaliers, dit-il, venez çà, afin que nous ne nous battions pas sans témoins, et que si don Fernand me tue, on ne dise pas du moins qu'il m'a assassiné, comme on a dit qu'il avait assassiné don Alvar. — Soit! qu'ils viennent,

dit don Fernand, car j'en jure Dieu, don Ramiro, ce qu'ils vont voir méritera
d'être vu.

Et les deux jeunes gens, à quelques pas de distance l'un de l'autre, abaissant
chacun de son côté leur épée vers la terre, attendirent que le cercle fût fait autour d'eux. Puis quand le cercle fut fait:

— Commencez, senores, dit une voix.

L'eau ne se précipite pas plus vite lorsqu'elle rompt sa digue, que les deux
jeunes gens ne se précipitèrent l'un sur l'autre. En ce moment un cri retentit
derrière la jalousie; mais ce cri, tout en faisant lever la tête aux deux combat-
tants, non-seulement n'arrêta point le combat, mais sembla n'avoir eu pour
résultat que d'augmenter sa violence. Don Fernand et don Ramiro étaient non-
seulement deux des plus braves, mais encore deux des plus adroits gentilshommes qui eussent existé. Ni l'un ni l'autre n'eût bien certainement rencontré sur ces deux points son rival en Andalousie, et pour trouver une résistance
sérieuse, il fallait qu'ils combattissent l'un contre l'autre : aussi, comme l'avait
promis don Fernand, ce que regardaient les gentilshommes méritait d'être vu.

En effet, les deux épées s'étaient croisées avec une rapidité et un acharnement qui eût pu faire croire un instant que le fer d'où sortaient des étincelles
était animé des mêmes passions que les hommes qui le tenaient. Tout ce que
l'art, l'adresse, la force ont de ressources, fut déployé pendant les quelques minutes que dura cette première passe, sans que ni l'un ni l'autre des deux adversaires, immobiles comme les arbres à l'ombre desquels ils combattaient, eût
fait un seul pas en arrière; c'en était presque au point que le danger semblait
avoir disparu et que les spectateurs regardaient le combat, si acharné qu'il
fût, comme s'ils eussent, dans une salle d'armes, regardé un assaut au fleuret
moucheté. Puis, il est vrai aussi que ces combats étaient dans les mœurs du
temps, et que peu de jours se passaient sans que fût donné un spectacle pareil
à celui que donnaient don Fernand et don Ramiro. L'attente fut courte. Chacun
ne demandait que le loisir de respirer, et malgré les cris : *Prenez votre temps!
prenez votre temps!* que répétaient les spectateurs, les deux adversaires se reje-
tèrent l'un sur l'autre avec une nouvelle furie. Mais cette fois à peine les épées
étaient-elles croisées, que l'on entendit une voix haletante prononcer les mots :

— Arrêtez, don Fernand, arrêtez, don Ramiro.

Toutes les têtes se tournèrent du côté d'où venait la voix.

— Don Ruiz de Torrillas! s'écrièrent les spectateurs en s'écartant.

Et en même temps, don Ruiz se trouva au milieu du cercle, juste du côté où
était son fils. Prévenu, sans doute, par dona Flor, il s'interposa entre les com-
battants.

— Arrêtez! répéta-t-il d'une voix impérieuse. — Mon père!... murmura don
Fernand avec impatience. — Senor!... dit don Ramiro avec respect. — Je n'ai
point d'ordres à donner à don Ramiro, dit le vieillard; mais vous, don Fernand,
vous êtes mon fils, et je vous dis : Arrêtez! — Arrêtez, senores! répétèrent tous
les assistants. — Comment, malheureux! s'écria don Ruiz en joignant les mains
devant lui, ne peux-tu donc vaincre tes funestes passions? Gracié d'hier pour
un duel, vas-tu commettre aujourd'hui le pareil crime? — Mon père! mon
père! murmura don Fernand; laissez-moi faire, je vous en prie. — Ici, dans
la rue, à la face du soleil! s'écria don Ruiz en se tordant les mains. — Pourquoi pas? c'est ici, dans la rue, à la face du soleil, que l'offense a été faite. Ils

ont été témoins de l'insulte, qu'ils soient témoins de la vengeance! — Remettez votre épée au fourreau, don Fernand! — En garde! en garde! don Ramiro. — Ainsi, tu me désobéis? — Pensez-vous donc que je me laisserai ôter par vous l'honneur que vous m'avez transmis, comme votre père l'avait reçu de ses aïeux? — Oh! s'écria don Ruiz, plût au ciel que tu eusses gardé une étincelle de celui que je t'avais transmis!

Puis s'adressant à don Ramiro.

— Senor don Ramiro, dit le vieillard, puisque mon fils n'a aucun respect pour les cheveux blancs et les mains tremblantes qui l'implorent, quoique les cheveux blancs soient ceux d'un père, écoutez-moi, vous, et donnez cet exemple, à ceux qui nous entourent, qu'un étranger me montre plus d'égards que ne le fait mon fils. — Oui! oui! dirent les spectateurs, écoutez-le, don Ramiro, et faites ce que dit le vieillard.

Don Ramiro fit un pas en arrière, abaissa son épée et salua.

— Vous avez bien fait d'en appeler à moi, senor don Ruiz de Torrillas, dit don Ramiro; vous avez bien fait de compter sur moi, senores. La terre est grande, la montagne est solitaire, je rencontrerai mon adversaire dans un autre lieu. — Ah! s'écria don Fernand, c'est en vérité déguiser adroitement sa peur.

Don Ramiro qui avait déjà remis son épée au fourreau, qui avait déjà fait deux pas en arrière, se retrouva d'un seul bond en garde et l'épée en main.

— Moi, dit-il, j'ai peur!

Les cavaliers murmurèrent en donnant visiblement tort à Fernand, et deux des plus âgés ou des plus sages firent un mouvement pour intervenir entre les adversaires.

— Mais don Ruiz de Torrillas fit un geste de la main pour les prier de s'écarter.

Les deux gentilshommes obéirent silencieux. On entendit de nouveau le cliquetis des deux épées. Don Ruiz se rapprocha d'un pas de son fils. Don Fernand, les dents serrées, pâle de colère, l'œil en feu, attaquait son adversaire avec une violence qui eût livré un homme moins sûr de sa main que lui.

— Insensé, dit le vieillard, comment, lorsque tu vois qu'un étranger me respecte et m'obéit. toi tu me désobéis et tu me braves!

Levant alors le bâton qu'il tenait à la main :

— Vive Dieu! s'écria-t-il avec un emportement qui faisait étinceler son regard de la flamme de la jeunesse, je ne sais à quoi tient que je t'enseigne publiquement ton devoir.

Sans abandonner le fer de son adversaire du sien, don Fernand se retourna à demi. Il vit son père le bâton levé; de pâle qu'il était, il devint pourpre, tant son sang se concentra vers son cœur, et de son cœur s'élança violemment aux extrémités. Il y avait presque de la haine dans la physionomie du vieillard. Celle de Fernand se mit à l'unisson, et prit à son tour presque une expression de haine. On eût dit qu'un imprudent qui aurait passé entre le double éclair de leur regard eût été foudroyé.

— Prenez garde, mon père, dit le jeune homme d'une voix tremblante et en secouant la tête. — L'épée au fourreau! répéta don Ruiz. — Abaissez d'abord votre canne, mon père. — Obéis d'abord, malheureux, quand je t'ordonne d'obéir. — Mon père! murmura don Fernand en redevenant pâle comme la mort, ne tenez pas plus longtemps votre bâton levé sur moi, ou, vive Dieu! je me porterai à quelqu'extrémité.

Puis se retournant vers don Ramiro :

— Ah! ne vous étonnez pas, don Ramiro, dit-il, je puis faire face à la fois au bâton d'un vieillard et à l'épée d'un fat. — Ah! vous voyez, senores, s'écria don Ramiro, que dois-je faire? — Faites selon votre courage et selon l'offense que vous croirez avoir reçue, senor don Ramiro, dirent les cavaliers en s'éloignant et en renonçant à s'opposer plus longtemps aux suites du combat. — Ingrat et mauvais, s'écria don Ruiz, tenant toujours le bâton levé sur la tête de son fils, ton adversaire ne peut donc t'apprendre comment un fils doit se conduire devant son père? — Non, reprit don Fernand, car mon adversaire a cédé par lâcheté et je ne mets point la lâcheté au rang des vertus. — Celui qui dit ou pense que je suis un lâche... — En a menti, don Ramiro, interrompit le vieillard, c'est à moi à le dire et non pas à vous. — Oh! mais, en finissons-nous? s'écria don Fernand avec un de ces rugissements de rage dont il répondait aux bêtes féroces quand il combattait contre elles. — Une dernière fois, misérable, m'obéiras-tu, remettras-tu l'épée au fourreau? insista don Ruiz plus menaçant que jamais.

Et l'on comprit que si don Fernand n'obéissait pas à l'instant, à la minute, à la seconde, le bâton infamant allait tomber sur lui. Mais, rapide comme la pensée, don Fernand, d'un revers de sa main gauche, écarta don Ruiz, tandis que, de la main droite, d'une feinte habile, il perçait de part en part le bras de don Ramiro arrivé trop tard à la parade. Don Ramiro resta debout, mais le vieillard tomba, tant le coup avait été violent; il l'avait reçu en plein visage. Les spectateurs jetèrent un cri d'épouvante, le fils avait donné un soufflet à son père.

— Place! place! hurla don Fernand en se précipitant sur les deux fleurs qu'il ramassa et cacha dans sa poitrine. — Oh! que le ciel t'écrase, infâme, s'écria don Ruiz en se relevant, oui, le ciel, à défaut des hommes, car la cause d'un père outragé est la cause du ciel! — Qu'il meure! qu'il meure! s'écrièrent les cavaliers d'une seule voix, le fils sacrilége qui a frappé son père.

Et tous, tirant leurs épées, enveloppèrent don Fernand. On entendit un instant le cliquetis des dix lames contre une seule, puis, comme on voit passer à travers la meute impuissante le sanglier écumant, on vit, l'œil enflammé et l'écume à la bouche, apparaître le Salteador. Il passa près de don Ruiz renversé, jeta sur le vieillard un regard où il y avait plus de haine que de repentir, et disparut par une des ruelles qui conduisent au Zacatin.

XXVI

LA MALÉDICTION

Les spectateurs de cette scène, où tout spectateur avait fini par devenir acteur, les spectateurs de cette scène, disons-nous, étaient restés anéantis. Seul, don Ramiro, enveloppant de son manteau son bras droit ensanglanté, s'avança vers le vieillard et lui présentant la main gauche :

— Senor, lui dit-il, me ferez-vous l'honneur d'accepter cette main pour vous relever?

Don Ruiz prit la main de don Ramiro, et se relevant avec peine :

— Oh! fils ingrat! fils dénaturé, s'écria-t-il étendant la main du côté où avait disparu don Fernand, que la vengeance de Dieu te poursuive partout où tu fuiras; contre ces épées étrangères qui se sont levées pour me défendre, que ta main, qui a profané mes cheveux blancs et ensanglanté mon visage, soit impuissante à te défendre et à te venger; et que Dieu, voyant ton sacrilége, te retire et l'air que tu respires et la terre qui te porte, et la lumière qui t'éclaire.—Seigneur, dit respectueusement un des cavaliers en s'approchant de don Ruiz, voici votre chapeau. — Seigneur, dit un second, s'approchant à son tour avec le même respect, vous plaît-il que je vous agrafe votre manteau? — Seigneur, dit un troisième, voici votre bâton.

A ce mot seul, don Ruiz sembla sortir de sa torpeur :

— Un bâton! répéta-t-il, à quoi me servirait un bâton, c'est une épée qu'il me faudrait. — Oh! Cid! oh! Cid Campeador, vois combien nous sommes changés depuis que tu as rendu ta grande âme à Dieu. De ton temps, c'étaient les fils qui vengeaient les injures qu'un étranger faisait à leurs pères; aujourd'hui ce sont les étrangers qui vengent les injures que les pères reçoivent de leurs fils.

Puis se retournant vers le cavalier qui lui présentait sa canne :

— Oui! oui! donnez, dit-il; un outrage fait avec la main doit se venger avec le bâton. Ce sera donc avec ce bâton que je me vengerai de toi, don Fernand! Mais je m'abuse moi-même; comment ce bâton pourrait-il me venger, puisque dès que je l'ai à la main, c'est non pas à attaquer qu'il me sert, mais à m'appuyer sur lui! Comment donc pourrais-je me venger, si l'instrument même de ma vengeance, impuissant à atteindre ce que je poursuis, ne me sert qu'à frapper la terre comme pour lui dire : Terre! terre! ouvre au vieillard, mon maître, la porte de son tombeau! — Senor! senor! calmez-vous, dit un des spectateurs; voici dona Mercédès, votre femme, qui accourt suivie d'une jeune fille belle comme les anges.

Don Ruiz se retourna et jeta un tel regard sur dona Mercédès, que celle-ci s'arrêta et s'appuya en chancelant au bras de dona Flor, belle comme les anges, ainsi qu'avait dit le cavalier, mais pâle comme une statue.

— Qu'y a-t-il donc, Monseigneur? demanda-t-elle à don Ruiz; que s'est-il donc passé? — Il y a, Madame, s'écria don Ruiz, qui semblait puiser dans la présence de sa femme une nouvelle colère... il y a que votre fils m'a frappé au visage; il s'est passé que le sang a jailli sous la main de celui qui m'appelle son père... et que, tombé sous le coup que j'avais reçu, ce n'est pas lui, mais don Ramiro, qui m'a tendu la main pour me relever. Remerciez don Ramiro, Madame, qui a tendu la main à votre époux renversé par la main de votre fils. — Oh! calmez-vous... calmez-vous, seigneur! implora dona Mercédès, et voyez tout ce peuple qui nous entoure. — Qu'il vienne! qu'il s'approche! car il s'approche, car il vient pour me défendre! Venez tous! s'écria don Ruiz, et que chacun sache de ma voix même... apprenne de ma propre bouche que je suis un homme infâme, une face soufHetée. Oui, hommes! regardez-moi... et tremblez d'avoir des fils. Oui, femmes, regardez-moi... et tremblez de mettre au jour des enfants qui, pour les récompenser de vingt-cinq ans de sacrifices, de soins, de douleurs, soufHètent vos maris. J'ai demandé justice au Maître suprême, et je vous demande justice à vous; et si vous ne me dites pas à l'instant même que vous vous chargez de la justice paternelle... eh bien! cette justice, je la demande au roi!

Et, comme la foule épouvantée restait muette devant ce grand désespoir :

— Ah ! vous aussi ! vous aussi ! s'écria don Ruiz; vous aussi, vous me refusez justice !... Eh bien ! donc, au roi don Carlos. Roi don Carlos ! roi don Carlos !... justice ! justice !... — Qui appelle le roi don Carlos ? dit une voix... qui lui demande justice ? Le voilà.

La foule s'écarta à l'instant même ; et par le chemin qu'elle venait d'ouvrir on vit s'avancer, vêtu d'un simple costume de cavalier, un jeune homme dont l'œil clignotant, le visage blanc et pâle, était caché sous un feutre à larges bords, tandis qu'un manteau de couleur sombre enveloppait et cachait sa taille. Derrière lui, vêtu d'un costume aussi simple que le sien, marchait le grand justicier.

— Le roi ! s'écria la foule. — Le roi ! balbutia Mercédès en pâlissant. — Le roi ! répéta don Ruiz, avec un accent de triomphe.

Un grand cercle se forma à l'instant même, au centre duquel restèrent seuls, le roi et don Inigo, don Ruiz et dona Mercédès, appuyée sur dona Flor.

— Qui demandait justice ? interrogea le roi. — Moi, sire, répondit don Ruiz. Le roi le regarda.

— Ah ! ah ! toi encore, hier tu demandais grâce, aujourd'hui tu demandes justice, tu demandes donc toujours. — Oui, sire, et cette fois je ne quitterai Votre Majesté que lorsqu'elle m'aura accordé ce que je lui demande. — Si ce que tu lui demandes est juste, répondit le roi, tu n'auras pas de peine à l'obtenir. — Votre Majesté va en juger, dit don Ruiz.

Don Inigo fit un signe pour que la foule s'écartât, afin que les paroles du plaignant tombassent dans la seule oreille du roi.

— Non, non, dit don Ruiz, il faut que tout le monde entende ce que je vais dire, afin, quand j'aurai fini, que chacun atteste que c'est la vérité. — Restez, écoutez-tous, dit le roi. — Sire, demanda don Ruiz, est-il vrai que vous ayez défendu le duel dans vos États. — C'est vrai, et ce matin encore, j'ai ordonné à don Inigo de poursuivre les duellistes sans relâche ni pitié. — Eh bien ! sire, là sur cette place, tout à l'heure, sous les fenêtres de ma maison, entourés d'un cercle de cavaliers, deux jeunes gens se battaient. — Oh ! dit le roi, jusqu'à présent il me semblait que, pour désobéir aux édits d'un roi, on cherchait quelqu'endroit écarté où la solitude laissait au moins au crime la chance de rester ignoré. — Eh bien ! ces jeunes gens, sire, avaient pour vider leur querelle choisi l'éclat de la lumière du soleil et la place la plus fréquentée de Grenade. — Vous entendez, don Inigo, fit le roi, se retournant à demi. — Mon Dieu ! mon Dieu ! murmura Mercédès. — Madame, demanda dona Flor, va-t-il donc dénoncer son fils ! — Le sujet de leur querelle ! peu m'importe, continua don Ruiz; on lançant au grand justicier un regard qui indiquait que c'était pour l'honneur de sa famille qu'il gardait le secret; je ne le sais pas et ne veux pas le savoir, ce que je sais c'est que, devant ma porte, deux cavaliers, l'épée à la main, se chargeaient rudement.

Don Carlos fronça le sourcil. — Et vous n'êtes pas sorti, dit-il, vous n'avez pas jeté entre les épées de ces jeunes insensés le poids de votre nom et l'autorité de votre âge ? en ce cas vous êtes aussi coupable qu'eux ; car quiconque aide à un duel ou ne s'y oppose pas, est complice d'un duel. — Je suis sorti, sire, et me suis avancé, disant aux deux jeunes gens de remettre leur épée au fourreau; l'un d'eux a obéi. — C'est bien, dit le roi; il sera fait une plus douce peine à celui-là ; mais l'autre ? — L'autre a refusé de m'obéir, sire, l'autre a continué de provoquer son adversaire, l'autre, par ses injures, a forcé son adversaire, qui avait déjà remis l'épée au fourreau, à la remettre à la main et le combat a continué. — Vous entendez, don Inigo, malgré les observations de don Ruiz, le combat a continué. Puis, se retournant vers le vieillard :

— Qu'avez-vous fait alors, don Ruiz? demanda le roi. — Sire, après avoir prié, j'ai menacé; après avoir menacé, j'ai levé le bâton. — Et alors? — Celui qui s'était déjà retiré une première fois, s'est retiré une seconde fois. — Et l'autre? — L'autre, sire, l'autre m'a donné un soufflet en plein visage. — Un jeune homme a donné un soufflet à un vieillard, à un rico hombre, à don Ruiz?

Et les yeux de don Carlos interrogèrent la foule comme s'il se fût attendu à ce qu'un des spectateurs donnerait un démenti à don Ruiz; mais toutes les bouches restèrent fermées, et l'on n'entendit au milieu du silence que les soupirs étouffés de dona Flor, et les sanglots contenus de Mercédès.

— Continuez, dit le roi à don Ruiz. — Sire, quelle peine mérite un jeune homme qui a donné un soufflet à un vieillard? — Si c'est un roturier, le fouet en place publique, et un numéro sur mes galères, entre un Turc d'Alger et un More de Tunis; s'il est noble, il mérite la prison perpétuelle et la dégradation publique. — Et, demanda d'un air sombre don Ruiz au roi, et si celui qui l'a donné était le fils, et si celui qui l'a reçu était le père? — Comment dis-tu, vieillard? Je ne comprends pas bien l'espagnol, et je dois avoir mal entendu.

Don Ruiz répéta lentement et d'une voix dont chaque parole eut son écho douloureux dans le cœur des deux femmes : Et si celui qui a donné le soufflet était le fils, et si celui qui l'a reçu était le père? Un murmure passa dans la foule. Le roi recula d'un pas; et regardant le vieillard d'un air de doute.

— Impossible! dit-il. — Sire, dit don Ruiz, en mettant un genou en terre, je vous ai demandé la grâce de mon fils, meurtrier et voleur! sire, je vous ai demandé justice contre l'enfant qui a levé la main sur son père. — Oh! don Ruiz! don Ruiz! s'écria don Carlos, sortant pour un moment de cette calme et froide sérénité dans laquelle il s'enfermait; savez-vous que c'est la mort de votre fils que vous demandez là? — Je ne sais, sire, de quelle peine on punit en Espagne un pareil crime; car, n'ayant pas d'antécédent, ce crime n'aura probablement pas d'imitateurs; mais voilà ce que je dis, ô mon roi : manquant à ce commandement sacré qui est le premier après ceux de l'Église, mon fils, don Fernand, a osé porter la main sur mon visage; et comme je ne puis moi-même me venger du crime, je viens vous porter plainte contre le criminel, et si vous me refusez justice, eh bien! sire, écoutez bien cette menace que fait à son roi un père outragé, si vous me refusez justice, j'en appellerai de don Carlos à Dieu. Et se relevant : Sire, dit-il, vous m'avez entendu, c'est vous, et non plus moi que l'affaire regarde.

Et il se retira, suivant le chemin que lui ouvrit la foule muette, chacun se découvrant et s'inclinant devant ce père outragé. Mercédès, en voyant que don Ruiz passait devant elle sans la regarder ni sans lui adresser la parole, s'évanouit entre les bras de dona Flor. Don Carlos jeta un de ces regards obliques qui lui étaient particuliers sur le groupe des affligés, puis, se retournant vers don Inigo, plus pâle et plus tremblant que s'il eût été celui qu'on accusait :

— Don Inigo? dit-il. — Sire? répondit le grand justicier. — Cette femme n'est-elle pas la mère? Et, par-dessus son épaule, il indiquait Mercédès.

— Oui, sire, balbutia don Inigo. — Bien. Puis après une pause : Puisque vous êtes mon grand justicier, continua don Carlos, ceci vous regarde. Disposez de tous les moyens qui sont à votre disposition, et ne vous présentez devant moi que lorsque le coupable sera arrêté. — Sire, répondit don Inigo, soyez persuadé que je ferai toutes les diligences possibles. — Faites-les et sans retard, car cette affaire m'importe plus que vous ne le pensez. — Pourquoi cela, sire? demanda le grand justicier d'une voix tremblante. — Parce que, réfléchissant sur ce qui vient d'arriver, je ne sache point qu'il y ai eu dans l'histoire un autre roi devant qui on ait porté une semblable plainte.

Et il s'éloigna grave et pensif en murmurant :

— Que veut dire ceci, Seigneur! Un fils a donné un soufflet à son père!

Le roi demandait à Dieu l'explication d'un mystère dont les hommes ne pouvaient lui donner le mot. Quant à don Inigo, il était resté à sa place, debout, immobile et comme pétrifié.

XXVII

RIVIÈRE ET TORRENT

Il y a des existences prédestinées : les unes coulent avec la lenteur et la majesté de ces vastes fleuves qui, pareils au Mississipi et à l'Amazone, parcourent mille lieues de plaines entre leur source et la mer, portent des bâtiments vastes comme des villes, chargés d'une quantité de passagers pouvant suffire à fonder une colonie ; les autres, qui ont leur source sur les plus hauts sommets, se précipitent en cascades, rejaillissent en cataractes, bondissent en torrents, et, après un parcours de quelques lieues seulement, vont se jeter dans quelque rivière, quelque fleuve, quelque lac qui les absorbent, et où tout ce qu'elles peuvent faire, c'est encore, pendant quelque temps, d'agiter et de troubler les eaux auxquelles elles viennent de se mêler. Pour que le voyageur suive les unes dans tous leurs détails, décrive leurs rivages, reconnaisse leurs alentours, il faut des semaines, des mois, des années. Pour que le piéton suive les accidents des autres, il lui faut quelques jours à peine : la source devenue cascade, la cascade devenue cataracte, la cataracte devenue torrent, naît et meurt sur un espace de dix lieues et dans la durée d'une semaine; seulement, pendant cette semaine, le piéton qui a suivi les rives du torrent a absorbé plus d'émotions peut-être que le voyageur qui, pendant une année, a suivi les bords de la rivière.

L'histoire que nous mettons sous les yeux de nos lecteurs appartient à la catégorie des cascades, des cataractes et des torrents; dès la première page, les événements s'y précipitent, rejaillissent en écume et roulent en grondant jusqu'à la dernière. Pour ceux-là qui sont emportés par la main de Dieu, toutes les règles du mouvement sont interverties, et, quand ils sont arrivés au but, il leur semble avoir fait la route parcourue non pas à pied, non pas à cheval, non pas en voiture, mais dans quelque machine fantastique, roulant à travers les plaines, les villages, les cités, comme une locomotive jetant du bruit et du feu, ou dans quelque ballon voguant si rapidement dans l'air, que plaines, villages, cités disparaissent comme des points perdus dans l'immensité, si bien que le vertige prend aux plus fermes et que toute poitrine est oppressée. C'est là où nous en sommes, c'est-à-dire aux deux tiers du voyage terrible, et, à part ce froid pilote qu'on appelle don Carlos et qui est appelé, sous le nom de Charles-Quint, à se pencher sur les cataclysmes publics comme il se penche aujourd'hui sur les catastrophes privées, chacun avait quitté ou allait quitter la place où s'étaient passés les derniers événements que nous venons de raconter, le trouble dans le cœur, le vertige dans les yeux. Nous avons vu don Fernand s'éloigner le premier; puis, maudissant son fils, menaçant son roi, adjurant son Dieu, don Ruiz disparaître le second; puis enfin le roi, toujours calme, mais plus sombre que d'habitude à cette idée terrible que, sous son règne, un fils avait commis ce crime, inconnu jusque-là, de donner un soufflet à son père, remonter d'un pas calme et lent la rampe de l'Alhambra, vers lequel il revenait après avoir visité les prisons avec le grand justicier. Les seuls acteurs intéressés à la scène qui venait de s'accomplir, et qui restassent encore debout et comme pétrifiés au milieu de la foule qui fixait sur eux ses regards pleins d'étonnement et de douleur étaient : Mercédès, presque évanouie sur l'épaule de dona Flor, et don Inigo, immobile et comme foudroyé par cette parole du roi : *Ne vous présentez devant moi que lorsque le coupable sera arrêté.* Il lui fallait donc arrêter cet homme pour lequel il avait une si profonde sympathie, cet homme dont il avait une première fois, sans l'obtenir, sollicité la grâce avec tant d'instances, lorsqu'il n'était coupable que de ces crimes qui offensent les hommes, et dont la punition était bien autrement certaine, lorsqu'il venait de commettre un de ces sacrilèges qui offensent Dieu; ou bien, sujet rebelle lui-même, complice d'un des plus grands crimes qui aient jamais effarouché la pudeur humaine, ne plus reparaître devant son roi. Et peut-être, dans son cœur, pencha-t-il pour ce dernier moyen; car, remettant à plus tard de donner les ordres nécessaires à l'arrestation de don Fernand, commença-t-il par courir vers la maison pour qu'on portât à dona Mercédès les secours que son état réclamait. Il s'agissait de la reconduire chez elle; mais, chose étrange, lorsque don Inigo, fort et vigoureux comme un jeune homme, s'était approché de la mère de don Fernand avec l'intention de la transporter entre ses bras jusqu'à sa maison, dona Mercédès, au bruit de ses pas, avait tressailli et ouvert les yeux avec un sentiment qui ressemblait presque à de l'épouvante.

— Non, non, avait-elle dit, non, pas vous, pas vous!

Et don Inigo s'était courbé sous cette répulsion étrange et était allé chercher la nourrice de don Fernand et un vieux serviteur qui avait été écuyer de don Ruiz pendant les guerres des Maures, tandis que dona Flor, au comble de la surprise, murmurait tout bas :

— Pourquoi pas mon père, Madame?

Mais Mercédès, refermant les yeux et reprenant sa force, quoique son évanouissement parût durer toujours, commença, guidée par dona Flor, de faire quelques pas vers la maison, de sorte qu'elle touchait presque le seuil, lorsque les deux serviteurs en sortirent venant à son secours. Dona Flor voulait entrer avec Mercédès; mais, à la porte, son père l'arrêta.

— Nous entrons pour la dernière fois dans cette maison, dit don Inigo à sa fille; faites vos adieux à dona Mercédès, et venez me rejoindre ici.—Mes adieux! Pour la dernière fois dans cette maison! Et pourquoi donc cela, mon père? — Puis-je habiter chez la mère dont je vais livrer le fils à la mort?—A la mort! don Fernand! s'écria la jeune fille pâlissant; vous croyez que le roi condamnera don Fernand à la mort? — S'il y avait une punition pire que la mort, c'est à celle-là que don Fernand serait condamné.—Mon père, ne pourrez-vous aller trouver don Ruiz, votre ami, et le fléchir? — Je ne puis. — Dona Mercédès ne peut-elle aller trouver son époux et obtenir de lui qu'il retire sa plainte? Don Inigo secoua la tête. — Elle ne le peut. — Oh! mon Dieu! s'écria la jeune fille en s'élançant dans la maison, oh! je vais m'adresser à un cœur de mère, et ce cœur-là, je l'espère, trouvera un moyen de sauver son fils.

Et elle s'élança dans la maison. Dona Mercédès était assise dans cette même salle basse où, une heure auparavant, elle était debout, en face de son fils, comprimant avec la main les battements de joie de son cœur; sa main le comprimait cette fois pour qu'il ne se brisât point de douleur.

— Ma mère! ma mère! dit dona Flor, n'y a-t-il donc aucun moyen de sauver don Fernand? — Ton père t'a-t-il donné quelque espoir, mon enfant? demanda-t-elle.—Non.—Alors, pauvre fille, crois ton père! Et elle éclata en sanglots.—Mais enfin, Madame, insista dona Flor, il me semble que si, après vingt ans de mariage, vous demandiez cette grâce à don Ruiz...—Il me la refuserait. — Cependant, Madame, un père est toujours père! — Oui, un père! répondit Mercédès; et elle laissa tomber sa tête entre ses mains.— N'importe, Madame, essayez... je vous en supplie! Mercédès resta un instant pensive.—En effet, dit-elle, ce n'est pas mon droit, mais c'est mon devoir. Puis, s'adressant à l'écuyer: Vicente, dit-elle, où est votre maître?—Il est rentré dans sa chambre, Madame, et s'y est enfermé. — Vous voyez, dit Mercédès, acceptant l'excuse qui s'offrait à elle. — Priez-le d'ouvrir avec votre douce voix, Madame, et il ouvrira.

Mercédès essaya de se relever, et retomba sur son fauteuil.

— Je n'en ai pas la force, dit-elle, vous voyez. — Je vous y aiderai, Madame, dit la jeune fille en entourant Mercédès de son bras, et en la soulevant avec une force qu'on ne se fût point attendu à trouver dans ce faible corps.

Mercédès poussa un soupir et se laissa guider. Cinq minutes après, la mère et l'amante éplorées frappaient à la porte de don Ruiz.

— Qui est là? demanda don Ruiz d'une voix sombre. — Moi, répondit dona Mercédès d'une voix à peine intelligible. — Qui vous? — Sa mère.

On entendit dans la chambre quelque chose comme un gémissement; puis des pas s'approchèrent, lents et lourds; puis la porte s'ouvrit. Don Ruiz parut alors, l'œil hagard, les cheveux et la barbe hérissés. Il semblait avoir vieilli de dix ans depuis une demi-heure. — Vous? dit-il. Alors, apercevant dona Flor: Mais vous n'êtes pas seule, continua-t-il; cela m'étonnait aussi que vous osassiez venir seule. — Pour sauver mon enfant, j'oserai tout, dit Mercédès. — Entrez donc, alors, mais seule. — Don Ruiz, murmura dona Flor, ne permettez-vous pas à la fille de votre ami de joindre sa prière à celle d'une mère? — Si dona Mercédès consent à me dire devant vous ce qu'elle a à me dire, entrez. — Oh! non, non, s'écria Mercédès, seule ou pas. — Seule alors, Madame, dit dona Flor en s'inclinant sous la volonté de cette malheureuse mère, et en reculant devant le geste de don Ruiz qui la repoussait.

Et la porte se referma sur Mercédès. Dona Flor resta debout à la place où elle était, stupéfaite, en voyant se dévoiler ce drame intérieur dont l'action passait devant elle sans qu'elle la comprît. Elle avait l'air d'écouter, mais elle n'écoutait pas. Le battement de son propre cœur couvrait le silence de sa bouche; et cependant, il lui sembla qu'à la voix plaintive et pleine d'hésitation de Mercédès, succédait la voix sombre et pleine de menaces de don

Ruiz ; puis elle entendit comme le bruit d'une chute qui fit gémir le plancher.
L'idée lui vint que le bruit de cette chute était causée par le corps de dona
Mercédès, qui tombait de toute sa hauteur. Elle s'élança sur la porte, et
ouvrit. En effet, Mercédès était dans toute sa longueur étendue sur le parquet.
Elle courut à elle et essaya de la soulever, mais don Ruiz lui fit un signe. Si
Mercédès était tombée, il était évident que c'était sous le poids d'une émotion
qu'elle n'avait pu supporter. Don Ruiz était à dix pas d'elle, et, si la chute
de Mercédès eût été causée par un mauvais traitement de son mari, n'eût
pas eu le temps de s'éloigner de cette distance. D'ailleurs, avec un sentiment
qui n'était pas tout à fait exempt d'affection, il la prit dans ses bras, et la portant dans l'antichambre où il la coucha sur une espèce de divan :

— Pauvre femme ! pauvre mère ! murmura-t-il.

Puis il rentra dans sa chambre et s'enferma de nouveau sans dire un seul
mot à la jeune fille, et aussi indifférent que s'il ne l'avait pas vue. Au bout de
cinq minutes, Mercédès ouvrit les yeux, rassembla ses pensées, essaya de les
fixer à l'aide des objets extérieurs, reconnut où elle était, se souvint de la cause
qui l'y avait amenée, et se levant en secouant la tête :

— Oh ! je le savais bien, je le savais bien ! murmura-t-elle.

Et, reconduite par la jeune fille, elle rentra dans sa chambre et tomba dans
un fauteuil. Dans ce moment, on entendit de la porte, qu'il n'osait dépasser,
don Inigo qui disait :

— Ma fille, ma fille, nous ne pouvons rester plus longtemps ici. — Oui, oui,
dit vivement Mercédès, partez. La jeune fille se laissa aller sur ses deux
genoux. — Madame, dit-elle, bénissez-moi, afin que ce que je vais tenter ait
plus de succès que ce que vous venez de tenter vous-même. Mercédès étendit
les deux mains vers la jeune fille, toucha son front, et d'une voix mourante :
— Dieu te bénisse, dit-elle, comme je te bénis ! Après quoi, la jeune fille se
releva, s'en alla toute chancelante s'appuyer au bras de son père et sortit avec
lui de la maison. Mais à peine eut-elle fait quelques pas dans la rue qu'elle
s'arrêta.

— Où allez-vous, mon père ? demanda-t-elle. — Occuper le logement que
le roi avait préparé pour nous à l'Alhambra, et auquel j'ai préféré celui que
m'offrait don Ruiz. — Bien ! mon père, je ne changerai rien à la route que
vous voulez prendre ; mais laissez-moi entrer en passant au couvent de l'Annonciade. — Oui, dit don Inigo, en effet, c'est un dernier espoir.

Et, cinq minutes après, la tourière donnait entrée à dona Flor, tandis que
son père, debout et appuyé contre le mur, attendait sa sortie.

XXVIII

LE SANGLIER TIENT AUX CHIENS

Don Inigo était là depuis quelques instants à peine, quand il lui sembla que
la population se portait rapide et curieuse du côté de la porte de Grenade. Il la
suivit des yeux, d'abord avec ce regard vague de l'homme préoccupé de plus
graves intérêts que ceux qui remuent la foule. Puis enfin, forcé par le bruit et
le mouvement qui se faisaient autour de lui à prêter une attention plus sérieuse
à toute cette agitation, il s'informa des causes qui la produisaient. Alors il ap-

prit qu'un gentilhomme contre lequel un ordre d'arrestation avait été lancé refusait de se rendre, et, réfugié dans la tour de la Vela, se défendait avec acharnement contre ceux qui l'y attaquaient. La première idée qui devait se présenter à l'esprit de don Inigo, et celle qui s'y présenta effectivement, fut que ce gentilhomme était don Fernand. Sans perdre un seul instant, don Inigo s'élança dans la direction suivie par la foule. Au fur et à mesure que l'on montait la rampe qui conduit à l'Alhambra, la foule devenait plus épaisse et la rumeur plus grande ; enfin, à grand'peine don Inigo déboucha sur la place de las Algives : c'était là que se passait la principale action ; comme une mer furieuse et grondante, la foule assiégeait la tour de la Vela. De temps en temps, cette foule s'écartait et laissait passer un blessé qui se retirait, la main appuyée sur sa blessure, ou un mort que l'on emportait. Le grand justicier s'informa et apprit ce que nous allons raconter.

Un jeune gentilhomme, poursuivi par les clameurs de cinq ou six cavaliers, s'était lassé de fuir, et, se réfugiant dans la tour, avait attendu là ceux qui le poursuivaient. Le combat s'était alors engagé avec un acharnement mortel. Peut-être, s'il n'eût eu affaire qu'aux cinq ou six cavaliers qui le poursuivaient, le fugitif eût-il eu raison d'eux ; mais aux cris des assaillants, au cliquetis du fer, aux provocations repoussées par des menaces, les soldats de garde au palais étaient accourus, et, ayant appris que le gentilhomme était sous le coup d'un ordre d'arrestation donné par le roi lui-même, ils s'étaient joints aux assaillants. Alors avait commencé une lutte désespérée. Don Fernand, car c'était lui, s'était réfugié dans l'escalier étroit et tournant qui, à travers deux étages, conduisait au haut de la plate-forme ; là, la défense lui avait été facile : il avait combattu marche à marche, et sur chaque marche un homme était tombé. Il y avait une heure que le combat durait, lorsque don Inigo arriva. Il s'approcha tout frissonnant, conservant cependant encore quelque espoir que le fugitif n'était pas don Fernand ; mais cet espoir fut de courte durée. A peine eut-il mis le pied dans la tour, qu'il entendit la voix du jeune homme dominant le bruit. Don Fernand criait : Venez, venez, lâches ! je suis seul contre vous tous ! j'y laisserai ma vie, je le sais bien, mais, pour le prix que je veux la vendre, vous n'êtes pas encore assez nombreux ! C'était bien lui ! En laissant les choses suivre leur cours, comme venait de le dire don Fernand lui-même, il était impossible qu'il échappât à la mort : seulement la mort était prompte et inévitable. Au contraire, si don Inigo parvenait à l'arrêter, restaient ces chances suprêmes de salut que gardent toujours au condamné l'amour d'une mère et la clémence d'un roi : aussi, don Inigo résolut-il de faire d'abord cesser le combat.

— Arrêtez ! cria-t-il aux assaillants ; je suis don Inigo, grand justicier d'Andalousie, et je viens de la part du roi don Carlos.

Mais il n'était point facile de calmer ainsi la colère d'une vingtaine d'hommes tenus en échec par un seul.

— A mort ! à mort ! répondirent cinq ou six voix, tandis qu'un cri de douleur et le bruit d'un corps roulant par les degrés indiquaient que l'épée de don Fernand venait de faire une nouvelle victime. — Ne m'entendez-vous point ! s'écria don Inigo d'une voix forte ; je vous dis que je suis le grand justicier, et que je viens de la part du roi. — Non, dit un des assaillants, que le roi nous laisse faire justice nous-mêmes, et la justice sera bien faite. — Mes maîtres, mes

maîtres, prenez garde! fit don Inigo, qui ne demandait pas mieux que de faire
dévier sa colère du fugitif à ceux qui le poursuivaient. — Mais enfin, deman-
dèrent plusieurs voix, que voulez-vous? — Que vous me laissiez passer. —
Pourquoi faire? — Pour aller demander son épée au rebelle. — Au fait, dirent
quelques-uns, ce sera un spectacle curieux; laissons-le passer. — Eh bien!
cria don Fernand, vous hésitez, vous reculez. Ah! misérables! ah! lâches!
Et un nouveau cri de douleur indiqua que l'épée du jeune homme venait de
mordre dans de la chair vive. Il en résulta un nouveau tumulte, et l'on entendit
de nouveau le froissement du fer contre le fer.

— Ne le tuez pas! ne le tuez pas! criait don Inigo au désespoir. Il importe
que je le prenne vivant. — Vivant! cria don Fernand; l'un de vous ne vient-il
pas de dire qu'il me prendrait vivant? — Oui, moi! cria le grand justicier du
bas de l'escalier.— Vous! Qui, vous? demanda don Fernand.—Moi, don Inigo.
Don Fernand sentit un frisson lui passer par tout le corps.

— Oh! murmura-t-il, j'avais reconnu votre voix avant que vous n'eussiez dit
votre nom. Puis, tout haut: Eh bien! que me voulez-vous? montez, mais seul.—
Cavaliers, dit don Inigo, laissez-moi passer.

Il y avait dans la voix du grand justicier un tel accent de commandement, que
chacun se rangea, se pressant contre la muraille dans l'escalier étroit. Don Inigo
commença de monter marche à marche; mais, sur chaque marche gisait un
blessé ou un mort. Ce fut en enjambant par-dessus dix cadavres qu'il parvint
jusqu'au palier du premier étage, où l'attendait don Fernand. Le jeune homme
avait le bras gauche enveloppé de son manteau, dont il s'était fait un bouclier;
ses habits étaient déchirés, et son sang coulait de deux ou trois blessures.

— Eh bien! demanda-t-il à don Inigo, que me voulez-vous, vous qui m'avez
inspiré plus de crainte avec une seule de vos paroles que ceux-là avec leurs armes?
— Ce que je veux! dit le grand justicier, c'est que vous me rendiez votre épée.
—Mon épée! répondit don Fernand en éclatant de rire.—Ce que je veux! continua don Inigo, c'est que vous renonciez à vous défendre et vous vous recon-
naissiez mon prisonnier. — Et à qui avez-vous promis d'accomplir ce miracle?
— Au roi. — Eh bien! retournez vers le roi, et dites-lui que vous avez été
chargé d'une mission impossible. — Mais qu'espères-tu donc? que veux-tu
donc, pauvre insensé? — Mourir en tuant. — Alors tue! dit le grand justicier
en s'avançant vers le jeune homme.

Don Fernand fit un geste de menace; puis abaissant son épée:

—Tenez, dit-il ne vous mêlez point de cette affaire; laissez-la se terminer entre
moi et les gens qui l'ont entreprise; vous n'y gagnerez rien de bon, je vous le
jure, et cependant, sur ma foi de gentilhomme, je serais désespéré qu'il vous
arrivât malheur. Don Inigo fit un pas en avant: —Votre épée! dit-il. — Je vous
ai dit qu'il était inutile de la demander, et vous avez pu voir qu'il est dangereux
de la vouloir prendre. —Votre épée! répéta don Inigo en faisant encore un pas
vers don Fernand. — Au moins tirez la vôtre! s'écria le jeune homme. —Dieu
me garde de vous menacer en aucune façon, don Fernand; non, je veux tout
devoir à la persuasion. Votre épée! je vous en prie. — Jamais! — Je vous en
supplie, don Fernand.—Étrange puissance exercée par vous sur moi! s'écria le
jeune homme. Mais non, non, je ne vous rendrai pas mon épée. Don Inigo tendit
la main: —Votre épée!

Il y eut un moment de silence pendant lequel le grand justicier appliqua à séduire don Fernand cet étrange privilége de fascination qu'il avait exercé sur lui dès le premier jour qu'il l'avait vu.

— Oh! murmurait celui-ci, quand je pense que mon propre père n'a pu me faire remettre cette épée au fourreau ; quand je pense que vingt hommes n'ont pu l'arracher de mes mains ; quand je pense que je me sens de force, comme un taureau blessé, à mettre en pièces tout un régiment, et que vous, vous désarmé, vous n'avez qu'à dire un mot.—Donnez, dit don Inigo.—Oh! mais, dites-vous bien ceci, que c'est à vous seul, et à vous seul, que je me rends ; que c'est vous seul qui m'inspirez à la fois de la crainte et du respect, et que ce n'est qu'à vos pieds, et non pas même à ceux du roi, que je mets cette épée rouge de sang depuis la poignée jusqu'à la pointe.

Et il déposa humblement son épée aux pieds de don Inigo. Le grand justicier la ramassa.

—C'est bien, dit-il, et le ciel m'est témoin qu'en cette occasion, don Fernand, toi étant l'accusé, et moi étant le juge, il me serait doux de changer avec toi, et que je souffrirais moins du danger que tu cours que de la douleur que je ressens.
— Que comptez-vous donc faire de moi? demanda don Fernand en fronçant le sourcil.— Tu vas me donner ta parole de ne pas chercher à fuir, de te rendre à la prison et d'y attendre le bon plaisir du roi.— C'est bien, vous l'avez.— Suivez-moi.

Alors don Inigo s'approchant de l'escalier :
—Place! dit-il, et que pas une voix ne s'élève pour insulter le prisonnier ; il est désormais sous la garde de mon honneur.

Chacun se retira. Le grand justicier, suivi de don Fernand, descendit l'escalier tout humide de sang. Arrivé à la porte, le jeune homme jeta un regard dédaigneux tout autour de lui ; alors, malgré la recommandation de don Inigo, les clameurs s'élevèrent et des menaces se firent entendre. Don Fernand devint pâle comme la mort, et s'élança vers une épée échappée de la main d'un mort. Mais don Inigo n'eût qu'un geste à faire.

—J'ai votre parole, dit-il. — Et vous pouvez compter dessus, dit le prisonnier en s'inclinant.

Et l'un redescendit vers la ville pour se rendre à la prison, tandis que l'autre traversait la place de las Algives pour aller retrouver don Carlos au palais de l'Alhambra. Le roi attendait, sombre et muet, se promenant dans la salle des deux tours, lorsqu'on lui annonça le grand justicier. Il s'arrêta, releva la tête et fixa ses yeux sur la porte. Don Inigo parut.

—Que Votre Majesté, dit le grand justicier, me permette de lui baiser la main.
—Puisque vous reparaissez devant moi, dit don Carlos, c'est que le coupable est arrêté? — Oui, sire.— Où est-il?— Il doit être à la prison à cette heure.—Vous l'y avez envoyé sous bonne escorte? — Sous la plus sûre que j'aie pu trouver, celle de son honneur, sire. — Vous vous êtes fié à sa parole? — Votre Altesse oublie que la parole d'un gentilhomme est la chaîne la plus solide dont on puisse le lier.—C'est bien, dit don Carlos, vous m'accompagnerez ce soir à la prison ; j'ai entendu la plainte du père, il me reste à entendre la défense du fils. Et cependant, murmura le roi, que pourra dire pour sa défense un fils qui a frappé son père?

XXIX

LA VEILLE DU DÉNOUEMENT

La journée déjà grosse des événements qu'elle s'était engagée à enfanter pour le lendemain, devait encore promettre de nouveaux détails à la curiosité publique avant que le soleil, levé derrière les cimes étincelantes de la sierra Nevada, se couchât derrière les sombres sommets de la sierra Morena. Comme nous l'avons dit, tandis que don Inigo se rendait au palais, don Fernand, captif sur parole, se rendait à la prison, la tête haute et fière, non pas comme un vaincu, mais comme un triomphateur; car, à ses propres yeux, il n'avait pas succombé, mais avait obéi à un sentiment qui, tout en lui commandant le sacrifice de sa colère et probablement l'abandon de sa vie, n'était pas pour lui sans un certain charme. Il redescendait donc vers la ville, suivi d'une partie de ceux qui avaient assisté au combat terrible qu'il venait de livrer; mais, comme don Inigo avait défendu que personne insultât le prisonnier; comme bien plus haut encore que la recommandation du grand justicier, parlait dans le noble cœur espagnol l'admiration qu'inspire toujours le courage à un peuple courageux, ceux qui l'accompagnaient, tout en s'entretenant des grands coups qu'ils lui avaient vu donner et recevoir, ceux qui l'accompagnaient, semblaient lui faire plutôt un honorable cortége qu'une ignominieuse escorte. Au détour de la rampe de l'Alhambra, don Fernand rencontra deux femmes voilées; toutes deux s'arrêtèrent en jetant un double cri de surprise et de joie. Lui-même s'arrêta, moitié saisi par ce cri, moitié par ce sentiment magnétique qui frémit en nous, non-seulement quand nous rencontrons une personne aimée, mais encore parfois quand nous allons la voir. Mais, avant qu'il se fût demandé quelles étaient ces deux femmes vers lesquelles volait instinctivement son cœur, l'une d'elles pressait ses mains contre ses lèvres, et l'autre, les bras tendus, à la même place, balbutiait son nom.

— Ginesta! dona Flor! murmura à son tour don Fernand, tandis qu'avec ce respect de la foule pour les grandes infortunes, ceux qui accompagnaient le jeune homme depuis la place des Algives et qui comptaient le suivre jusqu'à la prison, s'arrêtaient à une distance qui laissait la liberté de la parole au prisonnier et aux deux jeunes femmes. La halte fut courte; quelques paroles seulement s'échangèrent entre don Fernand et Ginesta, quelques regards entre don Fernand et dona Flor. Puis les deux jeunes filles continuèrent leur chemin vers l'Alhambra, et don Fernand son chemin vers la prison. On comprend ce qu'allait faire Ginesta au palais. Prévenue par dona Flor du danger que courait don Fernand, elle venait une seconde fois essayer de sa puissance sur don Carlos; seulement cette fois elle n'avait plus le parchemin qui constatait sa naissance, plus le million qu'elle avait payé pour sa dot. En supposant la mémoire du roi d'Espagne aussi fugitive que l'est ordinairement la mémoire des rois, elle n'était donc plus, pour son frère comme pour tout le monde, que la pauvre petite bohémienne Ginesta. Mais ce qui lui restait, c'était son cœur, son cœur où elle espérait puiser assez de prières et de larmes pour émouvoir le cœur de don Carlos, si froid et si inaccessible qu'il fût. Elle ne craignait qu'une chose, c'était de ne pouvoir parvenir jusqu'au roi. Sa joie fut donc grande, quand, son nom prononcé, la porte s'ouvrit devant elle. Dona Flor, tremblante, et qui mettait en elle sa seule espérance, attendit à la porte. Ginesta suivit son interlocuteur. Celui-ci ouvrit doucement la porte de la chambre, transformée en cabinet de travail, s'effaça pour laisser passer la jeune fille, et, sans l'annoncer, referma la porte derrière elle. Don Carlos se promenait à grands pas, la tête appuyée sur la poitrine, les yeux fixés vers la terre. On eût dit que le poids de la moitié du monde pesait déjà sur cet Atlas de dix-neuf ans. Ginesta mit un genou en terre et demeura dans cette posture pendant quelques instants, sans que le roi parût même s'apercevoir qu'elle était là. Enfin, il leva les yeux, fixa sur elle un regard qui, de distrait, devint peu à peu interrogateur, et demanda :

— Qui êtes-vous? — Ne me reconnaissez-vous pas, sire? répondit la bohémienne. En ce cas, je suis bien malheureuse:

Alors don Carlos, avec effort, parut rappeler ses souvenirs; son regard, dans certains moments, semblait éprouver moins de peine à voir dans l'avenir que de fatigue à lire dans le passé.

— Ginesta! dit-il. — Oui, oui, Ginesta, murmura la jeune fille, déjà heureuse d'être reconnue. — Sais-tu que c'est aujourd'hui ou demain, si rien ne le retarde, dit le roi en s'arrêtant devant la bohémienne, que je recevrai le messager de Francfort? — Quel messager? demanda Ginesta. — Celui qui viendra m'annoncer à qui, de François Ier ou de moi, appartient à cette heure l'empire. — Dieu fasse que ce soit à vous, sire! dit Ginesta. — Oh! si je suis empereur! s'écria don Carlos, comme je commencerai par reprendre Naples, que j'ai promis au pape, l'Italie, que j'ai cédée à la France, la Sardaigne, que j'ai...

Il vit qu'il continuait tout haut les pensées qu'il agitait tout bas, et qu'il n'était pas seul. Il passa la main sur son front. Ginesta profita de ce moment de silence.

— Si vous êtes empereur, lui ferez-vous grâce, sire? dit-elle. — Grâce à qui? — A lui, à Fernand, à celui que j'aime, à celui pour qui je prierai jusqu'à la fin de mes jours. — Au fils qui a donné un soufflet à son père? dit don Carlos d'une voix rude, et comme si les paroles s'arrêtaient dans son gosier.

Ginesta courba la tête. Qu'avait-elle à faire devant une pareille accusation, et surtout devant un pareil accusateur, pauvre enfant, si ce n'est de s'incliner et de pleurer? Elle s'inclina et pleura. Don Carlos la regarda pendant quelques instants, et peut-être fût-ce un malheur qu'elle n'osât point de son côté lever les yeux sur lui, car elle eût surpris bien certainement dans son regard un éclair de compassion, si rapide qu'il fût.

— Demain, dit-il, tu sauras, avec Grenade, mon jugement sur ce sujet. En attendant, reste au palais; il est inutile qu'en cas de vie ou de mort du coupable, tu retournes à ton couvent.

Ginesta sentit que toute prière de sa part était inutile, et elle se releva en murmurant :

— O roi! n'oublie pas qu'étrangère à toi aux yeux des hommes, je suis ta sœur aux yeux du Seigneur!

Don Carlos fit un geste de la main. Ginesta sortit. Dona Flor attendait toujours à la porte. Ginesta lui raconta ce qui venait de se passer entre elle et le roi. En ce moment, un huissier passa demandant le grand justicier de la part du roi. Les deux jeunes filles suivirent l'huissier, espérant qu'elles appren-

draient quelque chose par don Inigo. Pendant ce temps, Mercédès, agenouillée
et priant dans sa chambre, attendait avec non moins d'anxiété que Ginesta et
dona Flor. Elle avait repris son ancien appartement; n'était-ce pas dans cette
chambre que don Fernand, du temps qu'il était proscrit, mais libre, venait la
visiter? Heureux temps! Pauvre mère! qui en était arrivée à appeler ce temps
de crainte, d'angoisses et de frissonnements un temps heureux! Oh! du moins,
il lui restait le doute alors; maintenant le doute était détruit, l'espérance
presque éteinte. Béatrix et Vicente avaient été envoyés par elle aux nouvelles. Les nouvelles, d'instants en instants, se succédaient plus terribles. D'a-
bord, elle avait espéré que don Fernand regagnerait la montagne.

— Une fois dans la montagne, se disait-elle, il descendra dans quelque
port et s'y embarquera, soit pour l'Afrique, soit pour l'Italie.

Elle ne verrait plus son fils, mais il vivrait. Mais vers une heure, elle sut que,
refusant de fuir plus longtemps devant les cris qui le poursuivaient, il s'était
arrêté dans la cour de las Algives. A deux heures, elle sut qu'il combattait
dans la tour de la Vela, et avait déjà tué et blessé huit ou dix hommes. A trois
heures, elle sut qu'il s'était rendu à don Inigo, et s'était sans garde, et d'après
sa parole, constitué prisonnier. A quatre heures, elle sut que le roi avait promis
au grand justicier de ne point prononcer son jugement sans avoir lui-même
interrogé l'accusé. A cinq heures, elle sut que le roi avait répondu à Ginesta
que le lendemain, avec tout Grenade, elle connaîtrait le jugement. C'était donc
le lendemain que le jugement serait prononcé! Ce jugement, quel serait-il?
Pendant la soirée, un bruit vague, mais terrible, arriva jusqu'à elle. On disait
dans la ville, il est vrai qu'on se contentait de le dire, rien ne prouvait que la
chose fût vraie, on disait dans la ville que le roi avait fait appeler le grand justicier, et lui avait ordonné de faire dresser, la nuit venue, l'échafaud sur la
place de las Algives. Pour qui cet échafaud? Le roi avait visité les prisons avec
don Inigo, et il n'avait fait que des grâces. Pour qui donc cet échafaud, si ce
n'était pour don Fernand? seulement, était-il vrai que cet ordre eût été donné?
Vicente se chargea de donner sur ce point une réponse positive : il veillerait
toute la nuit, et il ne se passerait rien sur la place de las Algives qu'il ne le
sût, et dont il ne rendît compte à sa maîtresse. Vers neuf heures du soir, il sortit de la maison; mais une heure après, il rentra, disant qu'il lui avait été impossible d'arriver jusqu'à la place de las Algives, dont toutes les issues étaient
fermées par des sentinelles. Il n'y avait plus qu'à attendre et prier Dieu.
Dona Mercédès résolut de passer la nuit en prières. Elle s'agenouilla et entendit les seranos crier les heures les unes après les autres. La voix lugubre qui
venait de crier minuit, en invitant les habitants de Grenade à dormir tranquilles,
se perdait à peine dans l'espace, qu'il sembla à dona Mercédès entendre grin-
cer une clé dans la serrure de la porte par laquelle avait l'habitude d'entrer
don Fernand. Elle se tourna pivotant sur ses genoux du côté de cette porte, et
la vit s'ouvrir pour donner passage à un homme, le visage couvert d'un large
feutre et la taille enveloppée d'un grand manteau. Son fils seul avait cette clé.

— Fernand, Fernand! s'écria-t-elle en s'élançant au-devant du visiteur
nocturne.

Mais tout à coup elle s'arrêta en s'apercevant que l'homme qui venait d'entrer,
et qui avait refermé la porte derrière lui, avait la tête de moins que Fernand.
En même temps, l'inconnu levait son chapeau et laissait tomber son manteau,

— Je ne suis pas Fernand, dit-il. Mercédès recula d'un pas. — Le roi! balbutia-t-elle. L'inconnu secoua la tête. — Je ne suis pas le roi, ici du moins, dit-il. — Qu'êtes-vous donc, sire? demanda Mercédès. — Un confesseur; à genoux, femme, et avouez que vous avez trompé votre mari. Il est impossible qu'un fils ait donné un soufflet à son père.

Mercédès tomba à genoux, et tendant ses deux mains tremblantes vers le roi :

— Oh! sire, sire! s'écria-t-elle, c'est Dieu qui vous envoie. Écoutez, je vais tout vous dire.

XXX

LA CONFESSION

A ce premier aveu, le roi respira déjà plus librement.

— J'écoute, dit-il de sa voix brève et impérative. — Sire, murmura Mercédès, je vais raconter des choses qui ont peine à passer par la bouche d'une femme, quoique je sois bien loin d'être aussi coupable que je puis le paraître au premier abord; mais du moins en paroles, soyez indulgent, je vous en supplie, pour moi, ou je sens que je ne pourrais continuer. — Parlez avec assurance, dona Mercédès, répondit don Carlos d'un ton légèrement adouci, et jamais secret versé dans l'oreille d'un prêtre n'aura été gardé plus religieusement que celui que vous allez confier à votre roi. — Grâces vous soient rendues, sire, dit Mercédès.

Et ayant passé la main sur son front, non pas pour y réunir ou y concentrer tous ses souvenirs, il était facile de voir que tous ses souvenirs étaient présents, mais pour essuyer la sueur d'angoisse qui le couvrait encore :

— « Sire, dit-elle, j'avais été élevée avec le fils d'un ami de mon père, « comme on élève un frère avec une sœur, sans qu'il nous vînt jamais à l'es-« prit qu'il existât au monde d'autres sentiments que de la tendresse frater-« nelle, quand une discussion d'intérêt vint brouiller ces deux amis qu'on « eût cru inséparables. Ce ne fut pas tout, une réclamation d'argent suivit « cette brouille. Qui avait tort? qui avait raison? je l'ignore; ce que je sais, « c'est que mon père paya la somme réclamée, mais quitta Séville qu'il habi-« tait pour aller demeurer à Cordoue, afin de ne plus se trouver dans la « même ville que cet homme qui avait été son ami et qui était devenu son en-« nemi mortel. Cette rupture entre les pères sépara les enfants. J'avais treize « ans à peine à cette époque, celui que j'appelais mon frère en avait dix-sept; « jamais nous ne nous étions dit que nous nous aimions, jamais peut-être nous « ne l'avions pensé, lorsque cette séparation inattendue, décidée et opérée « tout à coup, nous fit voir clair dans notre propre cœur. Quelque chose pleura « et saigna profondément en nous; c'était cette amitié devenue de l'amour, et « qui se trouvait tout à coup brisée sous la main de nos parents. S'étaient-ils « inquiétés de cela, savaient-ils le mal qu'ils nous faisaient? je crois qu'ils ne « s'en doutaient même pas; mais, s'en fussent-ils douté, je crois que leur haine « était devenue trop violente pour qu'ils s'inquiétassent le moins du monde de « l'influence qu'elle pouvait avoir sur notre amour. Nos deux familles se trou-« vèrent donc séparées, non-seulement par la haine, mais par la distance.

« Mais nous nous jurâmes, dans une dernière entrevue que nous eûmes, que
« rien ne nous séparerait. Et, en effet, qu'avions-nous à voir nous, pauvres
« enfants nés l'un près de l'autre, qui avions grandi l'un près de l'autre, qu'a-
« vions-nous à voir aux haines de nos parents? et quand, pendant dix ans, on
« nous avait répété chaque jour : aimez-vous, n'étions-nous pas bien excusa-
« bles de ne pas obéir quand on nous disait toup à coup : haïssez-vous? »

Mercédès parut attendre, pour continuer, une parole d'encouragement du
roi, mais celui-ci répondit :

— Je ne sais point ce que c'est que l'amour, n'ayant jamais aimé, Madame.

— Alors, sire, dit Mercédès abattue, je suis bien malheureuse, car vous n'allez plus rien comprendre à ce qui me reste à vous dire. — Excusez-moi, senora,
car je suis juge, ayant été roi depuis mon enfance, et je sais ce que c'est que
la justice.

Mercédès continua :

« Nous nous tînmes parole; l'absence même favorisait notre amour, ignoré
« du reste de nos parents. La maison de mon père, à Cordoue, était située près
« du Guadalquivir; ma chambre, la plus reculée de la maison, donnait, par
« une fenêtre grillée, sur le fleuve; celui que j'aimais acheta une barque, et,
« déguisé en pêcheur, s'absentant trois fois par mois de Séville, sous prétexte
« de chasser dans la sierra, venait me répéter qu'il m'aimait encore, et entendre
« de ma bouche que je l'aimais toujours. Notre espoir avait été d'abord que
« cette haine se calmerait entre nos familles; elle ne fit que s'augmenter.
« Toutes les tentatives furent essayées par celui que j'aimais pour me décider à
« fuir avec lui. Je résistai. Alors un morne désespoir le prit; ces entrevues noc-
« turnes, qui d'abord faisaient son bonheur, ne lui suffirent plus. La guerre
« était plus ardente que jamais entre les chrétiens et les Maures. Un soir, il m'an-
« nonça que, las de la vie, il allait se faire tuer. Je pleurai, mais je ne cédai
« point. Il partit. Pendant un an, je cessai de le voir, mais, pendant cette an-
« née, le bruit de ses exploits vint à moi si retentissant, que si j'eusse pu l'ai-
« mer davantage mon amour se fût augmenté encore de son courage et de ses
« dangers. Ces nouvelles nous étaient apportées la plupart du temps par un
« jeune homme qui avait assisté avec lui aux combats qu'il racontait et partagé
« ses dangers. Ce jeune homme, son compagnon d'armes, était le fils d'un ami
« de mon père et se nommait don Ruiz de Torrillas. »

Le roi écoutait, l'œil sombre, muet et immobile comme un marbre. Dona
Mercédès se hasarda à lever les yeux sur lui pour essayer de deviner dans son
regard si elle devait hâter ou ralentir sa narration. Don Carlos comprit cette
muette interrogation.

— Continuez, dit-il.

« L'attention que je prêtais aux récits de don Ruiz, l'empressement avec le-
« quel j'accourais lorsqu'on annonçait sa présence, lui firent croire sans doute
« que cette sympathie était pour lui-même, tandis qu'elle se reportait tout en-
« tière de celui qui était présent à celui qui était absent; aussi ses visites de-
« vinrent-elles plus fréquentes, et, à défaut de sa voix, ses yeux commencèrent-
« ils à me confier les secrets de son cœur. Dès lors, quoiqu'il m'en coutât de ne
« plus entendre parler de celui qui possédait toutes mes pensées et qui avait
« emporté toutes mes joies, je cessai de descendre lorsque venait don Ruiz.
« D'ailleurs il cessa bientôt de venir : l'armée dont il faisait partie était occu-

« pée au siége de Grenade. Un jour, nous apprîmes que Grenade était prise.
« C'était une grande joie pour nous, comme chrétions, que de savoir la capi-
« tale des Maures aux mains des rois catholiques; mais, chez moi, une ancienne
« tristesse voilait toute joie, et, pour mon père, cette nouvelle lui arrivait au
« milieu de nouveaux chagrins. Ce qui nous restait de notre fortune venait de
« la première femme de mon père. Cette fortune appartenait à un fils, espèce
« d'aventurier que l'on croyait mort, et que je connaissais à peine, quoique je
« fusse sa sœur. Il reparut et réclama sa fortune. Mon père ne demanda que le
« temps nécessaire à lui rendre ses comptes ; seulement il me prévint que, ces
« comptes rendus, nous étions complétement ruinés. Je crus le moment favo-
« rable. Je hasardai quelques mots de cet ancien ami avec lequel il avait
« rompu; mais à ma première parole son œil étincela. Je me tus. La haine se
« ravivait chez lui de toute nouvelle douleur. Il ne fallut plus même songer à re-
« venir sur ce sujet. La nuit qui suivit ce jour, ne pouvant dormir, j'étais sur ce
« balcon qui dominait le fleuve; la grille de ma fenêtre était ouverte, car il me
« semblait que je respirais mal à travers ces barreaux de fer. La fonte des neiges
« avait grossi le Guadalquivir, qui roulait presque sous mes pieds. Je suivais,
« les yeux au ciel, ces nuages errants qu'un vent capricieux faisait changer
« vingt fois en un quart d'heure de formes et d'aspect, quand je vis tout à coup,
« au milieu des ténèbres amassées sur le fleuve, venir une barque conduite par
« un seul pêcheur. Je me retirai pour ne point être vue ; et dans l'intention de
« reprendre ma place quand le pêcheur serait passé; mais tout à coup une
« ombre apparut, me voilant les étoiles du ciel, un homme enjamba le bal-
« con; je jetai un cri de terreur, mais à ce cri une voix bien connue répondit :
« — C'est moi, Mercédès. Silence ! C'était lui, en effet. J'aurais dû fuir, je
« n'en eus pas même l'idée : je tombai à moitié évanouie entre ses bras. Quand
« je revins à moi... hélas! je ne m'appartenais plus, sire. Le malheureux n'é-
« tait point venu pour commettre ce crime, il était venu pour me voir une der-
« nière fois et me dire adieu; il partait avec le Génois Colomb pour un voyage
« de découvertes. De loin, il m'avait aperçue à mon balcon, ma retraite lui
« avait laissé l'entrée libre. Jamais il n'avait trouvé la grille ouverte; c'était la
« première fois qu'il pénétrait dans ma chambre. Alors il renouvela ses ins-
« tances pour me déterminer à le suivre; si je voulais l'accompagner dans l'a-
« ventureuse entreprise qu'il allait tenter, il obtiendrait de Colomb que je le
« suivisse déguisée en homme ; si je préférais tout autre lieu du monde, tous
« les coins de la terre lui étaient bons, pourvu qu'il les habitât avec moi. Il
« était riche, indépendant, nous nous aimions, nous serions heureux partout.
« Je refusai. Avant le jour, il partit. Nous nous dîmes adieu pour toujours,
« nous le croyions du moins; il allait rejoindre Colomb à Palos de Moguer;
« Colomb devait partir le mois suivant. Bientôt, j'aperçus que nous n'étions
« pas malheureux à demi; j'étais mère. Je lui écrivis la fatale nouvelle, dési-
« rant et craignant qu'il fût déjà parti, et j'attendis dans la solitude et dans les
« larmes ce que Dieu allait décider de moi. Une nuit que, n'ayant reçu aucune
« réponse, je le croyais voguant déjà vers ce monde inconnu qui immortalisa
« Colomb, j'entendis sous ma fenêtre le signal qui m'annonçait sa présence. Je
« crus m'être trompée, et, toute tremblante, j'attendis. Le signal se renou-
« vela. Oh! je l'avoue, ce fut avec une joie immense que je me précipitai vers
« la fenêtre et l'ouvris. Il était là, dans la barque, me tendant les bras; le dé-

« part de Colomb était retardé, et il avait traversé une partie de l'Espagne pour
« me revoir une dernière fois ou pour m'emporter avec lui. Hélas ! notre mal-
« heur même lui donnait cet espoir que je consentirais à le suivre. Je résistai :
« j'étais la dernière consolation, la seule compagne de mon père devenu
« pauvre; j'étais résolue à lui tout confier, à m'exposer à sa colère, mais à ne
« pas le quitter. Oh! ce fut une terrible nuit que celle-là, sire, et qui, du moins,
« ne pouvait pas se renouveler. Le départ de Colomb était fixé au 3 août. C'é-
« tait par un miracle de vitesse qu'il était venu ; c'était par un autre miracle de
« vitesse qu'il devait retourner et arriver à temps. Oh! sire, sire! tout ce qu'il
« épuisa d'instances, de prières, de supplications pendant cette nuit, je ne puis
« vous le dire. Vingt fois il descendit dans sa barque et remonta au balcon ; la
« dernière fois, il me prit dans ses bras et voulut m'emporter de force. Je criai,
« j'appelai. On entendit le bruit d'une personne qui se levait et qui venait à
« moi ; il fallait fuir ou être découvert. Il s'élança pour la dernière fois dans la
« barque, et moi, moi, en sentant son cœur se détacher du mien, je tombai sur
« le plancher. Ce fut là que Béatrix me trouva. »

Et presqu'aussi émue, presqu'aussi mourante qu'elle avait été cette fatale
nuit, se tordant les bras et éclatant en sanglots, Mercédès, quoique toujours à
genoux, se renversa sur son fauteuil.

— Reprenez haleine, Madame, dit gravement et froidement don Carlos, j'ai
toute la nuit à vous donner.

Il se fit un silence d'un instant pendant lequel on n'entendit plus que les
gémissements de dona Mercédès; quant à don Carlos, il était si immobile qu'on
l'eût pris pour une statue ; si maître de lui, qu'on n'entendait pas même sa
respiration.

— « Il partit, balbutia Mercédès. » (Et avec ce mot son âme semblait s'envoler.) « Trois jours après, l'ami de mon père, don Francisco de Torrillas,
« vint le trouver. Il lui demanda un entretien secret, ayant, disait-il, une
« chose de la plus haute importance à délibérer avec lui. Les deux vieillards
« s'enfermèrent. Mon père ordonna que personne ne vînt troubler l'entretien.
« Don Francisco venait en son nom et au nom de son fils demander ma main
« à mon père : son fils m'aimait ardemment et lui avait déclaré qu'il ne sau-
« rait vivre sans moi. Rien ne pouvait rendre mon père plus heureux que cette
« ouverture; seulement, un scrupule le retenait. — Sais-tu, demanda-t-il à
« son ami, l'état de ma fortune? — Non, mais, peu m'importe. — Je suis ruiné,
« dit mon père. — Eh bien? — Ruiné complétement. — Tant mieux, répon-
« dit son ami. — Comment, tant mieux? — Je suis riche pour toi et pour moi,
« et si haut que tu estimes le trésor que tu nous donnes, je puis le payer.
« Mon père tendit la main à don Francisco. — J'autorise don Ruiz à se pré-
« senter chez ma fille, dit-il, qu'il revienne avec le consentement de Mer-
« cédès, et Mercédès est à lui. J'avais passé trois jours terribles. Mon père, qui
« ne se doutait point de la cause de ma maladie, était venu chaque jour prendre
« de mes nouvelles. Dix minutes après le départ de don Francisco, il était
« chez moi et me racontait ce qui venait de se passer. Un quart d'heure aupa-
« ravant, je n'eusse pas cru que mon malheur pouvait s'augmenter ; je vis que
« je me trompais. Mon père en sortit en m'annonçant, pour le lendemain, la
« visite de don Ruiz. Je n'avais pas eu la force de lui répondre en sa présence ;
« lui absent, je demeurai anéantie. Peu à peu, cependant, je sortis de ma stu-

« peur et me trouvai en face de ma situation, qui m'apparut, non pas comme
« le spectre du passé, mais comme celui de l'avenir. Ce qu'il y avait de ter-
« rible surtout, c'était d'être forcée d'enfermer en moi le secret fatal. Oh! si
« j'avais pu le confier à quelqu'un, il me semble que j'eusse moins souffert.
« La nuit vint. Malgré les instances que fit Béatrix pour rester près de moi,
« je l'éloignai. Dans la solitude, j'avais au moins les larmes. Oh! elles cou-
« lèrent abondamment, sire, ces larmes qui devraient être taries depuis long-
« temps, si la bonté du Seigneur n'avait point permis que la source des lar-
« mes fût intarissable. Aussitôt la nuit descendue sur la terre, aussitôt le
« silence répandu dans l'espace, je me mis à ce balcon où j'avais été à la fois
« si heureuse et si malheureuse; il me semblait qu'il allait venir. Oh! jamais
« du plus profond de mon cœur je ne l'appelai plus ardemment. S'il était
« venu cette fois, pardonnez-moi, mon père, mais cette fois je n'eusse pas ré-
« sisté : quelque part où il eût voulu me conduire, j'eusse été avec lui ; par-
« tout où il eût voulu me mener, je l'eusse suivi. Une barque parut; un
« homme remontait le Guadalquivir en chantant. Ce n'était point sa voix; il
« eût été silencieux, lui; n'importe, je me fis illusion, et, les bras tendus
« vers mon erreur, je criais à ce fantôme que je m'étais créé : Viens!
« viens! viens!... La barque passa. Sans doute le pécheur ne comprit rien à
« cette voix qu'il entendait dans l'obscurité... à cette femme qui se penchait
« vers lui dans les ténèbres, et cependant il comprit que c'était une douleur
« quelconque qui s'agitait dans la nuit, car avant d'arriver à ma fenêtre il
« cessa son chant, et ne le reprit que lorsqu'il l'eut dépassée. La barque dis-
« parut; je demeurai seule. Autour de moi s'étendait ce silence animé, au
« milieu duquel il semble entendre la respiration dans la nature. Le ciel
« étoilé se reflétait dans l'eau : on eût dit que j'étais suspendue au milieu des
« airs ; ce vide m'attirait et me donnait une espèce de vertige. J'étais si mal-
« heureuse que je pensais à mourir. De la pensée à l'exécution il n'y a qu'un
« pas... c'était si facile : à trois pieds au-dessous de moi la mort m'ouvrait les
« bras; et je sentais ma tête qui s'inclinait en avant, mon corps qui se pen-
« chait par-dessus le balcon, mes pieds qui, d'eux-mêmes, quittaient la terre.
« Tout à coup, je pensai à mon enfant : en me tuant, j'accomplissais non-
« seulement un suicide, mais je commettais un meurtre. Je me cramponnai
« au balcon, je me retirai en arrière, je refermai la grille, j'en jetai la clé
« dans le fleuve pour ne pas céder à quelque tentation désespérée, et je revins
« à reculons tomber sur mon lit. Si lentes, si douloureuses qu'elles fussent, les
« heures s'écoulèrent. Je vis venir l'aube; j'entendis successivement s'éveiller
« tous les bruits du jour. Béatrix ouvrit ma porte et parut : la vie quotidienne
« recommençait. A onze heures du matin, Béatrix m'annonça don Ruiz. Il ve-
« nait de la part de mon père. Ma résolution était prise, je le fis entrer. Il
« était à la fois timide et radieux. Mon père lui avait dit qu'il ne doutait au-
« cunement que la demande ne fût favorablement accueillie; mais en jetant
« les yeux sur moi, en me voyant si pâle et si glacée, il se mit à trembler et à
« pâlir à son tour. Je levai les yeux sur lui, et j'attendis. La voix lui manquait;
« il se reprit à dix fois pour me dire ce qui l'amenait. Au fur et à mesure qu'il
« parlait, il sentait que ses paroles venaient se briser contre le mur de dia-
« mant qui enveloppait mon cœur. Enfin, il finit par me dire que depuis long-
« temps il m'aimait; que notre mariage était arrêté entre mon père et le sien,

« et qu'il ne manquait que mon consentement pour qu'il fût l'homme le plus
« heureux de la terre. — Senor, lui répondis-je d'une voix ferme, car depuis
« longtemps m'a réponse était préparée, l'honneur que vous me proposez ne
« peut être accepté de ma part. De pâle qu'il était il devint livide. — Et pour-
« quoi cela, mon Dieu? demanda-t-il. — J'aime un autre homme que vous, et
« dans sept mois je serai mère. Il chancela et fut prêt à tomber. Il y avait
« quelque chose de si désespéré dans cet aveu fait à un homme que j'avais vu
« cinq ou six fois à peine, à qui je ne demandais pas même le secret, comme si,
« confiante que j'étais en son honneur, c'était une chose inutile à demander,
« qu'il n'y avait aucune insistance à faire. Il s'inclina devant moi, prit le bas
« de ma robe, le baisa, et sortit sans dire d'autres paroles que ces trois mots :
« — Dieu vous garde! Je me retrouvai seule. A chaque instant, je m'atten-
« dais à voir paraître mon père, et je tremblais à l'idée d'être forcée à lui
« donner une explication; mais, à mon grand étonnement, je n'en entendis
« point parler. A l'heure du dîner, je lui fis dire, qu'étant un peu indisposée,
« je lui demandais la permission de manger chez moi. Cette permission me
« fut accordée sans contestation et sans commentaires. Trois jours s'écoulè-
« rent. Le troisième jour, comme elle l'avait déjà fait une fois, Béatrix m'an-
« nonça don Ruiz. Comme la première fois, je donnai l'ordre de le faire en-
« trer. La façon dont il m'avait quittée à notre dernière entrevue m'avait
« profondément touchée; il y avait quelque chose de sublime dans ce respect
« qu'il avait montré à une pauvre fille perdue. Il entra et demeura près de la
« porte. — Approchez, senor don Ruiz, lui dis-je. — Ma présence vous étonne
« et vous gêne, n'est-ce pas? me demanda-t-il. — Elle m'étonne, mais ne me
« gêne pas, répondis-je, car je sens que j'ai en vous un ami. — Vous ne vous
« trompez pas, dit-il, et cependant je vous eusse épargné ma vue, si ma vue
« n'eût pas été nécessaire à votre tranquillité. — Expliquez-moi cela, senor
« don Ruiz. — Je n'ai pu dire à votre père que vous m'aviez refusé pour époux,
« car il fût venu vous demander une explication, et l'explication que vous
« m'avez donnée, à moi, vous ne la lui eussiez pas donnée, à lui, n'est-ce pas?
« — Plutôt mourir. — Vous voyez qu'il fallait agir comme j'ai fait. — Et
« comment avez-vous agi? — J'ai dit que vous aviez demandé quelques jours
« pour vous décider, et qu'on vous laissât passer ces quelques jours dans la so-
« litude. — Alors, c'est à vous que je dois ma tranquillité. Il s'inclina. —
« Maintenant il importe, dit-il, que vous me croyiez bien sincèrement votre
« ami. Je lui tendis la main. — Oh! oui, mon ami, et bien sincère, je le
« crois, lui répondis-je. — Alors, répondez-moi sans plus d'hésitation que vous
« avez fait la première fois. — Interrogez. — Avez-vous l'espoir d'épouser
« un jour celui que vous aimez? — Impossible. — Est-il donc mort? de-
« manda don Ruiz. — Il est vivant. Un éclair de joie qui avait brillé
« dans son regard s'éteignit. — Ah! dit-il, c'est tout ce que je voulais sa-
« voir. Et me saluant de nouveau, il sortit avec un soupir. Trois autres jours
« s'écoulèrent. Pendant ces trois jours je ne sortis point de ma chambre, et,
« Béatrix exceptée, personne n'y entra, pas même mon père. Le quatrième jour
« don Ruiz se fit annoncer de nouveau. Je l'attendais presque; j'avais cessé de
« craindre sa vue, c'était mon seul confident, et je comprenais qu'il avait dit la
« vérité quand il m'avait affirmé qu'il était sincèrement mon ami. Il entra res-
« pectueusement comme d'habitude, et seulement sur un signe que je lui fis il

« s'approcha de moi. Je lui tendis la main, il la prit et la toucha légèrement de
« ses lèvres. Puis après un instant de silence pendant lequel son œil s'était ar-
« rêté sur moi avec un intérêt profond : — Je n'ai pas cessé un instant de son-
« ger à votre position, dit-il, elle est terrible. Je poussai un soupir. Nous ne
« pouvons, quelqu'aide que je vous prête, retarder éternellement votre réponse.
« — Hélas! fis-je. — Je dirais bien que c'est moi qui retire ma demande; volon-
« tiers j'encourrais la honte de laisser croire que la ruine de votre père a re-
« froidi mes sentiments pour vous; mais où ce refus vous conduira-t-il? A un
« sursis de deux ou trois mois. Je fondis en larmes, car tout ce qu'il disait était
« l'exacte vérité. — Un jour ou l'autre, continua-t-il, il faudra que votre père
« connaisse votre état, que le monde le connaisse, et alors... il baissa la voix,
« alors vous serez déshonorée. — Mais alors, m'écriai-je, que faut-il faire? —
« Épouser un homme qui vous soit assez dévoué pour être votre époux aux yeux
« du monde, et un frère seulement vis-à-vis de vous. Je secouai la tête. — Mais
« où trouver cet homme? murmurai-je. — Je venais vous l'offrir, Mercédès ; ne
« vous ai-je pas dit que je vous aimais? — Vous m'aimez... mais... — Lorsque
« j'aime, Mercédès, c'est avec toutes les grandes passions non-seulement du
« cœur, mais encore de l'âme, et le dévouement est au nombre de ces passions.
« Je relevai la tête et me reculai presqu'effrayée. Je n'avais pas deviné que le
« dévouement pût aller jusque-là.—Je serai votre frère, répéta-t-il, seulement
« votre enfant sera mon enfant, et jamais un mot, je vous en donne ma foi de
« gentilhomme, ne sera sur ce point échangé entre nous. Je le regardai pleine
« de doute et d'hésitation. — Voyons, dit-il, cela ne vaut-il pas mieux que de
« vous jeter dans le fleuve qui roule au pied de votre maison. Je demeurai
« un instant muette, puis tombant à ses genoux : Mon frère, lui dis-je, ayez
« pitié de votre femme et sauvez l'honneur de mon père. Il me releva, me baisa la
« main et sortit. Quinze jours après, j'étais l'épouse de don Ruiz. Don Ruiz a
« tenu sa parole en loyal gentilhomme, mais la nature s'est refusée à cette
« tromperie ; et quoique don Ruiz ait toujours eu pour don Fernand les soins
« d'un père, jamais don Fernand n'a eu pour don Ruiz les sentiments d'un
« fils. »
— Maintenant, sire, vous savez tout. — Excepté le nom du véritable père,
dit le roi, mais vous allez me le dire. — Don Inigo Velasco, balbutia Mercédès
en baissant les yeux! — C'est bien, dit le roi, je sais tout ce que je voulais savoir.
Alors, grave et sombre, il sortit, laissant la femme à genoux et murmurant :
— Je savais bien qu'il était impossible qu'un fils donnât un soufflet à son père.

XXXI

CONCLUSION

Le lendemain, dès la pointe du jour, une grande foule encombrait la place
de las Algives, se pressant autour d'un échafaud dressé au milieu de cette
place. Le bourreau, les bras croisés, se tenait au pied de l'échafaud. Un grand
mystère planait sur la ville, et l'on disait que la première justice du roi don
Carlos allait être faite. Au milieu de cette affluence de monde, on reconnaissait les Maures plus encore à leurs yeux ardents qu'à leur costume oriental.

Ces yeux brillaient de joie à l'idée qu'ils allaient voir le supplice d'un gentil-homme, rico hombre et vieux chrétien. Au moment où la tour de la Vela an-nonçait neuf heures du matin, les portes de l'Alhambra s'ouvrirent; des gardes firent la haie, écartèrent la foule et la forcèrent de former un grand cercle autour de l'échafaud; puis le roi don Carlos parut, jetant à travers sa paupière clignotante un regard inquiet autour de lui : on eût dit qu'il cherchait des yeux, et par habitude, quelque message attendu depuis longtemps. Le mes-sager n'arrivant pas, le regard royal reprit sa taciturnité habituelle. Près du roi don Carlos marchait une jeune fille voilée. On ne pouvait reconnaître son visage à cause du voile qui le couvrait; mais à son costume, riche et sévère à la fois, on pouvait deviner qu'elle appartenait à la caste noble. Il s'avança à tra-vers la foule et ne s'arrêta qu'à quelques pas de l'échafaud. Derrière lui appa-rurent le grand justicier et dona Flor; dona Flor était appuyée au bras de son père. En apercevant l'échafaud, tous deux s'arrêtèrent, et l'on n'aurait pu dire lequel du père ou de la fille devint plus pâle. Le roi se retourna pour voir s'il était suivi de son grand justicier, et s'appercevant que celui-ci était arrêté, soutenant sa fille défaillante et prêt à défaillir lui-même, il lui fit dire par un officier de venir le rejoindre. En même temps, du côté opposé, deux personnes perçaient la foule : c'était don Ruiz et dona Mercédès. Chacun d'eux, avec une expression bien différente, jeta les yeux sur l'échafaud. Cinq minutes n'étaient point écoulées, que parurent, conduits par des gardes, don Fernand et don Ramiro, les deux rivaux. Don Fernand avait été arrêté la veille, comme nous avons raconté; don Ramiro s'était de lui-même, et sur l'ordre qu'il en avait reçu, constitué prisonnier. Tous les acteurs du drame, dont les quatre premiers actes étaient joués, se trouvaient réunis pour la dernière scène. On fit silence et l'on attendit le dénoûment inconnu, auquel la présence du bourreau don-nait une mystérieuse, mais terrible signification. Le roi don Carlos releva la tête, jeta les yeux une dernière fois du côté de la porte Moresque, et voyant que rien ne venait, il arrêta ce regard sur don Inigo, qui, sous ce coup d'œil glacé, se sentit frissonner de tout son corps.

— Don Inigo Velasco de Haro, dit-il d'une voix si vibrante que, quoiqu'elle ne s'élevât point au-dessus du diapason ordinaire, elle fut entendue de tous, vous m'avez deux fois, sans appuyer la demande sur aucune raison, vous m'a-vez demandé la vie d'un homme qui avait deux fois mérité la mort, vous n'êtes plus grand justicier d'Andalousie.

Un murmure passa des acteurs de cette scène dans la foule, et don Inigo fit un mouvement pour s'avancer vers le roi et se justifier sans doute.

— Vous n'êtes plus grand justicier d'Andalousie, continua le roi don Carlos, mais vous êtes connétable du royaume; l'homme qui tient mal la balance de la justice, peut courageusement tenir l'épée de la guerre. — Sire, murmura don Inigo. — Silence, connétable, interrompit don Carlos, je n'ai point fini. Don Ruiz, continua le roi, depuis longtemps je vous connaissais comme un des plus nobles gentilshommes de mes États d'Espagne, depuis hier je vous sais un des plus nobles cœurs du monde. Don Ruiz s'inclina. C'est vous qui êtes grand justicier d'Andalousie en place de don Inigo : vous êtes venu hier me demander justice de l'insulte qui vous a été faite, faites-vous justice à vous-même. Don Ruiz tressaillit. Dona Mercédès devint pâle comme la mort. Don Fernand, continua le roi, vous êtes deux fois coupable; une fois vous vous êtes révolté contre les lois de la société, et cette fois j'ai pardonné; une autre fois vous vous êtes révolté contre les lois de la nature, et cette fois, me regardant impuissant à punir un si grand crime, je laisse à celui qui a été offensé le soin du pardon et du châtiment; mais, en tout cas, à partir de ce moment, je vous dégrade de votre titre de gentilhomme, je vous retire votre titre de rico hombre, et je vous fais, non pas aussi pur, malheureusement, mais aussi pauvre, aussi seul, aussi nu que le jour où vous êtes entré dans le monde. Ginesta, continua le roi, vous n'êtes ni la bohémienne de la venta del rey Moro, ni la religieuse du couvent de l'Annonciade, vous êtes duchesse de Carmona, marquise de Montefrio, comtesse de Pulgar; vous avez la grandesse de première classe, et cette grandesse, vous pourrez avec votre nom la donner à votre mari, prissiez-vous le mari dans le rang du peuple, dans une tribu maure ou au pied de l'échafaud.

Enfin, se tournant du côté de don Ramiro.

— Don Ramiro, dit-il, vous êtes libre, vous avez été provoqué et n'avez pu faire autrement que de répondre à la provocation; mais tout en combattant, vous avez honoré la vieillesse qui est, après le Seigneur Dieu, ce qu'il y a de plus respectable sur la terre. Je ne saurais vous faire plus riche que vous êtes : mais en souvenir de moi, à vos noms vous ajouterez celui de Carlos, et vous mettrez au chef le lion de Bourgogne dans vos armes. Et maintenant, que justice ou récompense soit faite à tous! Commencez, don Ruiz, grand justicier du royaume.

Alors il se fit un grand silence. Tous les yeux se tournèrent vers don Ruiz, toutes les oreilles s'ouvrirent, et voilà ce que l'on entendit : Dona Mercédès, immobile jusque-là comme une statue, sembla détacher avec effort ses pieds de la terre, et traversant, lente et solennelle, l'espace qui la séparait de son mari qui se tenait debout et les bras croisés :

— Seigneur, dit-elle, au nom de ce qu'il y a de plus sacré au ciel et sur la terre, la mère vous demande grâce pour son fils.

Il se fit un instant de lutte silencieuse dans le cœur et sur le visage de don Ruiz. Puis il baissa une de ses mains, la posa sur la tête de Mercédès, et avec une voix et un regard d'une ineffable douceur : Je pardonne, dit-il.

Un grand murmure passa à travers la foule. Don Fernand pâlit affreusement. Il chercha à son côté une arme, et s'il eût trouvé son poignard basque, peut-être se fût-il poignardé lui-même plutôt que de recevoir cette grâce du vieillard. Mais don Fernand était désarmé et aux mains de ses gardes.

— A vous, duchesse de Carmona, dit don Carlos.

Ginesta traversa l'espace à son tour, et allant s'agenouiller devant don Fernand en relevant son voile :

— Don Fernand, je t'aime! dit-elle.

Le jeune homme poussa un cri, resta un instant comme étourdi, jeta un long regard sur dona Flor, et tendit les bras à Ginesta, qui, joyeuse d'une joie qu'elle n'avait pas encore ressentie, se précipita sur sa poitrine.

— Duchesse de Carmona, marquise de Montefrio, comtesse de Pulgar, prenez-vous pour mari le condamné Fernand, qui n'a ni nom, ni rang, ni fortune? demanda don Carlos. — Je l'aime! sire, je l'aime! répéta Ginesta.

Et forçant don Fernand à s'incliner, elle tomba à genoux avec lui devant le roi.

— C'est bien, dit don Carlos, un roi n'a que sa parole. Relevez-vous, duc de

Carmona, marquis de Montefrio, comte de Pulgar, grand d'Espagne de première classe par votre femme, sœur de roi et fille de roi.

Puis sans laisser le temps aux acteurs et aux spectateurs de revenir de leur étonnement :

— A votre tour, don Ramiro, dit-il.

Don Ramiro, d'un pas chancelant, traversa à son tour la distance qui le séparait de dona Flor. Quelque chose comme un nuage d'or et de pourpre faisait un voile à ses yeux, tandis que la voix de tous les anges du ciel semblait chanter à son oreille. Il mit un genou en terre devant dona Flor.

— Il y a deux ans que je vous aime, Madame, dit-il. Don Ramiro d'Avila n'osait vous le dire ; mais en présence du roi, son parrain, don Carlos d'Avila vous demande humblement votre main. — Senor, balbutia dona Flor, demandez à mon père. — C'est moi qui suis votre père pour aujourd'hui, dona Flor, dit don Carlos, et je donne votre main à votre courrier d'amour.

Les trois groupes étaient encore dans la position que nous avons indiquée, quand on entendit tout à coup une grande rumeur vers la porte du Jugement, puis un cavalier couvert de poussière, et qu'à son costume don Carlos reconnut pour un gentilhomme allemand, apparut, agitant un parchemin et criant :

— Le roi ! où est le roi ?

Don Carlos, à son tour, devint pâle comme la mort : on eût dit que lui qui venait de juger allait être jugé.

— Le roi ! où est le roi ? criait toujours le cavalier, et l'on s'écartait devant lui.

Don Carlos fit dix pas en avant, et d'une voix ferme, quoique son visage presque livide trahît l'angoisse de son cœur :

— Le voilà ! dit-il.

Le cheval s'arrêta court, frissonnant par tout le corps et pliant sur ses jarrets d'acier. Tout le monde attendait haletant. Le cavalier se dressa sur ses étriers.

— Écoutez tous, dit-il, vous ici présents ; écoute, Grenade ; écoute, Burgos ; écoute, Valladolid ; écoute, Espagne ; écoute, Europe ; monde, écoute : Salut à Charles-Quint, empereur élu ! honneur à son règne ! gloire à son fils et aux fils de ses fils !

Puis sautant à bas de son cheval et tombant à genoux, il lui présenta le parchemin qui affirmait l'élection du roi don Carlos au trône impérial d'Allemagne. Don Carlos le prit d'une main tremblante, mais avec une voix dans laquelle il était impossible de reconnaître la moindre trace d'émotion.

— Merci, monsieur le duc de Bavière, dit-il, je n'oublierai pas que c'est à vous que je dois l'annonce de cette grande nouvelle.

Puis, comme tous les spectateurs répétaient à grands cris les paroles du messager : Gloire à Charles-Quint ! gloire à son fils ! gloire aux fils de ses fils !

— Messieurs, dit l'empereur en levant la main, gloire à Dieu seul, car Dieu seul est grand !

FIN DE EL SALTEADOR.

ALEXANDRE DUMAS ILLUSTRÉ

OUVRAGES NOUVELLEMENT TERMINÉS

JOSÉPH BALSAMO

4 demi-volumes illustrés de 64 gravures. — Prix : **20** fr.

LE COLLIER DE LA REINE

2 demi-volumes ornés de 40 gravures. — Prix : **12** fr.

ANGE PITOU

2 demi-volumes avec 27 gravures. — Prix : **8** fr.

LA COMTESSE DE CHARNY

4 demi-volumes ornés de 64 gravures. — Prix : **20** fr.

EN COURS DE PUBLICATION

à 25 centimes la livraison

EL SALTEADOR

5 gravures, 8 livraisons. — Prix : **2** fr.

MAITRE ADAM LE CALABRAIS

3 gravures, 3 livraisons. — Prix : **75** c.

LES AVENTURES DE JOHN DAVYS

7 gravures, 12 livraisons. — Prix : **3** fr.

LES MOHICANS DE PARIS

SALVATOR LE COMMISSIONNAIRE

LE PAGE DU DUC DE SAVOIE

(ÉPISODE DES GUERRES DU XVIᵉ SIÈCLE)

LAGNY — Imprimerie de VIALAT.

www.ingramcontent.com/pod-product-compliance
Lightning Source LLC
Chambersburg PA
CBHW060805110426
42739CB00032BA/2869